Herausgeber und Bezugsquelle
Richemont Fachschule, CH-6006 Luzern

Idee und Konzept
Walter Boesch, Fredy Eggenschwiler

Redaktion, Rezepte und Produktherstellung
Fredy Eggenschwiler, Peter von Burg, Silvia Schlegel, René Schmidt, Hans-Peter Wälchli, Martina Fliri

Produktbilder
Robert Baumann, CH-6001 Luzern

Werkaufnahmen
Fredy Eggenschwiler

Übersetzung
Sophie Divorne, Christian Jaques

Grafikkonzept
ATWIN Grafik AG, CH-6061 Sarnen

Realisation, Druck
Abächerli Druck AG, CH-6061 Sarnen

© 2008 by Richemont Fachschule
CH-6006 Luzern

Alle Rechte vorbehalten. Ohne schriftliche Genehmigung der Richemont Fachschule ist es nicht gestattet, dieses Buch oder Teile daraus im Druck, digital (Internet, CD-ROM usw.) oder auf fotomechanischem Weg (Fotokopie, Mikrokopie usw.) zu vervielfältigen oder das Werk ganz oder teilweise (auch unter Angabe der Quelle) zu übersetzen.

ISBN-Nr. 3-905720-27-2

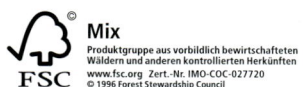

Editeur et source
Ecole professionnelle Richemont, CH-6006 Lucerne

Idée et concept
Walter Boesch, Fredy Eggenschwiler

Rédaction, recettes et réalisation des produits
Fredy Eggenschwiler, Peter von Burg, Silvia Schlegel, René Schmidt, Hans-Peter Wälchli, Martina Fliri

Photos des produits
Robert Baumann, CH-6001 Lucerne

Images technologiques
Fredy Eggenschwiler

Traduction en français
Sophie Divorne, Christian Jaques

Concept graphique
ATWIN Grafik AG, CH-6061 Sarnen

Réalisation, impression
Abächerli Druck AG, CH-6061 Sarnen

© 2008 by Ecole professionnelle Richemont
CH-6006 Lucerne

Tous droits réservés, il n'est pas autorisé, sans le consentement écrit de l'Ecole professionnelle Richemont, de reproduire l'entier ou une partie de ce livre par l'imprimerie, digital (Internet, CD-ROM, etc.) ou par un moyen photomécanique (photocopie, microcopie, etc.) ou de le traduire entièrement ou partiellement (même avec l'indication de la source).

ISBN-Nr. 3-905720-27-2

Vorwort
Préface

Dieses Richemont-Fachbuch vermittelt spezifisches, fokussiertes Fachwissen zur direkten Anwendung – Kreativität und nachhaltiger Erfolg inklusive.

Neue innovative, ja revolutionäre Arbeitstechniken fliessen mit ein und werden mit traditionellen Elementen nahtlos verbunden.

Dieses Buch, als Nachschlagewerk wie Ideengeber konzipiert, lässt eigenen Innovationen und Kreationen viel Spielraum. Es orientiert sich am Markt, berücksichtigt die Produktivität, sprich Wirtschaftlichkeit, ohne Kompromisse bei der Qualität einzugehen.

Tolle Bilder, systematische Werkaufnahmen, grafische Darstellungen sowie klare Beschreibungen erleichtern den Praxistransfer.

Walter Boesch, Direktor

Ce nouvel ouvrage spécialisé de Richemont contient des connaissances techniques, spécifiques et ciblées, que vous pourrez mettre immédiatement en pratique, sans négliger toutefois la créativité et la recherche d'un succès durable.

Vous y découvrirez de nouvelles techniques de travail innovantes, voire même révolutionnaires, qui, néanmoins, réussissent à intégrer sans problème des connaissances traditionnelles de la profession.

Ce livre, conçu comme un ouvrage de référence et contenant une source d'idées originales, laisse une large place à l'innovation et à la créativité. Il tient compte des tendances du marché, prend en considération la productivité, traite de la rentabilité, sans toutefois faire aucun compromis au niveau de la qualité.

Des photographies attrayantes, l'illustration des étapes de fabrication, des graphiques explicites, ainsi que des explications claires et précises, facilitent grandement le passage de la théorie à la pratique.

Walter Boesch, Directeur

Formen
Moules

Formen und deren Eigenschaften
Moules et leurs caractéristiques

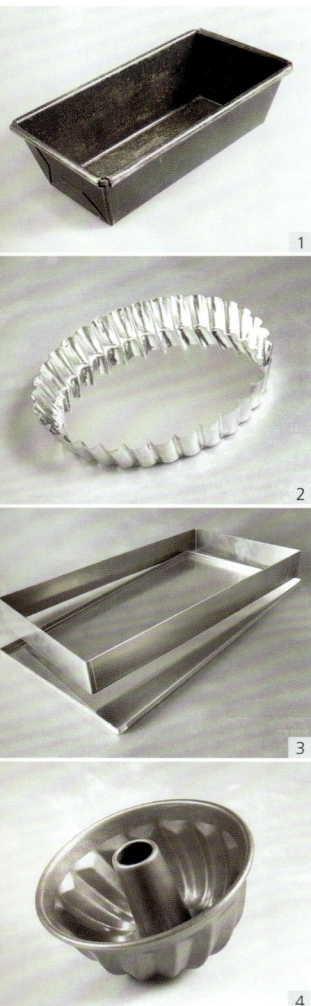

1 Blaublech/Schwarzblech
Wärmeleitung: gut bis sehr gut
Eigenschaft: anfällig für Oxidation

2 Weissblech
Wärmeleitung: gut
Eigenschaft: bei Kontakt mit Fruchtsäure erfolgt Oxidation

3 Aluminium
Wärmeleitung: gut
Eigenschaft: für Tiefkühlung geeignet

4 Teflon beschichtet
Wärmeleitung: gut
Eigenschaft: Beschichtung empfindlich auf Kratzer

1 Plaque bleue/plaque noire
Conductibilité de la chaleur: bonne à très bonne
Caractéristique: sujette à oxydation

2 Plaque blanche
Conductibilité de la chaleur: bonne
Caractéristique: sujette à oxydation en cas de contact avec l'acide des fruits

3 Plaque aluminium
Conductibilité de la chaleur: bonne
Caractéristique: convient pour la congélation

4 Revêtement Téflon
Conductibilité de la chaleur: bonne
Caractéristique: revêtement sensible aux éraflures

5 Aluform
Wärmeleitung: gut
Eigenschaft: Einsatz umstritten

6 Flexipan
Wärmeleitung: unregelmässig
Eigenschaft: kein Anbacken am Rand, kein Trennmittel nötig

7 Kunststoff Q-Pan
Wärmeleitung: ziemlich gut
Eigenschaft: vielseitig einsetzbar, Handling gut

8 Chromstahl
Wärmeleitung: nicht ideal
Eigenschaft: bei hoher Temperatur entsteht Spannung, Schweissnähte werden beschädigt

5 Moule aluminium
Conductibilité de la chaleur : bonne
Caractéristique : utilisation contestée

6 Flexipan
Conductibilité de la chaleur : irrégulière
Caractéristique : pas de bords brûlés, pas besoin de produit de séparation

7 Matière plastique Q-Pan
Conductibilité de la chaleur : assez bonne
Caractéristique : utilisation polyvalente, manutention aisée

8 Acier chromé
Conductibilité de la chaleur : pas idéale
Caractéristique : apparition de tensions à température élevée, les points de soudure s'abîment

5

6

7

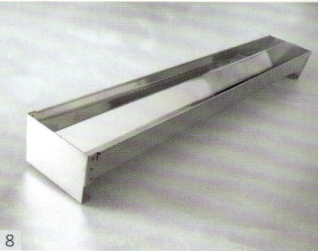
8

Litergewicht
Poids au litre

Dieses wird zu Zwecken der Qualitätssicherung angewendet, um gleichmässige Produkte zu erhalten. Das Litergewicht ist rezept- und herstellungsabhängig.

Durchschnittswerte

Leichte Masse mit Eiweissschnee	1 Liter	650–850 g
Schwere Masse	1 Liter	750–900 g

Auswirkung: zu leichte Masse

Die zu viel eingeschlagene Luft dehnt sich durch den Wärmeeinfluss aus, verliert an Halt und fällt in sich zusammen. Die Kruste löst sich. Einlagen sinken während dem Backprozess auf den Boden. Lösung: Nochmals durchmischen (Luft entweicht).

Auswirkung: zu schwere Masse

Geringes, zu kompaktes Volumen, ist schwer zu backen. Optisch unattraktiv und unbekömmlich zum Essen.

Ermitteln des Litergewichts

Form mit einem Liter Inhalt auf die Waage stellen, Tara drücken, Masse einfüllen, glatt streichen, zurückstellen und effektives Litergewicht ablesen.

Il est appliqué en tant qu'élément de l'assurance qualité afin de garantir la régularité des produits. Le poids au litre dépend de la recette et de la fabrication.

Valeur moyenne

Masse légère de meringage	1 litre	650–850 g
Masse lourde	1 litre	750–900 g

Conséquences d'une masse trop légère

La trop grande quantité d'air insufflée se dilate sous l'action de la chaleur, elle perd son maintien et finit par retomber. La croûte se détache. Lors du processus de cuisson, les adjonctions coulent vers le fond du produit. La solution consiste à mélanger la masse plus intensément pour éliminer le surplus d'air.

Conséquences d'une masse trop lourde

Les produits au volume moindre et trop compacts cuisent difficilement. Leur aspect visuel est peu attractif et, en plus, ils sont indigestes.

Calcul du poids au litre

Placer un moule d'une contenance d'un litre sur la balance, activer la tare. Remplir le moule de masse, lisser la surface. Placer à nouveau le moule sur le plateau de la balance et relever le poids effectif.

Umrechnungsbeispiel
Exemple de conversion

Rezept Mandelgugelhopf (Seite 32) ergibt 12 Gugelhopfformen à 16 cm ⌀.

Wie viele Kapseln oder kleine Gugelhopfformen können aus dem Rezept abgeleitet werden?

Vorgehen   Zuckergewicht

Originalform à 16 cm ⌀ mit Zucker füllen	=	980 g
Rahmen mit Zucker füllen	=	4850 g
Kleine Gugelhopfform mit Zucker füllen	=	209 g

12 × 980 g Zucker (Originalform) = 11 760 g Rezeptgrösse (Zuckergewicht)

11 760 g Rezeptgrösse geteilt durch 4850 g Rahmengewicht	=	2,45 Kapseln
11 760 g Rezeptgrösse geteilt durch 209 g Gugelhopfgewicht	=	56 Formen

La recette du gugelhopf aux amandes (page 32) donne 12 moules à gugelhopf de 16 cm ⌀.

Combien de capsules (cadres) ou de petits moules est-il possible de réaliser avec cette recette?

Procédé   Poids du sucre

Remplir le moule original de 16 cm ⌀ de sucre	=	980 g
Remplir une capsule (cadre) de sucre	=	4850 g
Remplir un petit moule à gugelhopf de sucre	=	209 g

12 × 980 g de sucre (moule original) = 11 760 g volume de la recette (poids du sucre)

11 760 g volume de la recette divisé par 4850 g poids de la capsule	=	2,45 capsules
11 760 g volume de la recette divisé par 209 g poids du petit moule	=	56 moules

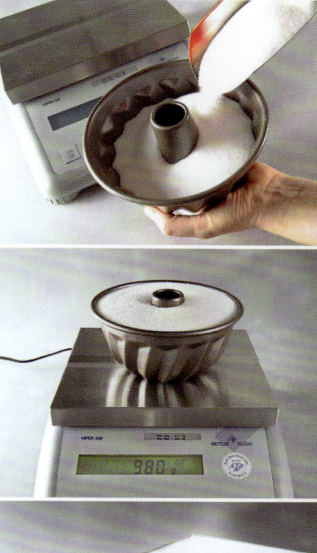

Zutaten und Wirkung
Ingrédients et leurs effets

Fettstoffe
Matières grasses

1 Butter

Milchfett, auf mechanischem Weg aus Kuhmilch oder Sahne gewonnen. Qualitativ erstklassiger Rohstoff dank tiefem Schmelzpunkt und ausgeprägtem Butteraroma.

Milchfettgehalt: 82–83 %
Schmelzpunkt: 27–28 °C

2 Margarine

Emulgierte, wasserhaltige Mischung aus pflanzlichen und tierischen Speisefetten oder Ölen, mit oder ohne Beimischung von Milchfett.

Mit Margarine hergestellte Massen dürfen nicht als Buttermasse bezeichnet werden.

Fettgehalt: 80 %
Schmelzpunkt: 32–36 °C

3 Andere Fette und Öle

Auf Seite 74 wurde ein Buttermassenrezept mit Olivenöl hergestellt.

Verarbeitung von Fettstoffen

Butter und Margarine lassen sich bei 20 °C am besten aufschlagen. Durch das Einschlagen von Luft vergrössert sich das Volumen und die Zutaten können besser beigemischt werden. Margarine kann durch den Emulgatorgehalt mehr Luft aufnehmen.

1 Beurre

Graisse lactique obtenue à partir du lait de vache ou de la crème par une action mécanique. Matière première de qualité supérieure grâce à son point de fusion peu élevé et son goût de beurre prononcé.

Teneur en graisse lactique : 82–83 %
Point de fusion : 27–28 °C

2 Margarine

Mélange aqueux obtenu par émulsion de graisses ou d'huiles comestibles végétales ou animales, avec ou sans adjonction de matière grasse lactique.

Les masses fabriquées avec de la margarine ne peuvent pas être désignées comme des masses au beurre.

Teneur en matière grasse : 80 %
Point de fusion : 32–36 °C

3 Autres graisses et huiles

A la page 74, la recette de masse au beurre est réalisée avec de l'huile d'olive.

Traitement des matières grasses

Il est recommandé de battre en mousse le beurre et la margarine à la température de 20 °C. Le volume augmente avec l'apport d'air et les adjonctions peuvent alors être plus facilement incorporées. Grâce à sa teneur en émulsifiant, la margarine peut contenir davantage d'air.

Verarbeitung von Fettstoffen
Traitement des matières grasses

Grenieren der Butter

Zu viel Feuchtigkeitsbeigabe — *Abhilfe* Trockensubstanz (Mehl, Stärke oder Zucker) aus dem Rezept beigeben

Kalte Eierbeigabe, Butter verfestigt sich — *Abhilfe* Eier (mit Raumtemperatur) beigeben oder Masse leicht erwärmen

Wirkung Fettstoffbeigabe

Das Austrocknen eines Gebäcks wird verzögert, da die Krume kompakter und saftiger wird, auf Kosten des Volumens. Gebäcke mit hohem Butteranteil sollten immer bei Raumtemperatur (20 °C) genossen werden.

4 <u>Butter schaumig rühren</u>

5 <u>Volumenvergleich Butter : Margarine</u>

Le beurre graine

Adjonction excessive de liquide — *pour y remédier*, incorporer des substances sèches (farine, amidon ou sucre) de la recette

Adjonction d'œufs froids, le beurre durcit — *pour y remédier*, ajouter les œufs à température ambiante ou chauffer légèrement la masse

Effets de l'adjonction de matières grasses

Le dessèchement du produit sera ainsi retardé, puisque la mie devient plus compacte et plus savoureuse, au détriment du volume. Les produits avec une teneur élevée en beurre devraient toujours être consommés à température ambiante (20 °C).

4 <u>Battre le beurre en mousse</u>

5 <u>Comparaison du volume beurre : margarine</u>

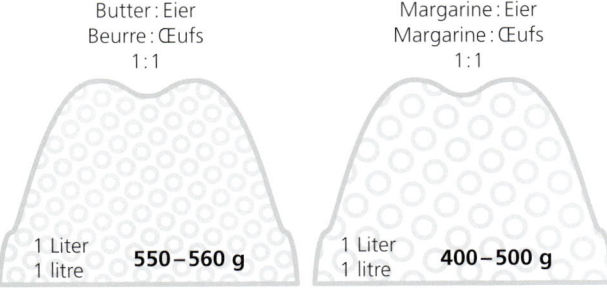

Butter : Eier
Beurre : Œufs
1 : 1

1 Liter / 1 litre 550–560 g

Geschmackliche Vorteile
Avantages gustatifs

Margarine : Eier
Margarine : Œufs
1 : 1

1 Liter / 1 litre 400–500 g

Mehr Volumen
Plus de volume

Zucker
Sucre

[1] Zucker
Zucker erfüllt bei der Herstellung, Backprozess, Lagerung und Aromabildung von Gebäcken wichtige Funktionen. Beim Austauschen des Zuckers durch 10 % Süssstoff wird das Aroma und die Backstabilität geschwächt.

[2] Dextrose
Einfachzucker (Traubenzucker) zieht beim Gebäck Feuchtigkeit an. Empfohlen ist ein Austausch von 10–30 % des Zuckergewichts. Bei einer höheren Beigabemenge ist mit einem Aromaverlust zu rechnen.

[3] Rohzucker
Ungereinigter Zucker, der durch die anhaftende Melasse leicht feucht ist und normalen Zucker im Verhältnis 1:1 ersetzen kann.

[4] Staubzucker
Fein gemahlener Kristallzucker, der normalen Zucker im Verhältnis 1:1 ersetzen kann.

Puderschnee
Nicht klumpender Staubzucker mit Fett- und Stärkebeigabe. Nur für Dekoration einsetzen.

[1] Sucre
Le sucre remplit des fonctions importantes lors de la fabrication, du processus de cuisson, de la conservation et du développement de l'arôme des produits. Le remplacement du sucre par 10 % d'édulcorant entraîne une diminution de l'arôme et de la stabilité à la cuisson.

[2] Dextrose
Sucre simple (sucre de raisin), qui apporte de l'humidité dans les produits. Remplacement conseillé : 10–30 % du poids du sucre. Une adjonction plus élevée peut provoquer une perte d'arôme.

[3] Sucre brut
Sucre non purifié, qui est légèrement humide à cause de sa teneur en mélasse et qui peut remplacer le sucre normal en rapport 1:1.

[4] Sucre glace
Sucre cristallisé finement moulu, qui peut remplacer le sucre normal en rapport 1:1.

Poudre à décorer
Sucre glace, qui ne forme pas de grumeaux, avec une adjonction de matière grasse et d'amidon. Il n'est utilisé que pour la décoration.

Zucker / Sucre	70–90 %	Dextrose / Dextrose	10–30 %
Gesamtmenge / Quantité totale	100 %		

Eier
Œufs

[5] Eier

Um perfekte Resultate zu erzielen, empfiehlt es sich, frische Eier und keine pasteurisierte Eierprodukte (mit Säurebeigaben) zu verwenden. Um Qualitätsschwankungen zu vermeiden, wird die Gewichtsangabe (Eier, Eiweiss, Eigelb) in Gramm anstelle von Stück angegeben.

[6] 20 Eier getrennt

Eierbeigabe

Wirkung: Masse wird weicher und leichter (je nach Herstellungsmethode), das Produkt wird luftiger. Beim Backen gerinnen die Eier (85 °C).

Möglichkeit: Eier werden warm (40 °C) und wieder kalt (20 °C) geschlagen. Ergibt mehr Volumen.

Eigelbbeigabe

Wirkung: Die Masse emulgiert besser (Lezithin- und Eiweissgehalt). Es wird eine schönere Färbung und bessere Stabilität erzielt. Eigelb kann durch Aufschlagen fast nicht gelockert werden (33 % Fett und nicht aufschlagfähiges Eiweiss).

Eiweissbeigabe

Wirkung: Eiweiss kann zu Schnee geschlagen werden, dadurch wird eine zusätzliche Lockerung der Masse erzielt. Verleiht der Masse und dem Gebäck Festigkeit und Stabilität.

Möglichkeit: Eiweiss mit Zucker aufschlagen. Dieses wird viskoser, geschmeidiger und flockt nicht aus.

Hinweis
Zu ¾ aufgeschlagenes Eiweiss ergibt einen weichen Schnee, der sich optimal unter die Masse mischen lässt.

[5] Œufs

Afin d'obtenir un résultat parfait, il est conseillé d'utiliser des œufs frais et pas de produits aux œufs pasteurisés (avec adjonctions d'acides). Pour éviter des fluctuations de qualité, les œufs sont indiqués en poids (œuf, jaune d'œuf, blanc d'œuf) et non pas en pièce.

[6] 20 œufs séparés

Adjonction d'œuf

Effet : La masse devient plus tendre et plus légère (selon la méthode de fabrication), le produit est plus aéré. A la cuisson, les œufs coagulent (85 °C).

Possibilité : Les œufs sont battus en mousse avec la méthode chaud-froid (de 40 °C à 20 °C), ce qui donne un volume plus élevé.

Adjonction de jaune d'œuf

Effet : L'émulsion de la masse est améliorée (teneur en lécithine et en protéines). On obtient une plus belle coloration et une meilleure stabilité. Le foisonnement du jaune d'œuf est quasi-inexistant sous l'effet du battage (33 % de matière grasse et pas de protéines favorisant le foisonnement).

Adjonction de blanc d'œuf

Effet : Le blanc d'œuf peut être battu en neige, ce qui entraîne une aération supplémentaire de la masse. Cela confère plus de fermeté et de stabilité à la masse et au produit.

Possibilité : Battre le sucre et le blanc d'œuf en neige. Ce dernier devient plus visqueux, plus malléable et ne floconne pas.

Conseil
Un blanc d'œuf battu au ¾ donne une neige tendre, qui peut ainsi être incorporée de façon optimale à la masse.

Mehl
Farine

1 Mehl
Idealerweise wird handelsübliches Weizenmehl 400 eingesetzt.

Wirkung: Die Masse wird durch den Klebergehalt zäh, die Krume grossporig.

Kleberstarkes Mehl kann mit 10–20 % Stärke ausgetauscht werden.

2 Stärke (Weizen oder Kartoffeln)
Stärkebeigabe ergibt eine kurze, kleinporige Masse (keine Kleberbindung) und ein Gebäck mit kurzer, sandiger Struktur.

3 Vollkornmehl
Weizenmehl 400 kann durch Vollkornmehl 0,5 mm im Verhältnis 1:1 ausgetauscht werden. Vollkornmehl hat, bedingt durch den Kleieanteil, ein anderes Backverhalten. Die Masse bräunt gegen Ende des Backprozesses nach.

4 Dinkelmehl
Weizenmehl 400 kann durch Dinkelmehl im Verhältnis 1:1 ersetzt werden. Zu beachten ist, dass Dinkelmehl einen schwachen Kleber aufweist.

1 Farine
Idéalement, on utilise la farine de froment 400, qui se trouve habituellement dans le commerce.

Effets: à cause du taux de protéines (gluten), la masse devient coriace, la mie présente une structure plutôt grossière.

Les farines riches en protéines peuvent être coupées avec 10 à 20 % d'amidon.

2 Amidon (de froment ou de pommes de terre)
L'adjonction d'amidon confère une porosité fine à la masse (pas de formation de gluten) et la structure du produit devient alors courte et sablée.

3 Farine complète
La farine de froment 400 peut être remplacée par de la farine complète de 0,5 mm en rapport 1:1. De part sa teneur en son, la farine complète présente un comportement différent. La masse brunit davantage en fin de cuisson.

4 Farine d'épeautre
La farine de froment 400 peut être remplacée par de la farine d'épeautre en rapport 1:1. Il est à noter que la farine d'épeautre présente un gluten plus faible.

Höhere Gebäcke erfordern einen erhöhten Mehlanteil (Fundament). Bei niedrigen Gebäcken kann der Mehlanteil reduziert werden, so dass die Gebäcke feuchter sind.

Um den Klebergehalt zu senken, kann 10 bis max. 50 % durch Kartoffel- oder Weizenstärke ersetzt werden.

Les produits élevés exigent une quantité de farine plus importante (base). Pour les produits plus plats, la part de farine peut être réduite afin de garantir une humidité suffisante de ces produits.

Afin de baisser la teneur en gluten, il est possible de remplacer la farine par de l'amidon de froment ou de pommes de terre, à raison de 10 à 50 % au maximum.

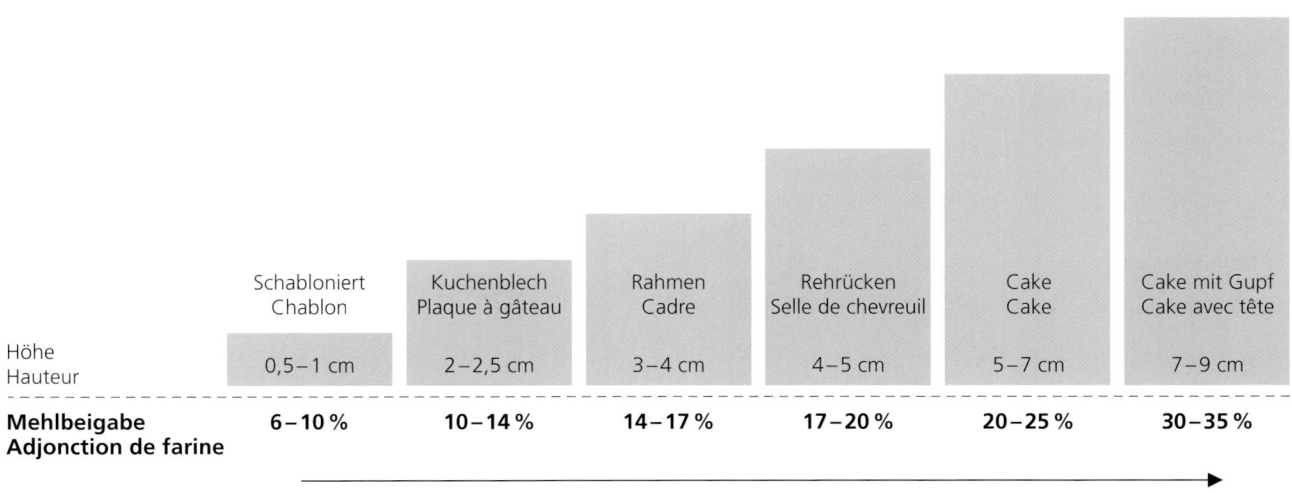

Feste Einlagen oder trockene Beigaben
Ingrédients fermes ou adjonctions sèches

Einlagen

Einlagen, z. B. grob gehackte Nüsse, Kernen oder Schokolade, benötigen keine Rezeptanpassung, müssen aber von der Masse getragen werden, damit sie während des Backprozesses nicht absinken.

Vorgehen:
Masse nicht zu schaumig schlagen. Feuchte Einlagen mit Mehl bestäuben.

Beigaben

Werden Beigaben verkleinert (siehe Foto), vergrössert sich das Volumen und die vergrösserte Oberfläche bindet Feuchtigkeit.

Vorgehen:
Feine Beigaben anfeuchten oder ⅓ des Gewichtes beim Mehl abziehen.

Massenbeigabe

Eine backfeste, streichfähige Masse, z. B. Mandelmasse, kann ohne Rezeptanpassung in der Höhe des Mehlgewichtes beigegeben werden.

1. **Mandeln ganz**
2. **Mandeln grob**
3. **Mandeln fein**
4. **Mandelmasse**

Ingrédients

Les ingrédients, comme par ex. des graines, des fruits à coque ou du chocolat, grossièrement hachés, n'exigent aucune modification de la recette. Ils doivent cependant être portés par la masse afin de ne pas couler lors du processus de cuisson.

Procédé:
Ne pas trop mousser la masse au battage. Saupoudrer les ingrédients humides avec de la farine.

Adjonctions

Lorsque les adjonctions sont finement moulues (voir photo), le volume augmente et la surface plus importante absorbe ainsi l'humidité.

Procédé:
Humidifier les adjonctions fines ou retirer ⅓ du poids à la quantité de la farine.

Adjonction de masse de fruits à coque

Une masse à cuire tendre, comme par ex. une masse aux amandes, peut être ajoutée à quantité égale au poids de la farine, sans modification de la recette.

1. **Amandes entières**
2. **Amandes grossières**
3. **Amandes fines**
4. **Masse aux amandes**

Feste Einlagen feucht
Ingrédients fermes, humides

Diese geben nach dem Backen Feuchtigkeit an das Gebäck ab.

5 Fruchteinlagen
Bei frischen Früchten muss der Wassergehalt berücksichtigt werden. Beim Backen verdampft Wasser, das Gebäck dehnt sich aus und fällt in sich zusammen.

6 Eingelegte Früchte
In Fruchtsäften, Branntweinen oder Likören sterilisiert konfierte oder getrocknete Früchte können beigegeben werden. Die aromatisierten Früchte geben Feuchtigkeit und Aroma an das Gebäck ab.

7 Halbkonfierte Früchte
Halbkonfierte Früchte geben Feuchtigkeit ab. Zu trockene Früchte entziehen dem Gebäck Feuchtigkeit.

Ces ingrédients apportent de l'humidité au produit après la cuisson.

5 Ingrédients à base de fruits
Avec les fruits frais, il faut tenir compte de leur teneur en eau. Lors de la cuisson, l'eau se transforme en vapeur, le produit se dilate, puis retombe.

6 Fruits au sirop
Il est possible d'adjoindre des fruits stérilisés, confits ou séchés et conservés dans des jus de fruits, de l'eau de vie ou des liqueurs. Les fruits aromatisés apportent de l'humidité et de l'arôme au produit.

7 Fruits semi-confits
Les fruits semi-confits apportent de l'humidité. Les fruits trop secs absorbent une partie de l'humidité du produit.

Flüssigkeitsbeigabemöglichkeiten
Adjonctions possibles de liquides

Flüssigkeitsbeigaben

Milch, Rahm, Joghurt, Fruchtsäfte, Fruchtmark, Spirituosen oder auch Kombinationsbeigaben müssen im Rezeptaufbau berücksichtigt werden.

Vorgehen:
Flüssigkeit und Mehl in der gleichen Menge (Verhältnis 1:1) beigeben. Kann je nach der verwendeten Flüssigkeit leicht abweichen.

Variante Flüssigkeit gebunden

Die Flüssigkeitsbeigabe kann mit 10 % Maisstärke aufgekocht, gebunden und nach dem Abkühlen beigegeben werden.

Variante Flüssigkeit nach dem Backen beigeben

Gebäcke können auch nach dem Backen mit Flüssigkeit aromatisiert und befeuchtet werden. Schwere Massen und Gebäcke mit Kruste sind weniger geeignet.

1 **Vanillecreme**

2 **Fruchtsaft gebunden**

3 **Alkohol**

Adjonctions de liquides

Le lait, la crème, le yogourt, les jus de fruits, les purées de fruits, les spiritueux ou des adjonctions combinées doivent être pris en compte dans l'élaboration de la recette.

Procédé :
Ajouter le liquide et la farine en quantité égale (rapport 1:1). Ce rapport peut légèrement varier selon le liquide utilisé.

Variante avec un liquide lié

L'adjonction liquide peut être cuite et liée avec 10 % d'amidon. Elle sera incorporée après refroidissement.

Variante d'un liquide ajouté après la cuisson

Les produits peuvent également être aromatisés et humectés avec un liquide après la cuisson. Cette variante est moins appropriée pour les masses lourdes et les produits avec une croûte.

1 **Crème vanille**

2 **Jus de fruit lié**

3 **Alcool**

Triebmittel
Produit de développement

4 Triebmittel (Backpulver)
Wird schweren Massen vor allem bei erhöhter Mehlbeigabe beigegeben. Produkte mit Eiweissschnee benötigen keine Beigabe.

Beigabemenge: 0,5 – 1 % der Gesamtmenge

Hinweis
Massen mit Backpulver müssen sofort gebacken werden (Vortrieb durch Feuchtigkeit). Durch das grössere Volumen trocknen die Gebäcke schneller aus.

5 Andere Beigaben
Abgeriebene Schale von unbehandelten Zitronen rundet den Geschmack ab.

Beigabemenge: 1 – 2 % der Gesamtmenge

6 Vanillezucker
Staubzucker mit 10 % getrockneten Vanillestängel vermischt.

Beigabemenge: 1 – 2 % der Gesamtmenge

7 Speisesalz, Gewürze
Eine Salzbeigabe rundet den Gesamtgeschmack ab.

Beigabemenge: 0,25 – 0,5 % der Gesamtmenge (Gewicht kann je nach Gewürz variieren).

4 Produit de développement (poudre à lever)
Il est ajouté aux masses plutôt lourdes avec une adjonction importante de farine. Les produits, qui contiennent des œufs battus en neige, n'ont pas besoin cette adjonction.

Dosage :   0,5 – 1 % de la quantité totale.

Conseil
Les masses qui contiennent de la poudre à lever doivent être cuites immédiatement (développement préalable dû à l'humidité). Les produits au volume important sèchent plus rapidement.

5 Autres adjonctions
Le zeste de citron non traité affine le goût du produit.

Dosage :   1 – 2 % de la quantité totale.

6 Sucre vanillé
Sucre glace mélangé avec 10 % de gousse de vanille séchée.

Dosage :   1 – 2 % de la quantité totale.

7 Sel de cuisine, épices
Une adjonction de sel affine globalement le goût du produit.

Dosage :   0,25 – 0,5 % de la quantité totale (le poids varie selon les épices).

Backen von Buttermassen
Cuisson des masses au beurre

Die in den Rezepten genannten Backtemperaturen sind als Richtwerte in Etagenöfen zu verstehen. Während dem Backen soll die Temperatur langsam absinken.

Im Heissluftofen wird 10 bis 20 % kühler gebacken.

Leichte Massen (höherer Wassergehalt) sowie höhere Formen werden kühler und langsamer gebacken.

Schwere Massen und flache Formen werden wärmer und kürzer gebacken, um das Austrocknen zu verhindern.

Les températures indiquées dans les recettes doivent être considérées comme des valeurs de base pour des fours à étages. La température doit retomber lentement durant la cuisson.

Dans les fours à air chaud, la température sera de 10 à 20 % moins élevée.

Les masse légères (teneur élevée en eau), ainsi que les formes élevées, sont cuites plus longtemps à une chaleur moins importante.

Les masses lourdes et les formes plates sont cuites plus rapidement à une chaleur plus élevée pour éviter le dessèchement.

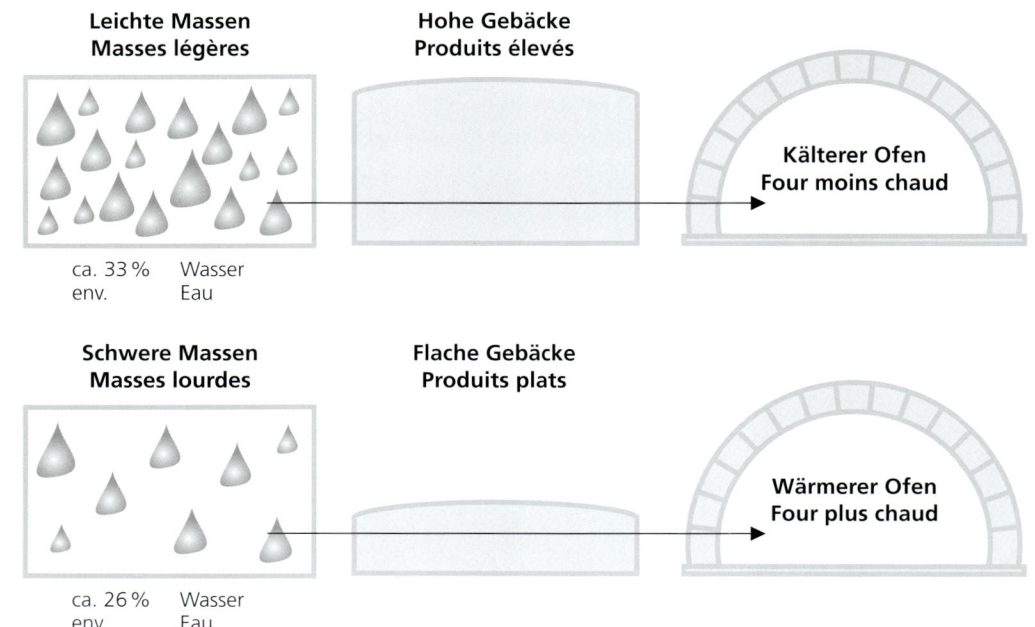

Backprobe
Test de cuisson

Die Messerprobe sollte durch die Messprobe ersetzt werden. Eine Buttermasse (Krume) ist je nach Rezeptzusammensetzung bei 85 bis 90 °C Kerntemperatur gebacken. Bei zu niedriger Temperatur fallen die Gebäcke zusammen, bei zu hohen Temperaturen trocknen sie aus.

Nach dem Backen
Die Buttermassen sollten sofort ausgeformt werden. Auf Gitter oder Teigtücher absetzen, um Kondenswasser und ein Nachtrocknen zu verhindern.

1 **Backprobe mit Messer**

2 **Backprobe mit Thermometer**

3 **Drehen auf Gitter**

4 **Drehen auf Teigtücher**

Le test avec une pointe de couteau est remplacé par la mesure de la température. Selon les recettes, une masse au beurre est cuite, lorsque la température atteint 85 à 90 °C à cœur (mie). A une température inférieure, les produits retombent et, à une température plus élevée, ils commencent à dessécher.

Après la cuisson
Les masses au beurre doivent être immédiatement démoulées. Les déposer sur des grilles ou des toiles pour éviter la formation d'eau de condensation et un dessèchement ultérieur.

1 **Test de cuisson avec un couteau**

2 **Test de cuisson avec un thermomètre**

3 **Retourner sur une grille**

4 **Retourner sur une toile**

Rezeptaufbau Buttermassen
Structure des recettes de masses au beurre

Zwischen der schwersten Masse (Rezept 1) und der leichtesten Masse (Rezept 2) kann die Butter-, Zucker- und Mehlbeigabe beliebig erhöht oder reduziert werden. Für flachere Gebäcke kann die Mehlbeigabe reduziert und für höhere Gebäcke mit Gupf erhöht werden. Allerdings wird dadurch auch der Wasseranteil gesenkt, die Gebäcke trocknen schneller aus. Bei der Wahl der Herstellungsmethode muss auf den Rezeptaufbau geachtet werden, um ein ideales Gebäck zu erhalten.

Entre la masse la plus lourde (recette 1) et la masse la plus légère (recette 2), il est possible de réduire ou d'augmenter l'adjonction de beurre, de sucre et de farine, selon ses préférences. Pour des produits plutôt plats, l'adjonction de farine peut être réduite et pour des produits élevés et bombés, cette quantité doit être augmentée. Cependant, la teneur en eau devra aussi être réduite, ce qui entraîne un dessèchement plus rapide. Lors du choix de la méthode de fabrication, il faut également tenir compte de la structure de la recette afin d'obtenir le produit idéal.

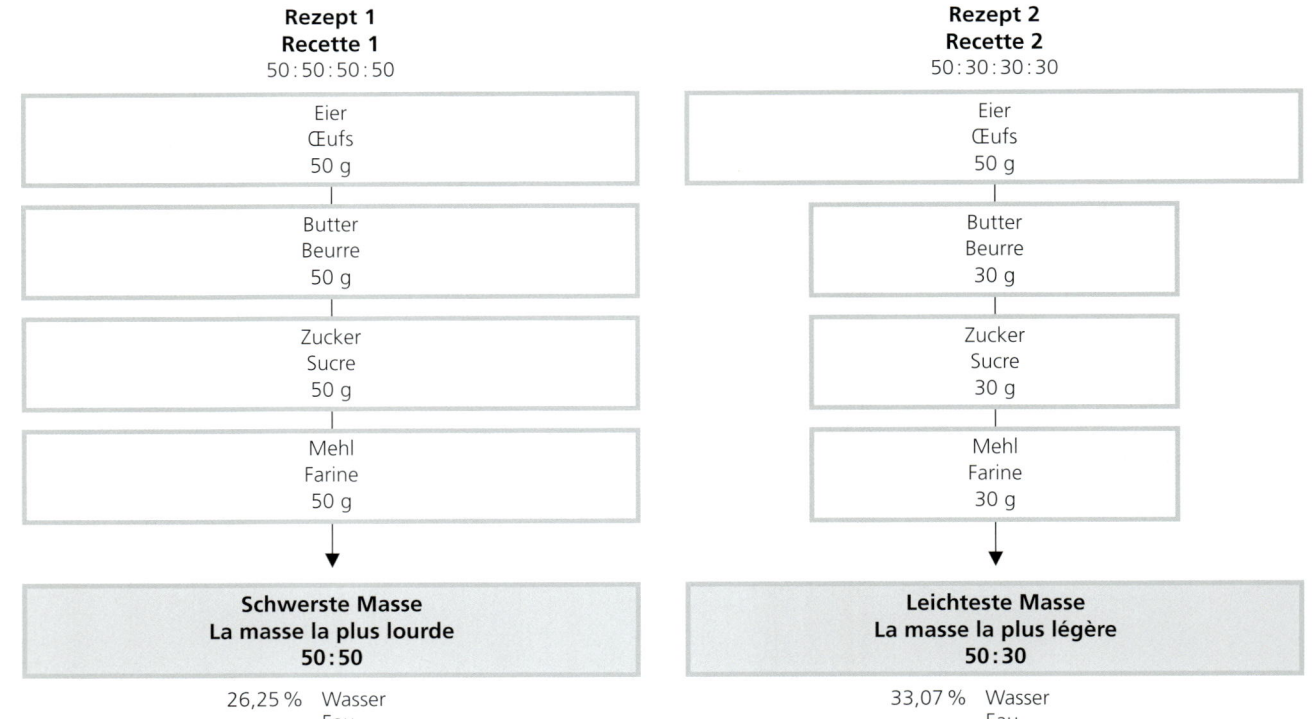

Herstellungsmethode 1
Méthode de fabrication 1

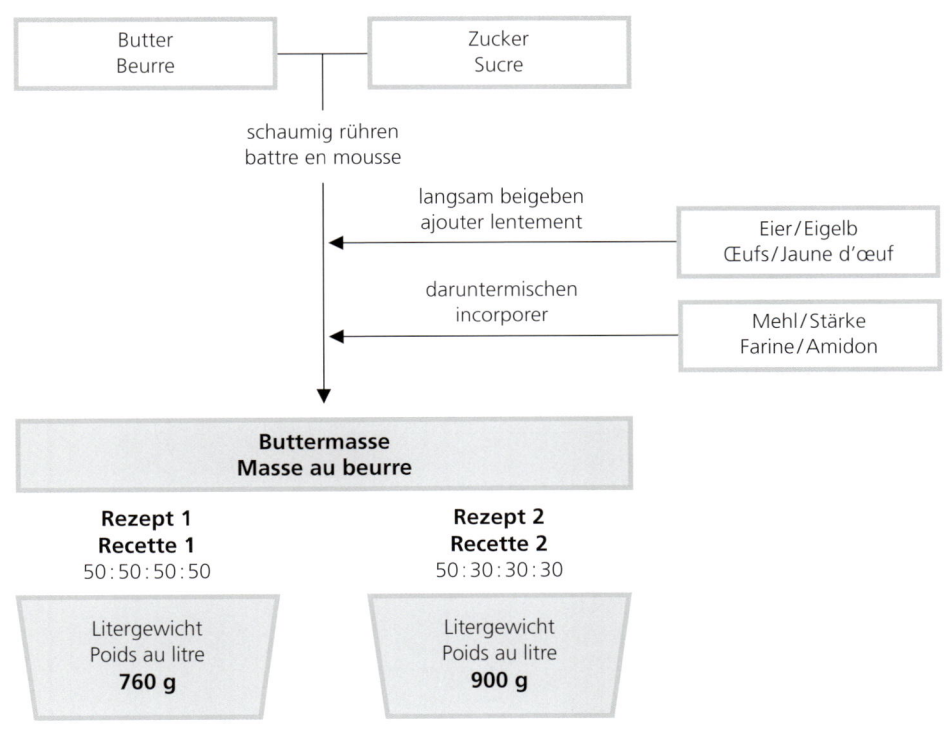

Feststellungen

Rezept 1
Ideale Herstellungsart für schwere Massen.

Rezept 2
Nicht geeignet für leichte Massen. Hoher Eieranteil, Masse greniert und fällt zusammen.

Constatations

Recette 1
Méthode de fabrication idéale pour des masses lourdes.

Recette 2
Ne convient pas pour des masses légères. A cause de la part élevée en œufs, la masse graine et retombe.

Herstellungsmethode 2
Méthode de fabrication 2

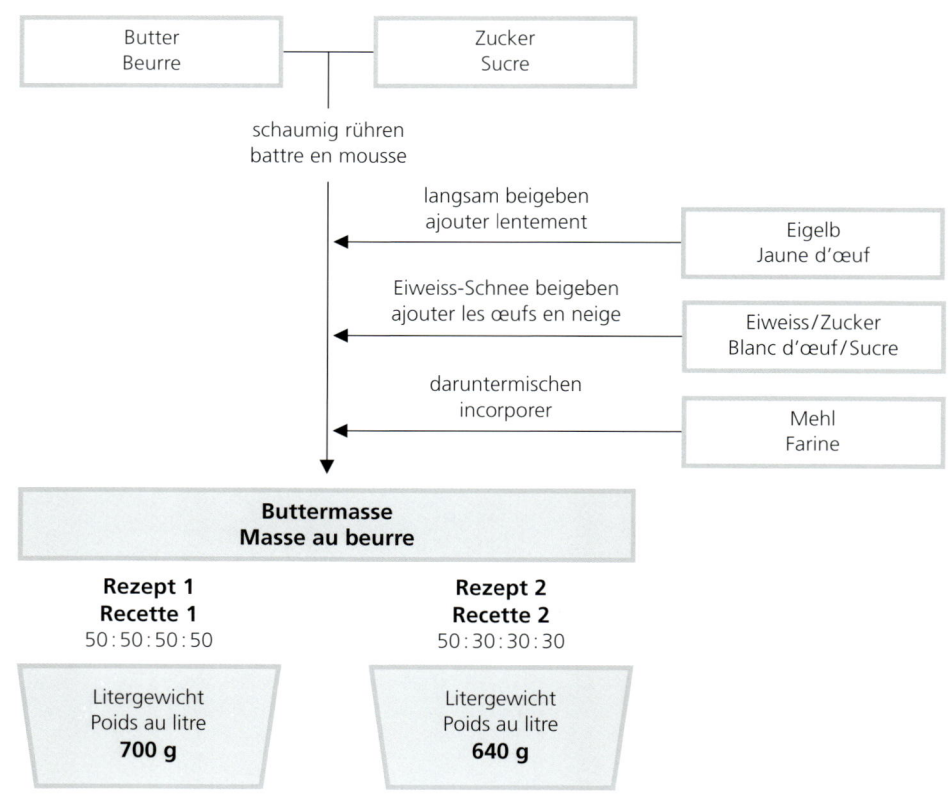

Feststellungen

Rezept 1
Litergewicht leichter als bei Herstellungsmethode 1 durch Eiweissschneebeigabe.

Rezept 2
Ideale Herstellungsmethode für leichte Massen. Separate Eigelbbeigabe verhindert das Grenieren der Masse.

Constatations

Recette 1
Poids au litre plus léger qu'avec la méthode de fabrication 1, à cause de l'adjonction de meringage.

Recette 2
Méthode de fabrication idéale pour les masses légères. L'adjonction séparée des œufs empêche la masse de grainer.

Herstellungsmethode 3
Méthode de fabrication 3

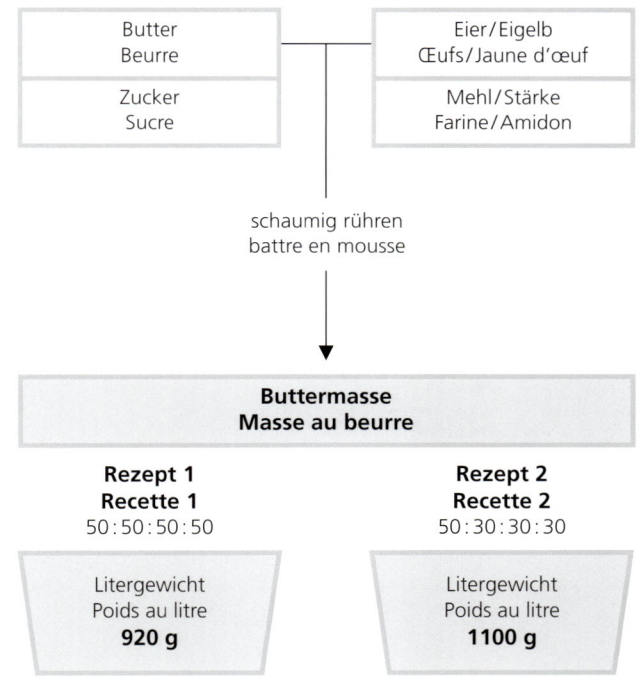

Feststellungen

Bei beiden Rezepten höheres Litergewicht durch All-in-Verfahren.

Rezept 1
Backpulverbeigabe (0,5–1 %) erforderlich.

Rezept 2
Backpulverbeigabe (1 %) erforderlich. Eieranteil höher, dadurch weniger Widerstand und Lufteinschlag.

Constatations

Pour les deux recettes, le poids au litre est plus élevé avec le procédé « All-in ».

Recette 1
Adjonction nécessaire de poudre à lever (0,5–1 %).

Recette 2
Adjonction nécessaire de poudre à lever (1 %). A cause d'une part plus élevée d'œufs, la résistance et l'apport d'air sont amoindris.

Herstellungsmethode 4
Méthode de fabrication 4

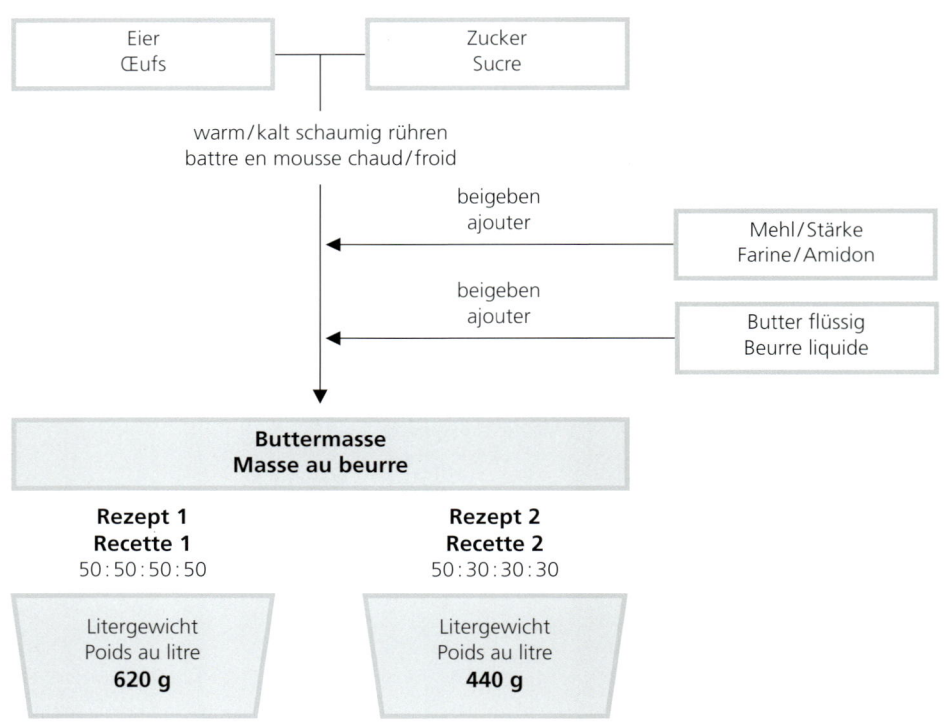

Durch Erwärmen des Eier-Zucker-Gemischs auf 40 °C und Kaltschlagen erhalten wir eine leichte Masse.

Feststellung

Bei Rezept 2 besteht die Gefahr des Einfallens.

En chauffant le mélange œufs-sucre à 40 °C, puis en le battant en mousse à froid, on obtient une masse légère.

Constatations

Avec la recette 2, la masse risque de retomber.

Herstellungsmethode 5
Méthode de fabrication 5

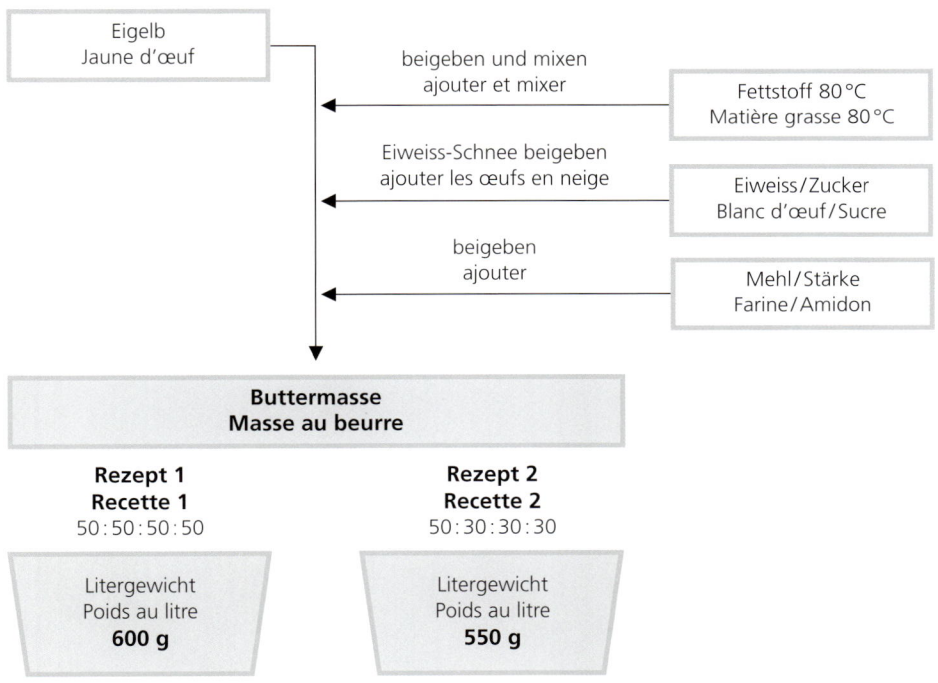

Eine interessante Methode aus Österreich. Die Konsistenz- und Aufschlagunterschiede bei der Butter entfallen. Durch die Beigabe der heissen Butter verdickt sich das Eigelb. Eiweiss und Zucker schmierig aufschlagen.

Feststellungen
Kann bei beiden Rezepten angewendet werden. Die Gebäcke weisen eine feinporige, lockere Krume auf.

Cette méthode intéressante provient d'Autriche. Les différences au sujet de la consistance et du foisonnement du beurre disparaissent. En effet, en ajoutant le beurre très chaud, le jaune d'œuf épaissit. Battre le sucre et le blanc d'œuf au ¾.

Constatations
Cette méthode peut être utilisée pour les deux recettes. Les produits présentent une mie plus aérée avec une porosité plus fine.

Kuchen und Törtchen
Gâteaux et petites tourtes

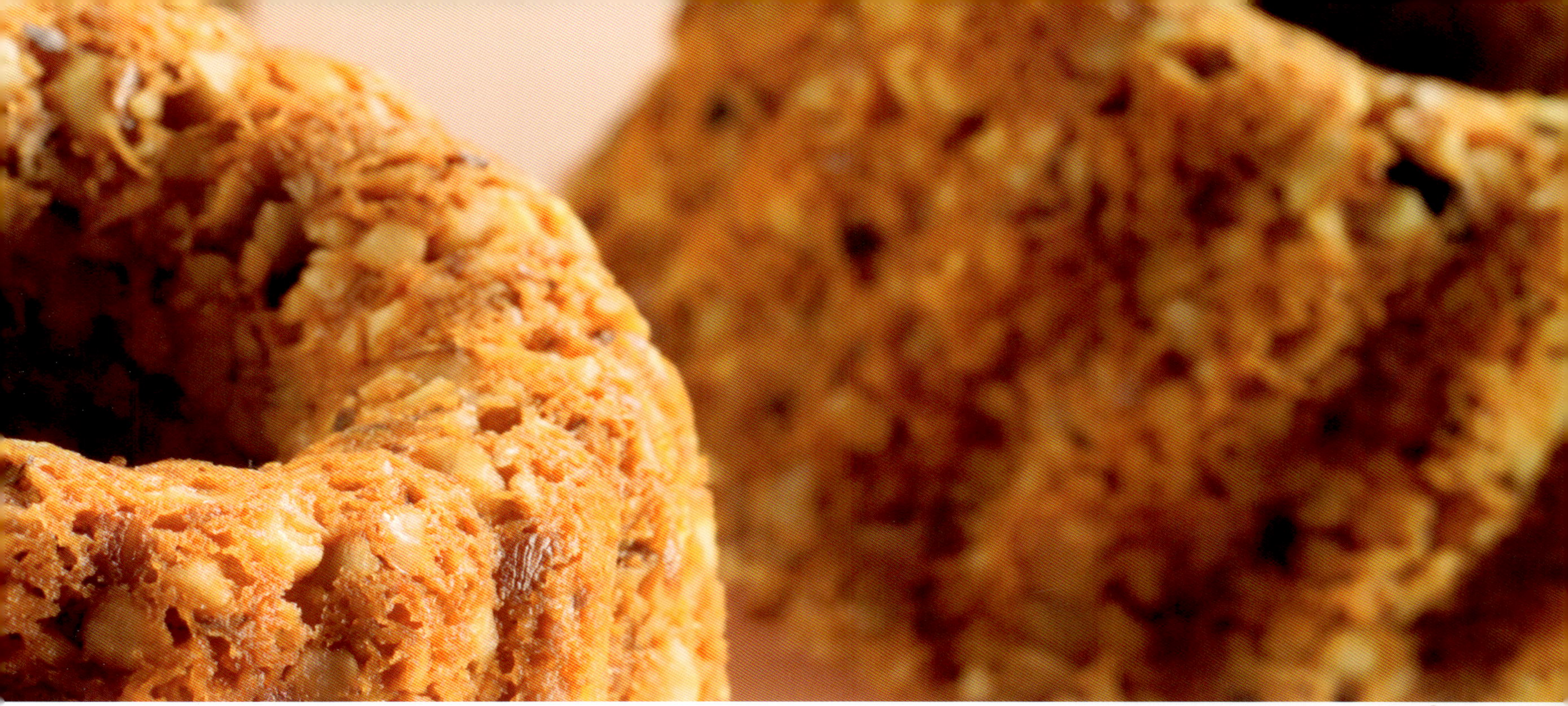

70
72
73
74
76
78
79
80
82
83
84
86
88
90
92
94
96
98
100
102
103
104
106
108
110
112
113

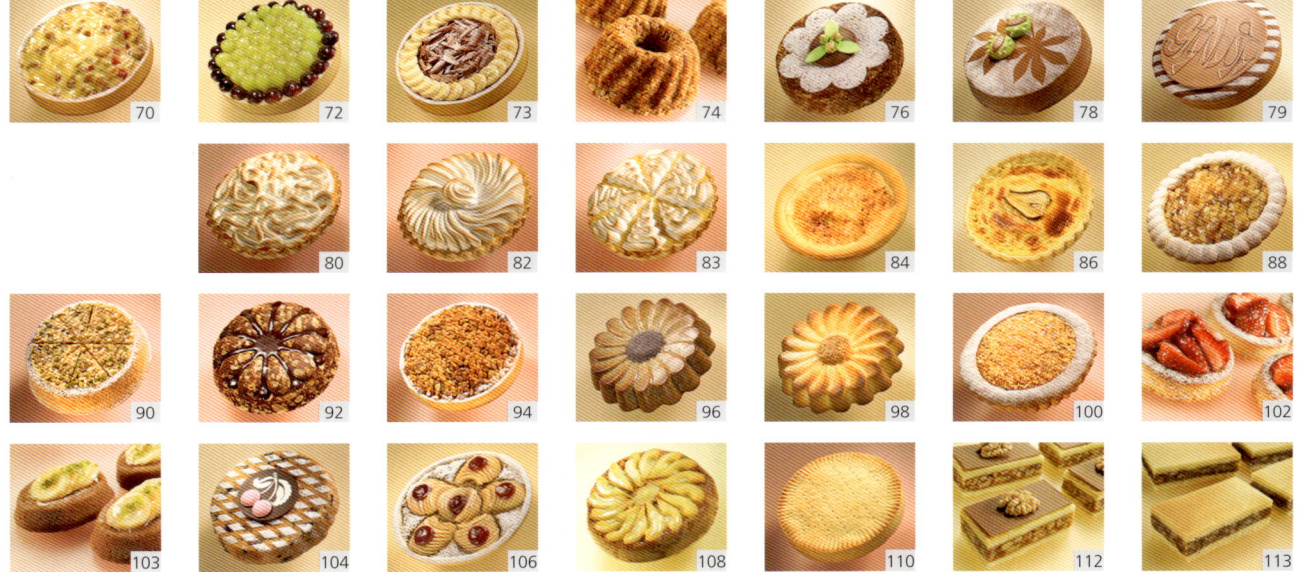

Mandelgugelhopf
Gugelhopf aux amandes

Vorbereitung

(12 Gugelhopfformen à 16 cm ⌀)

Mit Butter ausstreichen und mit gehobelten, ausgesiebten Mandeln ausstreuen.

Buttermasse (5 150 g)

800 g	Butter
200 g	Dextrose
10 g	Salz
20 g	Vanillezucker
	schaumig rühren
700 g	Couverture weiss (30 °C)
800 g	Eigelb
	beigeben
800 g	Eiweiss
600 g	Zucker
	zu Schnee schlagen
900 g	Mandeln weiss, gemahlen, geröstet
20 g	Bittermandeln, gemahlen
300 g	Weizenmehl 400
	daruntermischen

Litergewicht

680 g

Einfüllgewicht je Stück

420 g Buttermasse

Backtemperatur

Oberhitze   200 °C
Unterhitze   195 °C
absinkend

Fertigstellen

Nach dem Auskühlen mit Staubzucker (Puderschnee) überstauben.

Préparation

(12 moules à gugelhopf de 16 cm ⌀)

Badigeonner avec du beurre et chemiser avec des amandes effilées, tamisées.

Masse au beurre (5 150 g)

800 g	de beurre
200 g	de dextrose
10 g	de sel
20 g	de sucre vanillé
	battre en mousse
700 g	de couverture blanche (30 °C)
800 g	de jaune d'œuf
	ajouter
800 g	de blanc d'œuf
600 g	de sucre
	battre en neige
900 g	d'amandes blanches, moulues, rôties
20 g	d'amandes amères, moulues
300 g	de farine de froment 400
	incorporer

Poids au litre

680 g

Poids de remplissage par pièce

420 g de masse au beurre

Température de cuisson

Chaleur supérieure   200 °C
Chaleur inférieure   195 °C
retombante

Finition

Après refroidissement, saupoudrer de sucre glace (poudre à décorer).

Kokosgugelhopf
Gugelhopf à la noix de coco

Vorbereitung

(12 Gugelhopfformen
à 16 cm ⌀)

Mit Butter ausstreichen und
Kokosraspel ausstreuen.

Buttermasse (5 150 g)

(Seite 32)

- 900 g Mandeln weiss, gemahlen
- 20 g Bittermandeln, gemahlen

ersetzen durch:

- 920 g Kokosraspel, leicht geröstet

Fertigstellen

Temperierte, weisse Couverture mit Cornet auftragen und Kokosraspel aufstreuen.

Préparation

(12 moules à gugelhopf
de 16 cm ⌀)

Badigeonner avec du beurre et chemiser avec de la noix de coco râpée.

Masse au beurre (5 150 g)

(Page 32)

- 900 g d'amandes blanches, moulues
- 20 g d'amandes amères, moulues

à remplacer par :

- 920 g de noix de coco râpée, légèrement rôtie

Finition

Appliquer de la couverture blanche tempérée avec un cornet et saupoudrer de noix de coco râpée.

Baumnussgugelhopf
Gugelhopf aux noix

Vorbereitung

(12 Gugelhopfformen
à 16 cm ⌀)

Mit Butter ausstreichen und mit Mehl ausstreuen.

Buttermasse (5 150 g)

(Seite 32)

900 g	Mandeln weiss, gemahlen
20 g	Bittermandeln, gemahlen

ersetzen durch:

320 g	Mandeln weiss, gemahlen
600 g	Baumnüsse (Walnüsse), gemahlen

Fertigstellen

Schablone auflegen, mit Staubzucker (Puderschnee) stauben, Aprikosenkonfitüre-Tupfen aufdressieren, halbe Baumnüsse auflegen.

Préparation

(12 moules à gugelhopf
de 16 cm ⌀)

Badigeonner avec du beurre et chemiser avec de la farine.

Masse au beurre (5 150 g)

(Page 32)

900 g	d'amandes blanches, moulues
20 g	d'amandes amères, moulues

à remplacer par:

320 g	d'amandes blanches, moulues
600 g	de noix moulues

Finition

Appliquer le chablon, saupoudrer de sucre glace (poudre à décorer), dresser des petits points de confiture d'abricots et y poser des demi-cerneaux de noix.

Schokoladengugelhopf
Gugelhopf au chocolat

Vorbereitung
(12 Gugelhopfformen
à 16 cm ⌀)

Mit Butter ausstreichen und gemahlenen Haselnüssen ausstreuen.

Buttermasse (5 110 g)

800 g	Eigelb
10 g	Salz
	im Mixer laufen lassen
800 g	Butter
	aufkochen,
	heisse Butter langsam
	beigeben
800 g	Couverture dunkel
	aufgelöst beigeben
800 g	Eiweiss
800 g	Zucker
	zu Schnee schlagen
800 g	Haselnüsse, gemahlen
300 g	Weizenmehl 400
	daruntermischen

Litergewicht
680 g

Einfüllgewicht je Stück
420 g Buttermasse

Backtemperatur
Oberhitze 200 °C
Unterhitze 195 °C
absinkend

Fertigstellen
Mit temperierter, heller und dunkler Couverture übergiessen.

Préparation
(12 moules à gugelhopf
de 16 cm ⌀)

Badigeonner avec du beurre et chemiser avec des noisettes râpées.

Masse au beurre (5 110 g)

800 g	de jaune d'œuf
10 g	de sel
	mélanger au mixeur
800 g	de beurre
	cuire et ajouter
	lentement le beurre
	bouillant
800 g	de couverture foncée
	fondre et ajouter
800 g	de blanc d'œuf
800 g	de sucre
	battre en neige
800 g	de noisettes moulues
300 g	de farine de
	froment 400
	incorporer

Poids au litre
680 g

Poids de remplissage par pièce
420 g de masse au beurre

Température de cuisson
Chaleur supérieure 200 °C
Chaleur inférieure 195 °C
retombante

Finition
Enrober de couverture tempérée claire et foncée.

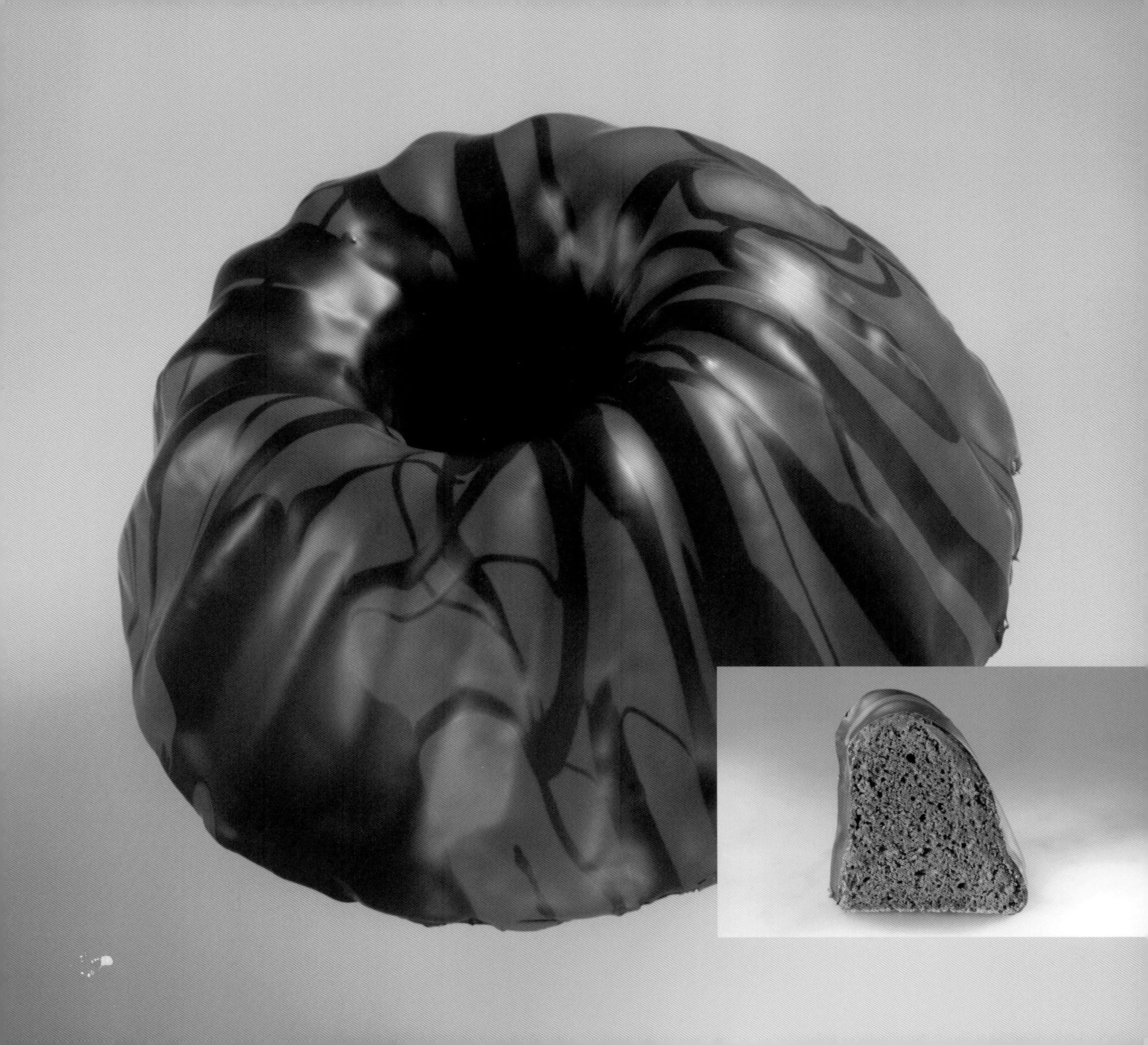

Gugelhopf mit Schokoladenstücken
Gugelhopf aux pépites de chocolat

Vorbereitung

(12 Gugelhopfformen
à 16 cm ⌀)

Mit Butter ausstreichen und gemahlenen Haselnüssen ausstreuen.

Buttermasse (5 110 g)

(Seite 36)

800 g Haselnüsse, gemahlen

ersetzen durch:

300 g Haselnüsse, gemahlen
500 g Couverture, geraspelt

Fertigstellen

Mit heisser Aprikosenkonfitüre bestreichen, mit geröstetem Haselnuss-Granulat und geraspelter Couverture überstreuen.

Préparation

(12 moules à gugelhopf
de 16 cm ⌀)

Badigeonner avec du beurre et chemiser avec des noisettes râpées.

Masse au beurre (5 110 g)

(Page 36)

800 g de noisettes moulues

à remplacer par :

300 g de noisettes moulues
500 g de couverture râpée

Finition

Badigeonner avec de la confiture d'abricots très chaude, puis recouvrir de granules de noisettes rôties et de couverture râpée.

Schokoladengugelhopf mit Orangeat
Gugelhopf chocolat et orangeat

Vorbereitung

(12 Gugelhopfformen
à 16 cm ⌀)

Mit Butter ausstreichen und gemahlenen Haselnüssen ausstreuen.

Buttermasse (5 110 g)

(Seite 36)

  800 g Haselnüsse, gemahlen

ersetzen durch:

  300 g Haselnüsse, gemahlen
  500 g Orangeat, gewürfelt

Fertigstellen

Mit temperierter, dunkler Couverture übergiessen, mit oranger Fettglasur filieren und gezuckerte Orangenzesten* aufstreuen.

*Orangenzesten:
Gewaschene Orangen mit Zestenmesser schneiden, mit Kristallzucker mischen und bei 40 °C über Nacht trocknen lassen.

Préparation

(12 moules à gugelhopf
de 16 cm ⌀)

Badigeonner avec du beurre et chemiser avec des noisettes râpées.

Masse au beurre (5 110 g)

(Page 36)

  800 g de noisettes moulues

à *remplacer par*:

  300 g de noisettes moulues
  500 g d'orangeat en cubes

Finition

Enrober de couverture foncée, tempérée, filer la surface avec de la masse à glacer grasse orange et répartir des zestes d'orange sucrés*.

*Zestes d'orange:
Gratter des oranges lavées avec un couteau à zestes, mélanger avec du sucre cristallisé et laisser sécher une nuit à 40 °C.

Holländer klassisch
Hollandais classique

Vorbereitung

(12 Ringe à 18 cm ⌀,
3 cm hoch)

Mit Butter ausstreichen und Mürbteig auslegen.

      Mürbteig 2,5 mm dick
      (Seite 239)
      Aprikosenkonfitüre

Holländermasse (3 780 g)

- 750 g Mandeln weiss, gemahlen
- 15 g Bittermandeln, gemahlen
- 400 g Zucker
  zusammen fein walzen
- 150 g Dextrose
- 50 g Vanillezucker
- 30 g Zitronenschale
- 10 g Salz
- 900 g Butter
  zusammen schaumig rühren
- 450 g Eigelb
  nach und nach beigeben
- 450 g Eiweiss
- 200 g Zucker
  zu Schnee schlagen
- 375 g Weizenmehl 400
  daruntermischen

Litergewicht

720 g

Einfüllgewicht je Stück

- 160 g Mürbteig
- 50 g Aprikosenkonfitüre
- 300 g Holländermasse

Herstellung

Böden mit Konfitüre bestreichen, Holländermasse einfüllen, Gitter auflegen und backen. Anschliessend auf Tuch drehen und etwas auskühlen lassen.

Backtemperatur

Oberhitze   195 °C
Unterhitze 190 °C
absinkend

Fertigstellen

Törtchen noch warm aprikotieren und glasieren. Halbe rote Kirschen und Angelique auflegen.

Préparation

(12 cercles de 18 cm ⌀ et
3 cm de haut)

Badigeonner avec du beurre et garnir de pâte sablée.

      pâte sablée,
      2,5 mm d'épaisseur
      (page 239)
      confiture d'abricots

Masse hollandaise (3 780 g)

- 750 g d'amandes blanches, râpées
- 15 g d'amandes amères, râpées
- 400 g de sucre
  broyer très fin
- 150 g de dextrose
- 50 g de sucre vanillé
- 30 g de zeste de citron
- 10 g de sel
- 900 g de beurre
  battre en mousse
- 450 g de jaune d'œuf
  ajouter petit à petit
- 450 g de blanc d'œuf
- 200 g de sucre
  battre en neige
- 375 g de farine de froment 400
  incorporer

Poids au litre

720 g

Poids de remplissage par pièce

- 160 g de pâte sablée
- 50 g de confiture d'abricots
- 300 g de masse hollandaise

Fabrication

Badigeonner les fonds avec de la confiture, remplir de masse hollandaise, poser la grille et cuire. Retourner ensuite sur une toile et laisser légèrement refroidir.

Température de cuisson

Chaleur supérieure 195 °C
Chaleur inférieure   190 °C
retombante

Finition

Abricoter les tourtes encore chaudes, puis les glacer. Garnir avec une demi-cerise confite et un peu d'angélique.

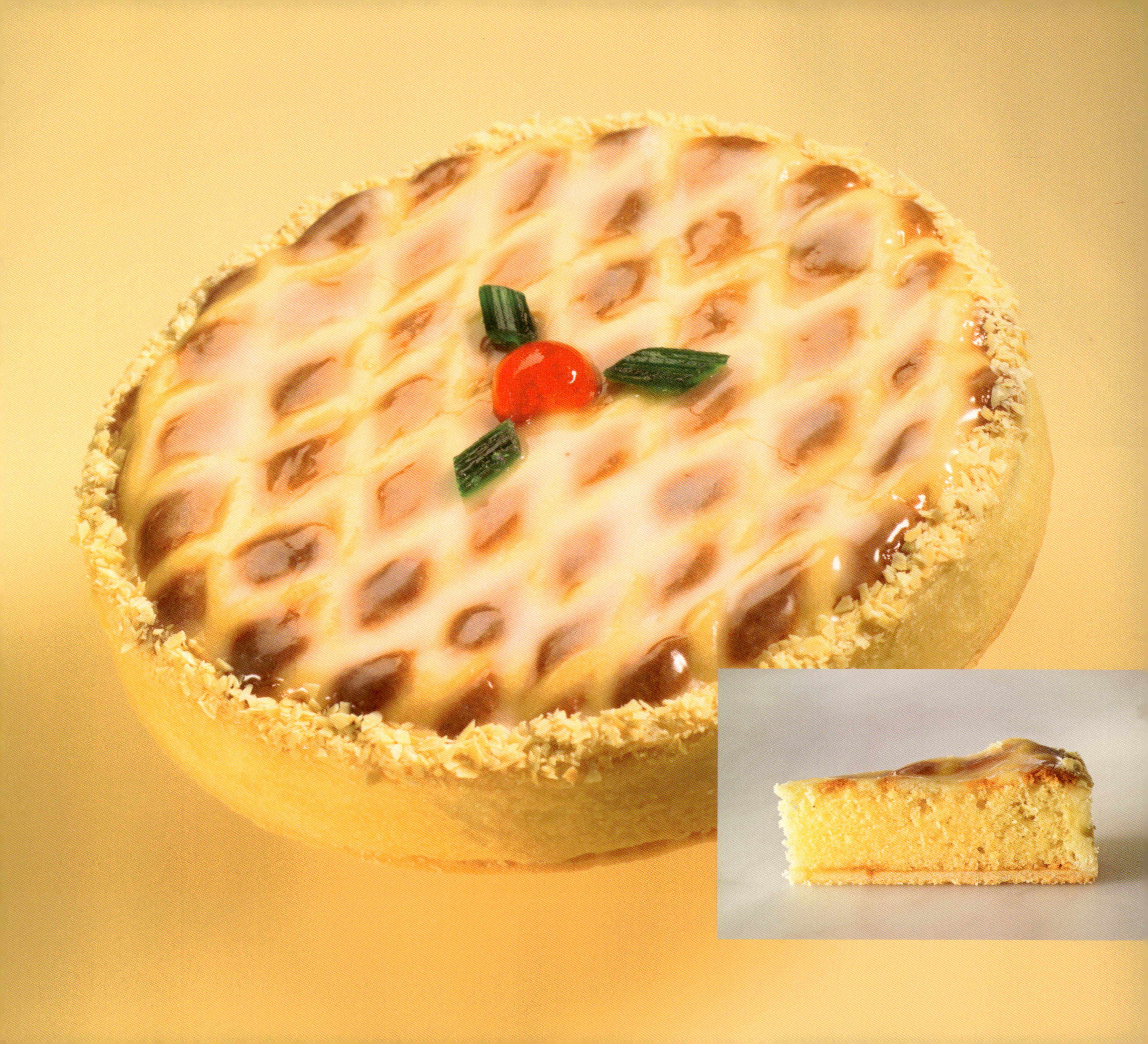

Schokoladen-Holländer
Hollandais chocolat

Vorbereitung
(12 Ringe à 18 cm ⌀,
3 cm hoch)

Mit Butter ausstreichen und
Mürbteig auslegen.

Holländermasse (3 780 g)

(Seite 40)
  375 g Weizenmehl 400

ersetzen durch:
  300 g Weizenmehl 400
    75 g Kakaopulver

Fertigstellen
Nach dem Backen aprikotieren.
Ring 9,5 cm ⌀ geölt auflegen,
aussen Schokolandenspäne
auflegen und mit Staubzucker
(Puderschnee) stauben.
Schokoladen-Fondant in den
Ring eindressieren, diesen vor
dem Anziehen entfernen.

Préparation
(12 cercles de 18 cm ⌀ et
3 cm de haut)

Badigeonner avec du beurre et
garnir de pâte sablée.

Masse hollandaise (3 780 g)

(Page 40)
  375 g de farine de
             froment 400

à remplacer par :
  300 g de farine de
             froment 400
    75 g de cacao en poudre

Finition
Abricoter après la cuisson. Poser
un cercle de 9,5 cm ⌀ huilé,
garnir l'extérieur de copeaux de
chocolat et saupoudrer de sucre
glace (poudre à décorer). Dresser
du fondant chocolat à l'inté-
rieur du cercle, puis enlever ce
dernier avant que le fondant
ne durcisse.

Pralinen-Holländer
Hollandais praliné

Vorbereitung
(12 Ringe à 18 cm ⌀,
3 cm hoch)

Mit Butter ausstreichen und
Mürbteig auslegen.

Holländermasse (3 780 g)
(Seite 40)

750 g	Mandeln weiss, gemahlen
15 g	Bittermandeln, gemahlen
400 g	Zucker
900 g	Butter

ersetzen durch:

465 g	Haselnüsse, gemahlen, geröstet
250 g	Zucker
750 g	Butter
600 g	Pralinenmasse dunkel

Fertigstellen
Törtchen nach dem Backen
drehen, aprikotieren und auskühlen lassen. Gianduja 2 mm
dick ausrollen, Blumenform
ausstechen und auflegen.
Mit rosa Fondant-Tupfen aufdressieren.

Préparation
(12 cercles de 18 cm ⌀ et
3 cm de haut)

Badigeonner avec du beurre et
garnir de pâte sablée.

Masse hollandaise (3 780 g)
(Page 40)

750 g	d'amandes blanches, moulues
15 g	d'amandes amères, moulues
400 g	de sucre
900 g	de beurre

à remplacer par :

465 g	de noisettes moulues, rôties
250 g	de sucre
750 g	de beurre
600 g	de masse pralinée foncée

Finition
Retourner les petites tourtes
après cuisson, les abricoter
et laisser refroidir. Abaisser du
gianduja à 2 mm, emporter
en forme de fleur et poser
sur les petites tourtes. Dresser
des points de fondant rose.

Apfel-Holländer
Hollandais aux pommes

Vorbereitung

(12 Ringe à 18 cm ⌀,
3 cm hoch)

Mit Butter ausstreichen und
Mürbteig auslegen.

Holländermasse (2850 g)

(Seite 40)

zusätzlich:
- 700 g Äpfel, grob geraffelt
- 200 g Mandeln weiss,
  gemahlen
  *zusammenmischen
  und schonend unter
  die Holländermasse
  mischen*

Fertigstellen

Unterseite als Oberfläche verwenden, Schablone auflegen, mit Staubzucker (Puderschnee) stauben und Marzipandekor* auflegen.

*Marzipandekor:
Gelben Marzipan 3 mm dick ausrollen, Äpfel und Birnen ausstechen. Apfel mit oranger/roter Lebensmittelfarbe mit Airbrush schattieren. Birne hell-/dunkelgrün schattieren, Gesicht aufgarnieren.

Préparation

(12 cercles de 18 cm ⌀ et
3 cm de haut)

Badigeonner avec du beurre et garnir de pâte sablée.

Masse hollandaise (2850 g)

(Page 40)

à ajouter:
- 700 g de pommes,
  grossièrement râpées
- 200 g d'amandes blanches,
  moulues
  *mélanger ensemble et
  incorporer délicatement
  à la masse hollandaise*

Finition

Utiliser le fond comme surface, poser le chablon dessus, saupoudrer de sucre glace (poudre à décorer) et garnir avec le décor en massepain*.

*Décor en massepain:
Abaisser du massepain jaune à 3 mm, emporter des pommes et des poires. Ombrer les pommes avec l'aérographe et de la couleur alimentaire orange/rouge et les poires avec du vert foncé/clair, puis décorer le visage.

Birnen-Holländer
Hollandais aux poires

Vorbereitung
(12 Ringe à 18 cm ⌀,
3 cm hoch)

Mit Butter ausstreichen und Mürbteig auslegen.

Holländermasse (2850 g)

(Seite 40)

zusätzlich:
- 700 g Birnen, grob geraffelt
- 200 g Mandel weiss, gemahlen
  zusammenmischen und schonend unter die Holländermasse mischen

Fertigstellen
Unterseite als Oberfläche verwenden, Schablone auflegen, mit Staubzucker (Puderschnee) stauben und Marzipandekor (Seite 44) auflegen.

Hinweis
Silpain-Backmatten eignen sich durch die netzartige, poröse Struktur sehr gut für das Backen diverser Produkte, da sich keine Luft- oder Dampfblasen bilden können. Zusätzlich entsteht eine interessante Zeichnung, die auch als Oberfläche eingesetzt werden kann.

Préparation
(12 cercles de 18 cm ⌀ et 3 cm de haut)

Badigeonner avec du beurre et garnir de pâte sablée.

Masse hollandaise (2850 g)

(Page 40)

à ajouter :
- 700 g de poires, grossièrement râpées
- 200 g d'amandes blanches, moulues
  mélanger ensemble et incorporer délicatement à la masse hollandaise

Finition
Utiliser le fond comme surface, poser le chablon dessus, saupoudrer de sucre glace (poudre à décorer) et garnir avec le décor en massepain (page 44).

Conseil
Avec leur structure en grillage poreux, les nattes Silpain se prêtent parfaitement à la cuisson de divers produits, puisqu'il ne peut pas se former de bulle d'air. De plus, on obtient un dessin intéressant, qui peut aussi être utilisé comme surface.

Früchte-Holländer mit Makronenmasse
Hollandais aux fruits et masse à macarons

Vorbereitung

(12 gerippte Formen à 20 cm ⌀)

Mit Butter ausstreichen und mit Mürbteig auslegen.

Holländermasse (3 780 g)

(Seite 40)

Makronenmasse (1 200 g)

500 g	Mandeln weiss, gemahlen
480 g	Zucker
20 g	Invertzucker
200 g	Eigelb *zusammenmixen oder fein reiben*

Einfüllgewicht je Stück

80 g	Makronenmasse
150 g	Früchte

Herstellung

Auf die gebackenen Holländertörtchen einen Rand aus Makronenmasse aufdressieren. Kurz antrocknen lassen und bei ca. 240 °C Oberhitze abflämmen.

Fertigstellen

Oberfläche mit Früchten belegen und gelieren.

Préparation

(12 moules cannelés de 20 cm ⌀)

Badigeonner avec du beurre et garnir de pâte sablée.

Masse hollandaise (3 780 g)

(Page 40)

Masse à macarons (1 200 g)

500 g	d'amandes blanches, moulues
480 g	de sucre
20 g	de sucre inverti
200 g	de jaune d'œuf *mixer ou broyer finement ensemble*

Poids de remplissage par pièce

80 g	de masse à macarons
150 g	de fruits

Fabrication

Dresser un bord de masse à macarons sur les petites tourtes hollandaises cuites. Laisser brièvement sécher et flamber à env. 240 °C de chaleur supérieure.

Finition

Recouvrir la surface avec des fruits et les garnir de gelée.

Cranberry-Blumen
Fleur aux canneberges

Vorbereitung
(60 Flexipan-Blumenformen
à 7 cm ⌀, 4 cm hoch)

Holländermasse (3 780 g)
(Seite 40)

Cranberry-Kompott (900 g)
500 g Cranberries, getrocknet
400 g Orangensaft
mischen, in Einmachglas abfüllen und bei 80 °C ca. 20 Minuten sterilisieren

zusätzlich:
100 g Mandeln weiss, gemahlen
zusammenmischen und schonend unter die Holländermasse mischen

Einfüllgewicht je Stück
70 g Holländermasse

Fertigstellen
Je 1 getrocknetes Cranberry mit wenig Aprikosenkonfitüre vermischt auflegen.

Préparation
(60 moules Flexipan-fleur
de 7 cm ⌀ et 4 cm de haut)

Masse hollandaise (3 780 g)
(Page 40)

Compote de canneberges (900 g)
500 g de canneberges séchées
400 g de jus d'orange
mélanger, remplir dans des verres de conserve et stériliser env. 20 minutes à 80 °C

à ajouter :
100 g d'amandes blanches, moulues
mélanger ensemble et incorporer délicatement à la masse hollandaise

Poids de remplissage par pièce
70 g masse hollandaise

Finition
Poser sur chaque pièce 1 canneberge séchée légèrement enrobée de confiture d'abricots.

Baumnussring
Anneau aux noix

Vorbereitung

(12 Heferingformen 20 cm ⌀)

Mit Butter ausstreichen und Mehl ausstreuen.

1800 g Baumnussmasse 1:1 (Seite 234)

Buttermasse (7 350 g)

1 600 g	Butter
2 200 g	Baumnussmasse 1:1 (Walnussmasse)
800 g	Mandelmasse 1:1 (Seite 234) (Rohmarzipan)
20 g	Salz
1 600 g	Eier
	schaumig rühren
720 g	Weizenmehl 400
350 g	Cremepulver
40 g	Backpulver
	absieben und daruntermischen

Litergewicht

825 g

Einfüllgewicht je Stück

600 g Buttermasse
150 g Baumnussmasse

Herstellung

Buttermasse halb einfüllen, Baumnussmasse 1:1, Ring mit Tülle 18 mm ⌀ eindressieren, restliche Buttermasse einfüllen.

Backtemperatur

Oberhitze 190 °C
Unterhitze 190 °C
absinkend

Fertigstellen

Die ausgekühlten Ringe mit temperierter, heller Couverture (mit 15 % Pralinenmasse vermischt) übergiessen, weiss und dunkel filieren. Baumnussdekor* auflegen.

*Baumnussdekor:
Mit Alkohol verdickte, temperierte Couverture-Tupfen auf Originalform dressieren und halbe Baumnüsse auflegen.

Préparation

(12 moules à couronne fourrée de 20 cm ⌀)

Badigeonner avec du beurre et chemiser de farine.

1800 g de masse aux noix 1:1 (page 234)

Masse au beurre (7 350 g)

1 600 g	de beurre
2 200 g	de masse aux noix 1:1
800 g	de masse aux amandes 1:1 (page 234) (massepain)
20 g	de sel
1 600 g	d'œuf
	battre en mousse
720 g	de farine de froment 400
350 g	de poudre pour crème
40 g	de poudre à lever
	tamiser ensemble et incorporer

Poids au litre

825 g

Poids de remplissage par pièce

600 g de masse au beurre
150 g de masse aux noix

Fabrication

Remplir de masse au beurre jusqu'à mi-hauteur, dresser la masse aux noix 1:1 en couronne avec une douille de 18 mm ⌀, remplir avec le reste de la masse au beurre.

Température de cuisson

Chaleur supérieure 190 °C
Chaleur inférieure 190 °C
retombante

Finition

Enrober les anneaux refroidis avec de la couverture claire, tempérée (additionnée de 15 % de masse pralinée), puis filer la surface en blanc et foncé. Garnir avec une noix décor*.

*Noix décor:
Dresser un point de couverture épaissie avec un peu d'alcool selon le modèle original et y poser un demi-cerneau.

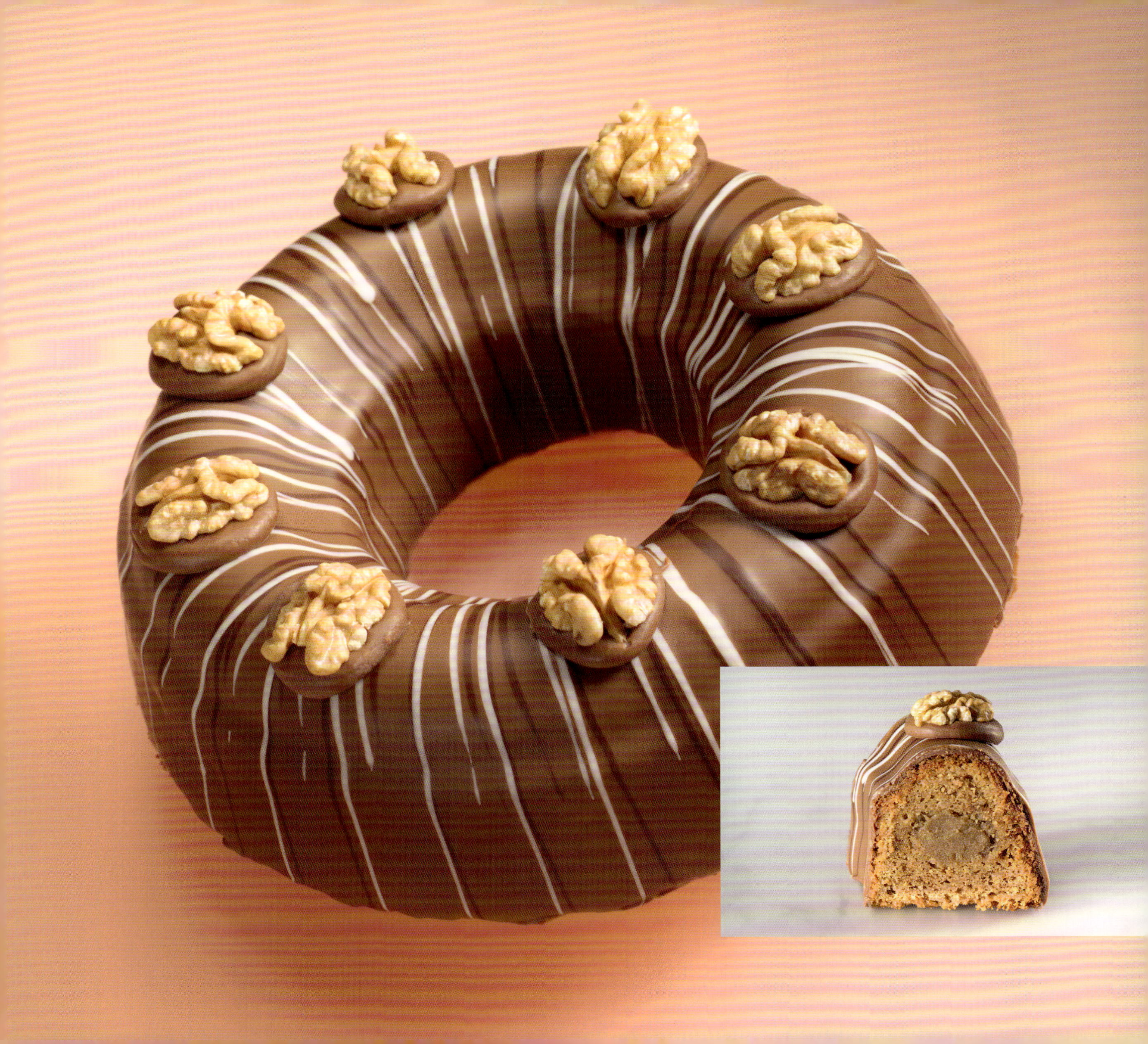

Frankfurter Kranz
Couronne de Francfort

Vorbereitung

(12 Heferingformen 20 cm ⌀)

Mit Butter ausstreichen und Mehl ausstreuen.

4 350 g	Mandel-Biscuitmasse (Seite 236)
1 500 g	Himbeerkonfitüre

Creme (5 000 g)

2 400 g	Milch
500 g	Zucker
100 g	Butter
	aufkochen
400 g	Milch
280 g	Cremepulver
120 g	Vanillezucker
	anrühren, beigeben, aufkochen und abkühlen
1 200 g	Butter, geschmeidig
	beigeben und schaumig rühren

Litergewicht

540 g Mandel-Biscuitmasse

Einfüllgewicht je Stück

450 g Mandel-Biscuitmasse

Backtemperatur

Oberhitze   200 °C
Unterhitze   200 °C
absinkend

Herstellung

Mandel-Biscuitmasse in Heferingformen 20 cm ⌀ backen, abkühlen lassen, in je 4 Lagen schneiden. Mit dem Dressiersack jede Lage mit Creme füllen, in die Mitte Himbeerkonfitüre eindressieren. Anschliessend einstreichen und kühl stellen.

Fertigstellen

Mit Mandelkrokant einstreuen.

Préparation

(12 moules à couronne fourrée de 20 cm ⌀)

Badigeonner avec du beurre et chemiser de farine.

4 350 g	de masse à biscuit aux amandes (page 236)
1 500 g	de confiture de framboises

Crème (5 000 g)

2 400 g	de lait
500 g	de sucre
100 g	de beurre
	cuire
400 g	de lait
280 g	de poudre pour crème
120 g	de sucre vanillé
	mélanger, incorporer, cuire et refroidir
1 200 g	de beurre mou
	ajouter et battre en mousse

Poids au litre

540 g de masse à biscuit aux amandes

Poids de remplissage par pièce

450 g masse à biscuit aux amandes

Température de cuisson

Chaleur supérieure   200 °C
Chaleur inférieure   200 °C
retombante

Fabrication

Remplir les moules de masse à biscuit aux amandes et cuire. Laisser refroidir, puis couper en 4 couches. Avec un sac à dresser, garnir chaque couche de crème et dresser de la confiture de framboises au centre. Pour terminer, chemiser le tout et placer au réfrigérateur.

Finition

Chemiser avec du croquant aux amandes.

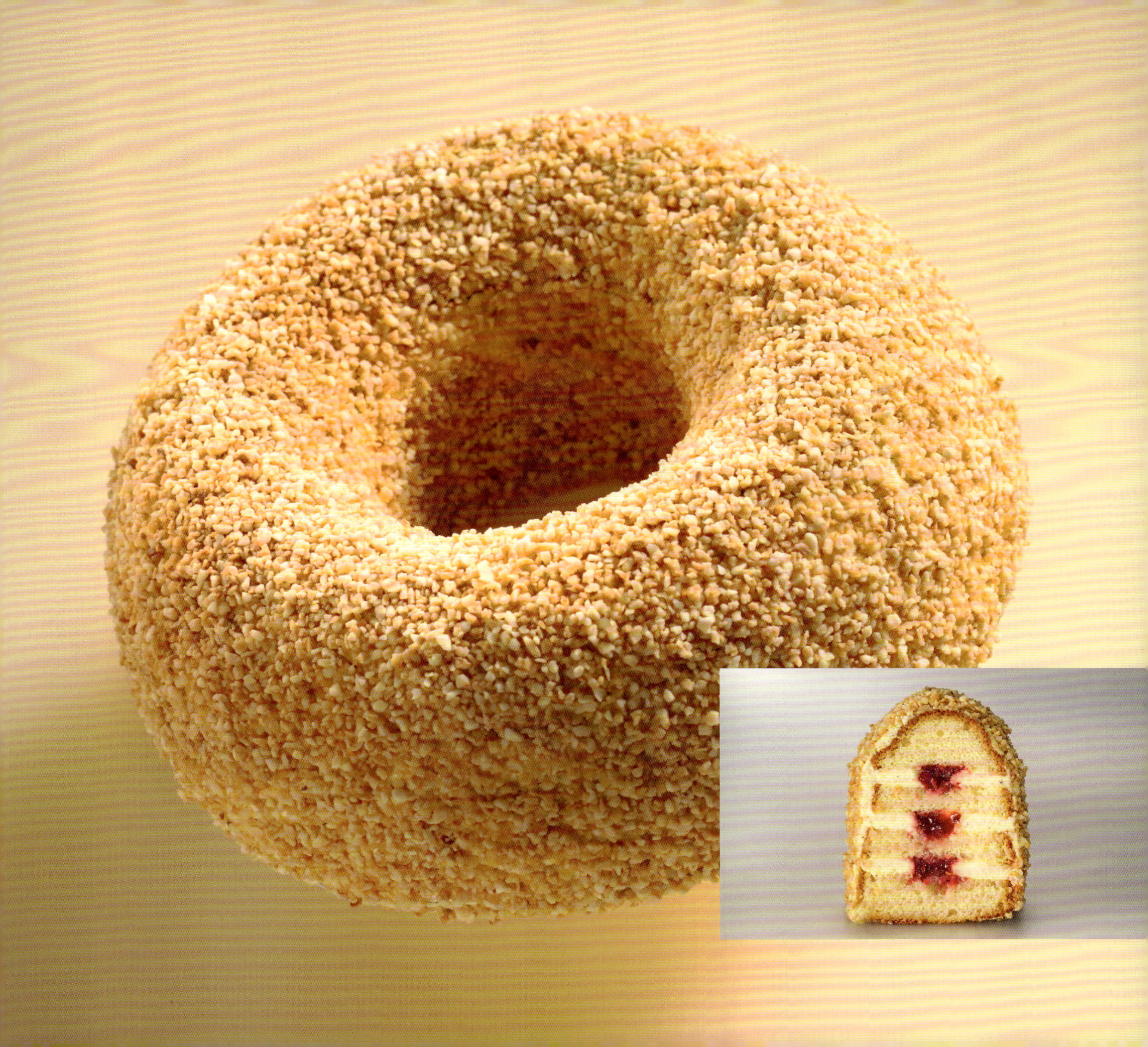

Apfeltörtchen
Petite tourte aux pommes

Vorbereitung

(12 gerippte Formen à 20 cm ⌀)

Mit Butter ausstreichen und Mehl ausstreuen.

      Mürbteig 2 mm dick,
      16 cm ⌀
      Apfeldekor*

Buttermasse (6 100 g)

900 g	Butter
600 g	Zucker
300 g	Dextrose
250 g	Weizenstärke
550 g	Vanillecreme
15 g	Zitronenschale
10 g	Salz
	zusammen schaumig rühren
850 g	Eier
600 g	Weizenmehl 400
25 g	Backpulver
	abwechselnd beigeben
2 000 g	Apfelfüllung (Seite 246)
	daruntermischen

Einfüllgewicht je Stück

50 g	Mürbteig
500 g	Buttermasse
150 g	Apfeldekor

Herstellung

Formen mit Mürbteigböden auslegen, Buttermasse einfüllen und backen.

Backtemperatur

Oberhitze 200 °C
Unterhitze 200 °C
absinkend

Fertigstellen

Nach dem Auskühlen die Oberfläche leicht stauben und Apfeldekor* auflegen.

*Apfeldekor (1 900 g)

1 200 g	Apfelstückli
100 g	Zucker
100 g	Zitronensaft
500 g	Aprikosenkonfitüre
	mischen und in Ringe 14 cm ⌀ portionieren evtl. gelieren

Préparation

(12 moules cannelés de 20 cm ⌀)

Badigeonner avec du beurre et chemiser de farine.

      pâte sablée,
      2 mm d'épaisseur,
      16 cm ⌀
      décor aux pommes*

Masse au beurre (6 100 g)

900 g	de beurre
600 g	de sucre
300 g	de dextrose
250 g	d'amidon de froment
550 g	de crème vanille
15 g	de zeste de citron
10 g	de sel
	battre en mousse
850 g	d'œuf
600 g	de farine de froment 400
25 g	de poudre à lever
	incorporer en alternant
2 000 g	de masse aux pommes (page 246)
	incorporer

Poids de remplissage par pièce

50 g	de pâte sablée
500 g	de masse au beurre
150 g	de décor aux pommes

Fabrication

Garnir les moules avec les fonds de pâte sablée, dresser la masse au beurre et cuire.

Température de cuisson

Chaleur supérieure 200 °C
Chaleur inférieure 200 °C
retombante

Finition

Après refroidissement, légèrement saupoudrer la surface et y poser le décor aux pommes*.

*Décor aux pommes (1 900 g)

1 200 g	de morceaux de pommes
100 g	de sucre
100 g	de jus de citron
500 g	de confiture d'abricots
	mélanger et répartir dans des cercles de 14 cm ⌀, garnir évent. de gelée

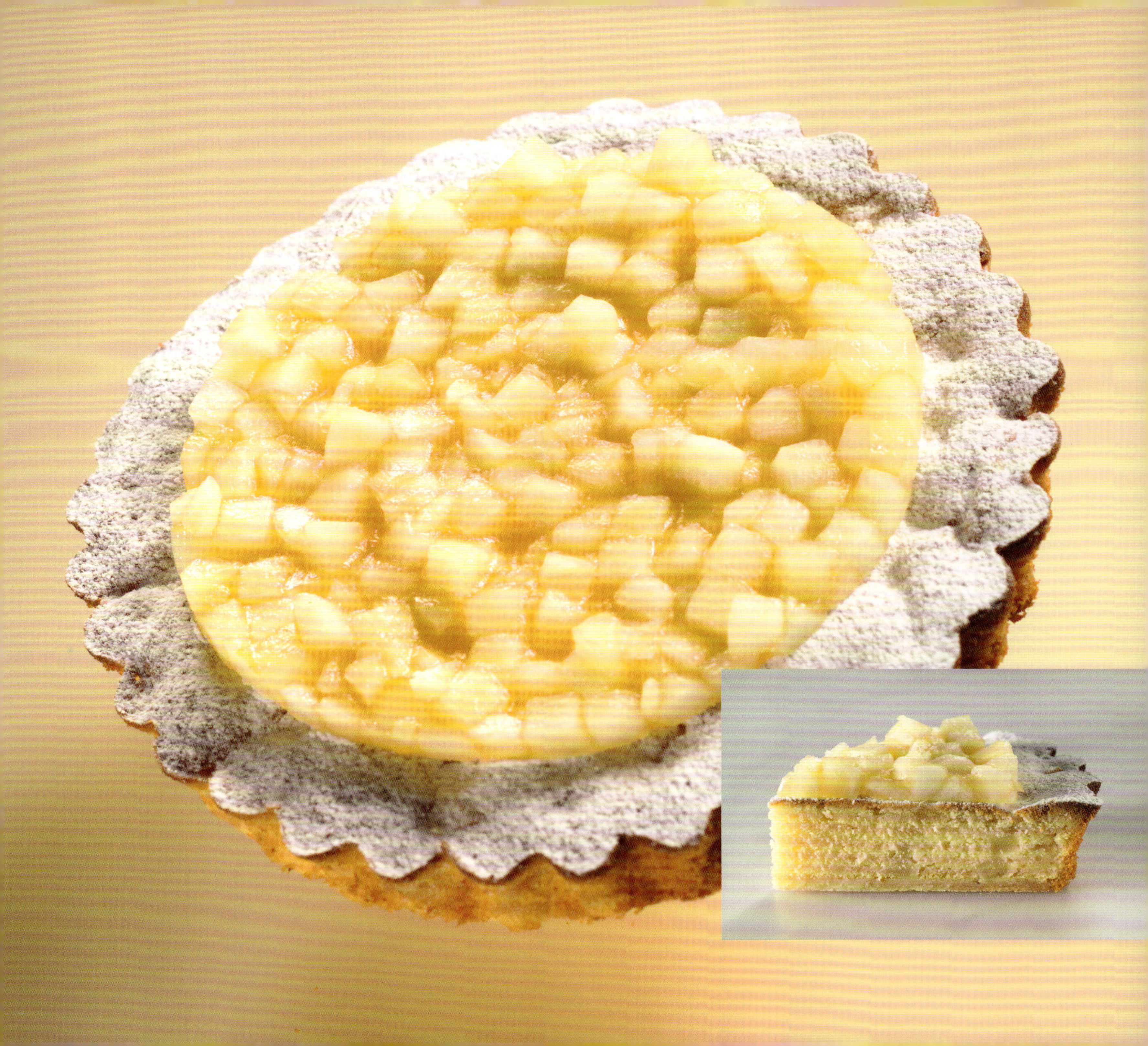

Cranberry-Apfel-Kuchen
Gâteau pomme et canneberge

Vorbereitung

(12 Kuchenformen 20 cm ⌀, 4 cm hoch)

Mit Butter ausstreichen und geriebenem Teig auslegen.

	geriebener Teig, 2 mm dick (Seite 238)
1 400 g	Mandelbiscuit 17 cm ⌀ × 1 cm (Seite 236)

Fruchtfüllung (8 160 g)

100 g	Butter *in der Bratpfanne schmelzen*
3 800 g	Äpfel (Maigold), gestückelt
60 g	Zitronensaft
30 g	Zitronenschale
10 g	Zimt
1 Prise	Nelkenpulver
1 000 g	Zucker *zusammen andünsten und ausdampfen bis 4 000 g*
1 800 g	Cranberries, frisch
1 000 g	Rohzucker
360 g	Vollkornmehl 1900 *daruntermischen*

Einfüllgewicht je Stück

190 g Kuchenteig
115 g Mandelbiscuit
600 g Fruchtfüllung

Herstellung

Mandelbiscuit einlegen und Fruchtfüllung darauf verteilen.

Backtemperatur

Oberhitze 210 °C
Unterhitze 205 °C

Fertigstellen

Rand mit Staubzucker (Puderschnee) stauben und Fruchtfüllung gelieren.

Préparation

(12 moules à gâteaux de 20 cm ⌀ et 4 cm de haut)

Badigeonner avec du beurre et foncer avec la pâte brisée.

	pâte brisée, 2 mm d'épaisseur (page 238)
1 400 g	de biscuit aux amandes 17 cm ⌀ × 1 cm (page 236)

Masse aux fruits (8 160 g)

100 g	de beurre *laisser fondre dans une poêle*
3 800 g	de pommes (Maigold), coupées en morceaux
60 g	de jus de citron
30 g	de zeste de citron
10 g	de cannelle
1 prise	de girofle en poudre
1 000 g	de sucre *mélanger, étuver ensemble et réduire jusqu'à 4 000 g*
1 800 g	de canneberges fraîches
1 000 g	de sucre brut
360 g	de farine complète 1900 *incorporer*

Poids de remplissage par pièce

190 g de pâte brisée
115 g de biscuit aux amandes
600 g de masse aux fruits

Fabrication

Poser le biscuit sur le fond et remplir avec la masse aux fruits.

Température de cuisson

Chaleur supérieure 210 °C
Chaleur inférieure 205 °C

Finition

Saupoudrer le bord avec du sucre glace (poudre à décorer) et garnir la masse aux fruits de gelée.

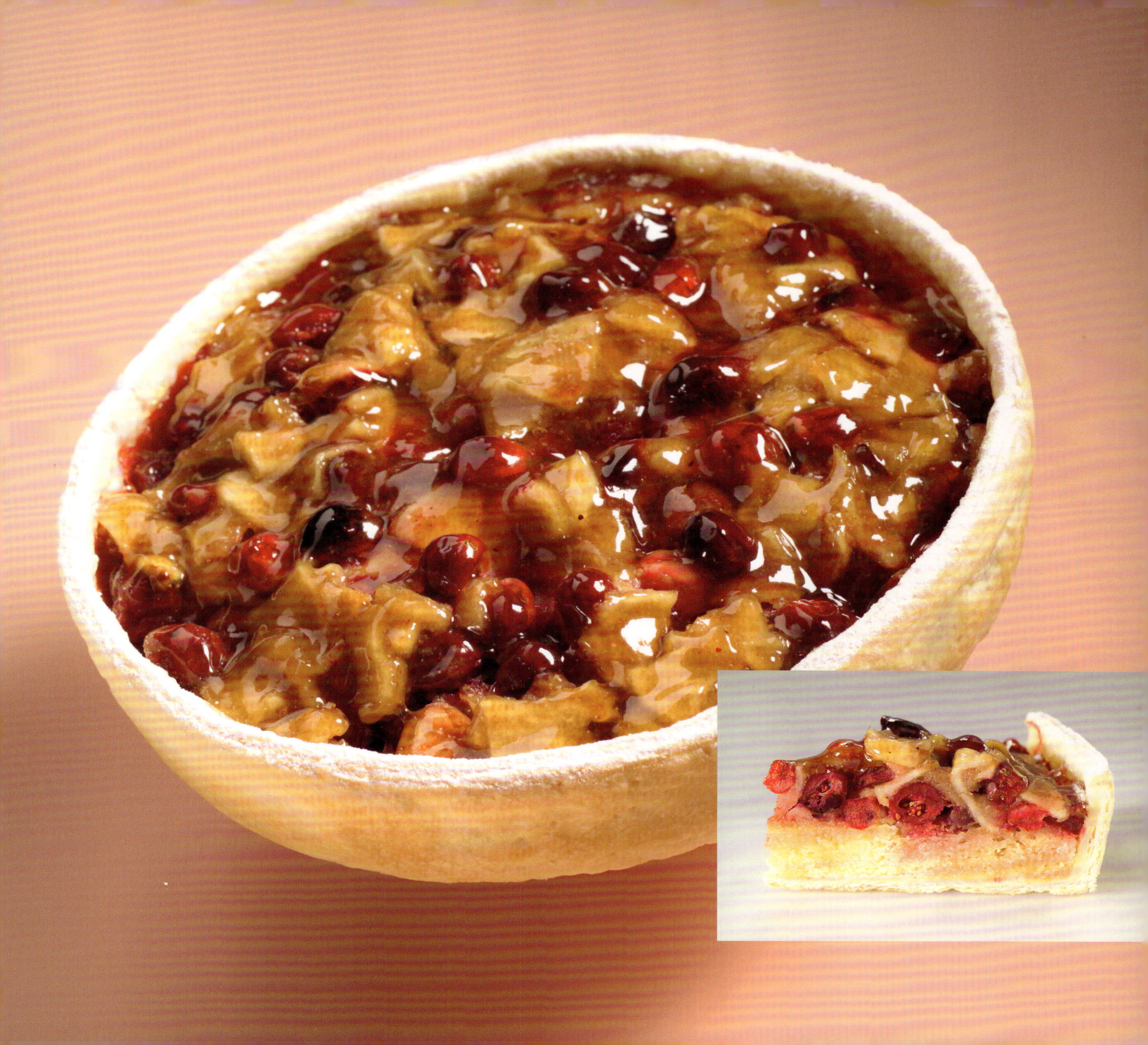

Gâteau Basque
Gâteau basque

Vorbereitung

(12 gerippte Formen à 20 cm ⌀)

Mit Butter ausstreichen und mit Mehl ausstreuen. Mürbteigboden einlegen und hell vorbacken.

      Mürbteigböden
      2 mm dick, 16 cm ⌀
      (Seite 239)
360 g Rum-Sultaninen

Buttermasse (5 460 g)

1 550 g Butter
950 g Zucker
240 g Dextrose
840 g Mandeln weiss, fein gemahlen
25 g Vanillezucker
5 g Salz
schaumig rühren

300 g Eier
950 g Weizenmehl 400
600 g Weizenstärke
abwechselnd beigeben

Rum-Vanillecreme (3 050 g)

2 700 g Vanillecreme (Seite 242)
150 g Butter, geschmeidig
200 g Rum (40 % Vol.)
daruntermischen

Litergewicht

960 g

Einfüllgewicht je Stück

80 g Mürbteig
455 g Buttermasse
240 g Rum-Vanillecreme
30 g Rum-Sultaninen

Herstellung

Boden und Rand aus Buttermasse auf vorgebackenen Mürbteig dressieren (Tülle 9 mm ⌀). Rum-Vanillecreme in der Mitte leicht höher einfüllen, Rum-Sultaninen aufstreuen. Buttermasse spiralförmig aufdressieren.

Backtemperatur

Oberhitze   230 °C
Unterhitze   220 °C
Ca. 10 Minuten nach dem Backen auf Tuch drehen.

Fertigstellen

Schablone auflegen und mit Staubzucker (Puderschnee) stauben.

Préparation

(12 moules cannelés de 20 cm ⌀)

Badigeonner avec du beurre et chemiser avec de la farine. Foncer avec de la pâte sablée et cuire jusqu'à légère coloration.

      pâte sablée,
      2 mm d'épaisseur,
      16 cm ⌀
      (page 239)
360 g raisins sultans au rhum

Masse au beurre (5 460 g)

1 550 g de beurre
950 g de sucre
240 g de dextrose
840 g d'amandes blanches, finement moulues
25 g de sucre vanillé
5 g de sel
battre en mousse

300 g d'œuf
950 g de farine de froment 400
600 g d'amidon de froment
ajouter en alternant

Crème vanille au rhum (3 050 g)

2 700 g de crème vanille (page 242)
150 g de beurre mou
200 g de rhum (40 % vol.)
incorporer

Poids au litre

960 g

Poids de remplissage par pièce

80 g de pâte sablée
455 g de masse au beurre
240 g de crème vanille au rhum
30 g de raisins sultans au rhum

Fabrication

Dresser la masse au beurre sur le fond précuit et sur le bord (douille 9 mm ⌀), remplir de crème vanille au rhum légèrement plus haut au centre, répartir les raisins sultans au rhum et compléter avec la masse au beurre dressée en spirale.

Température de cuisson

Chaleur supérieure   230 °C
Chaleur inférieure   220 °C
Retourner env. 10 minutes après la cuisson sur une toile.

Finition

Poser un chablon et saupoudrer de sucre glace (poudre à décorer).

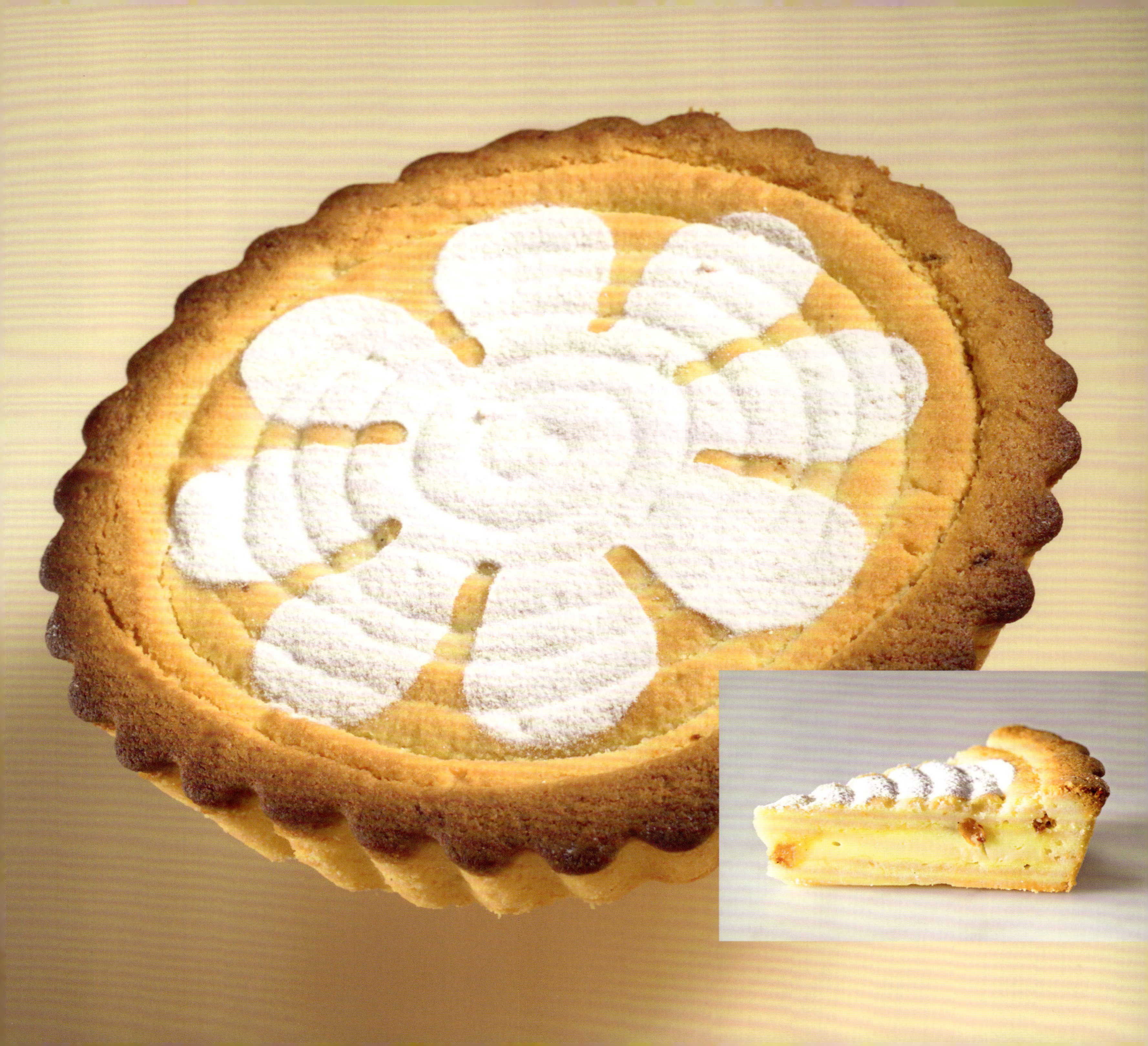

Gâteau Chocorange
Gâteau chocorange

Vorbereitung
(12 gerippte Formen à 20 cm ⌀)
Siehe Seite 56.

Buttermasse (5 460 g)
(Seite 56)
- 360 g Rum-Sultaninen
- 3 000 g Rum-Vanillecreme

ersetzen durch:
- 360 g Couverture dunkel, grob geraspelt
- 3 000 g Orangen-Vanillecreme

Herstellung
Am Schluss Couverture geraspelt unter die Buttermasse mischen. Oberfläche tropfenförmig dressieren.

Fertigstellen
Schablone auflegen und mit Staubzucker (Puderschnee) stauben. Getrocknete Orangenscheibe auflegen.

Orangen-Vanillecreme (3 270 g)
- 2 000 g Orangensaft
- 20 g Orangenschalen
- 375 g Zucker
  aufkochen
- 325 g Vanillecremepulver
- 400 g Orangensaft
- 150 g Butter
  daruntermischen

Préparation
(12 moules cannelés de 20 cm ⌀)
Voir page 56.

Masse au beurre (5 460 g)
(Page 56)
- 360 g de raisins sultans au rhum
- 3 000 g de crème vanille au rhum

à remplacer par :
- 360 g de couverture foncée, râpée grossièrement
- 3 000 g de crème vanille à l'orange

Fabrication
Incorporer la couverture râpée à la masse au beurre à la fin. Dresser sur la surface en forme de goutte.

Finition
Poser un chablon et saupoudrer de sucre glace (poudre à décorer). Garnir avec une tranche d'orange séchée.

Crème vanille à l'orange (3 270 g)
- 2 000 g de jus d'orange
- 20 g de zeste d'orange
- 375 g de sucre
  cuire
- 325 g de poudre pour crème
- 400 g de jus d'orange
- 150 g de beurre
  incorporer

Gâteau Mocca
Gâteau moka

Vorbereitung
(12 gerippte Formen à 20 cm ⌀)
Siehe Seite 56.

Buttermasse (5 460 g)
(Seite 56)
3 000 g Rum-Vanillecreme
ersetzen durch:
3 000 g Mocca-Vanillecreme

Herstellung
Oberfläche streifenförmig dressieren.

Fertigstellen
Schablone auflegen und mit Staubzucker (Puderschnee) stauben. Aprikosenkonfitüre-Tupfen aufdressieren und Moccabohnen auflegen.

Mocca-Vanillecreme (3 000 g)
2 800 g Vanillecreme
         (Seite 242)
  150 g Butter, geschmeidig
   50 g Mocca-Couleur
         daruntermischen

Préparation
(12 moules cannelés de 20 cm ⌀)
Voir page 56.

Masse au beurre (5 460 g)
(Page 56)
3 000 g de crème vanille
         au rhum
à remplacer par :
3 000 g de crème vanille moka

Fabrication
Dresser à la surface en tirant des traits.

Finition
Poser un chablon et saupoudrer de sucre glace (poudre à décorer). Dresser un point de confiture d'abricots et poser des grains de café dessus.

Crème vanille moka (3 000 g)
2 800 g de crème vanille
         (page 242)
  150 g de beurre mou
   50 g de couleur moka
         incorporer

Linzertorte dressiert
Tourte de Linz dressée

Vorbereitung
(12 Ringe à 22 cm ⌀, 4 cm hoch)

Mit Butter ausstreichen und auf Silpain-Backmatten oder Silikonpapier absetzen.

3 000 g Johannisbeerkonfitüre (Seite 245)

Buttermasse (11 550 g)

2 700 g	Butter
1 300 g	Staubzucker
650 g	Orangenschalen (halbkonfiert) (Seite 247)
108 g	Vanillezucker
42 g	Zitronenschale
30 g	Zimt
20 g	Nelken
10 g	Salz *zusammen schaumig rühren*
1 500 g	Eier *nach und nach beigeben*
1 300 g	Haselnüsse, gemahlen
430 g	Haselnüsse, gemahlen, geröstet
2 600 g	Biscuitbrösel, fein gemahlen
860 g	Weizenmehl 400 *daruntermischen*

Einfüllgewicht je Stück
950 g Buttermasse
250 g Johannisbeerkonfitüre

Herstellung
⅔ der Buttermasse spiralförmig eindressieren, Johannisbeerkonfitüre darauf verteilen (2 cm zum Rand frei lassen). Mit restlicher Buttermasse Gitter und Rand (Sterntülle 13 mm ⌀) aufdressieren. In der Mitte gehobelte Mandeln aufstreuen.

Backtemperatur
Oberhitze 180 °C
Unterhitze 180 °C
absinkend

Fertigstellen
Karton 18 cm ⌀ auflegen, Rand mit Staubzucker (Puderschnee) stauben.

Préparation
(12 cercles de 22 cm ⌀ et 4 cm de haut)

Badigeonner avec du beurre et poser sur des nattes de cuisson Silpain ou sur du papier silicone.

3 000 g de confiture de groseilles rouges (page 245)

Masse au beurre (11 550 g)

2 700 g	de beurre
1 300 g	de sucre glace
650 g	d'écorce d'orange (semi-confites) (page 247)
108 g	de sucre vanillé
42 g	de zeste de citron
30 g	de cannelle
20 g	de girofle
10 g	de sel *battre en mousse*
1 500 g	d'œuf *ajouter petit à petit*
1 300 g	de noisettes moulues
430 g	de noisettes moulues, rôties
2 600 g	de brisures de biscuit, finement moulues
860 g	de farine de froment 400 *incorporer*

Poids de remplissage par pièce
950 g de masse au beurre
250 g de confiture de groseilles rouges

Fabrication
Dresser ⅔ de la masse au beurre en forme de spirale, y répartir la confiture de groseilles rouges (laisser une bordure libre de 2 cm). Dresser le reste de la masse en forme de grille au centre et sur le bord (douille cannelée 13 mm ⌀). Répartir des amandes effilées au centre.

Température de cuisson
Chaleur supérieure 180 °C
Chaleur inférieure 180 °C
retombante

Finition
Poser un disque de carton de 18 cm ⌀ sur la surface, saupoudrer le bord de sucre glace (poudre à décorer).

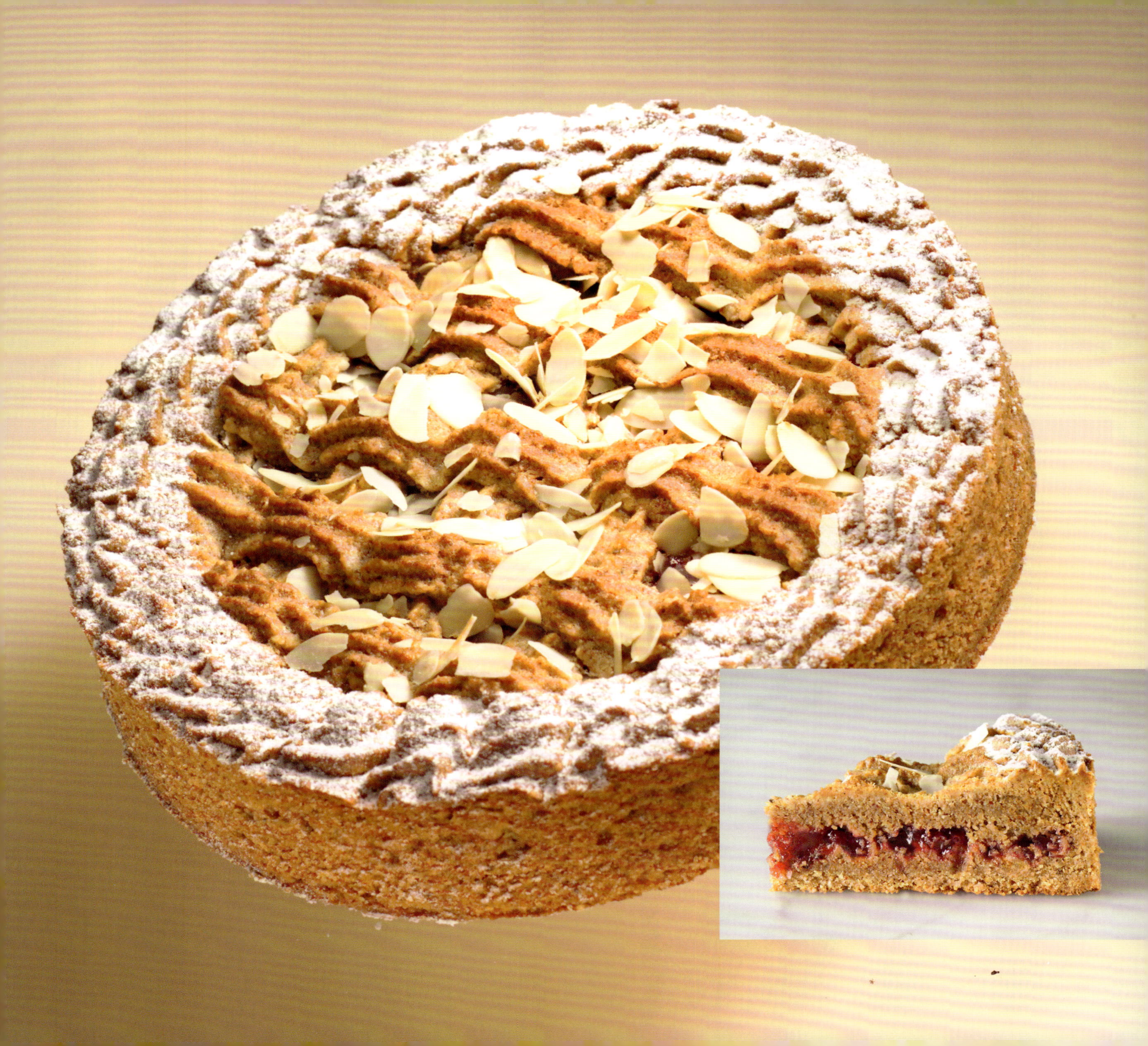

Linzertörtchen
Petite tourte de Linz

Vorbereitung

(8 Flexipanformen à 15 Stück, 8 cm ⌀, 3 cm hoch)

2 400 g Johannisbeerkonfitüre (Seite 245)

Buttermasse (11 550 g)

(Seite 60)

Einfüllgewicht je Stück

50 g Buttermasse (Boden)
20 g Johannisbeerkonfitüre
40 g Buttermasse (Ring)
    Tülle 13 mm ⌀

Fertigstellen

Mit Staubzucker (Puderschnee) stauben und nochmal wenig Johannisbeerkonfitüre aufdressieren.

Préparation

(8 moules Flexipan à 15 pièces de 8 cm ⌀ et 3 cm de haut)

2 400 g de confiture de groseilles rouges (page 245)

Masse au beurre (11 550 g)

(Page 60)

Poids de remplissage par pièce

50 g de masse au beurre (fond)
20 g de confiture de groseilles rouges
40 g de masse au beurre (anneau) douille 13 mm ⌀

Finition

Saupoudrer de sucre glace (poudre à décorer) et dresser encore une fois un peu de confiture de groseilles rouges.

Passionstörtchen
Petite tourte passion

Vorbereitung

(10 Flexipanformen à 15 Stück, 8 cm ⌀, 3 cm hoch)

3 000 g Passionsfrucht-Apfel-Konfitüre (Seite 245)

Buttermasse (11 550 g)

(Seite 60)

1 730 g Haselnüsse, fein gemahlen
2 600 g Biscuitbrösel, gemahlen

ersetzen durch:
1 700 g Mandeln weiss, gemahlen
30 g Bittermandeln,
2 600 g Biscuitbrösel hell, gemahlen

Einfüllgewicht je Stück

50 g Buttermasse (Boden)
20 g Passionsfrucht-Apfel-Konfitüre
40 g Buttermasse (Ring) Tülle 12 mm ⌀

Fertigstellen

Mit Staubzucker (Puderschnee) leicht stauben und nochmal wenig Passionsfrucht-Apfel-Konfitüre aufdressieren.

Préparation

(10 moules Flexipan à 15 pièces de 8 cm ⌀ et 3 cm de haut)

3 000 g de confiture fruit de la passion-pomme (page 245)

Masse au beurre (11 550 g)

(Page 60)

1 730 g de noisettes finement moulues
2 600 g de brisures de biscuit, moulues

à remplacer par:
1 700 g d'amandes blanches, moulues
30 g d'amandes amères, moulues
2 600 g de brisures de biscuit claires, moulues

Poids de remplissage par pièce

50 g de masse au beurre (fond)
20 g de confiture fruit de la passion-pomme
40 g de masse au beurre (anneau) douille 12 mm ⌀

Finition

Saupoudrer de sucre glace (poudre à décorer) et dresser encore une fois un peu de confiture fruit de la passion-pomme.

Linzertorte klassisch
Tourte de Linz classique

Vorbereitung

(12 Ringe à 22 cm ⌀, 3 cm hoch)

Mit Butter ausstreichen und auf Silpain-Backmatten oder Silikonpapier absetzen.

          Linzerteig
          (Seite 240)

2 000 g Himbeerkonfitüre
          (Seite 245)

Einfüllgewicht je Stück

320 g Linzerteig 4 mm dick
160 g Himbeerkonfitüre

Herstellung

Linzerteigböden ausstechen, auf Backmatte absetzen und Himbeerkonfitüre darauf verteilen. Am Rand ca. 1,5 cm frei lassen. Streifen und Rand auflegen, Rand mit Kneifer-Rädchen rillen und mit Eistreiche bestreichen.

Backtemperatur

Oberhitze   200 °C
Unterhitze 200 °C
absinkend

Préparation

(12 cercles de 22 cm ⌀ et 3 cm de haut)

Badigeonner avec du beurre et poser sur des nattes de cuisson Silpain ou sur du papier silicone.

          pâte de Linz
          (page 240)

2 000 g de confiture de
          framboises
          (page 245)

Poids de remplissage par pièce

320 g de pâte de Linz,
         4 mm d'épaisseur
160 g de confiture de
         framboises

Fabrication

Emporter les fonds en pâte de Linz, les placer sur les nattes de cuisson et y répartir la confiture de framboises. Laisser une bordure libre d'env. 1,5 cm. Poser les bandes et les bordures, marquer le bord avec une roulette cannelée et dorer.

Température de cuisson

Chaleur supérieure   200 °C
Chaleur inférieure   200 °C
retombante

Linzertorte mit Mandelmasse
Tourte de Linz avec masse aux amandes

Vorbereitung

(12 Ringe à 22 cm ⌀, 4 cm hoch)

Mit Butter ausstreichen und auf Silpain-Backmatten oder Silikonpapier absetzen.

          Linzerteig
          (Seite 240)
2 400 g Mandelmasse 1:1
          (Seite 234),
          21 cm ⌀ × 10 mm

Einfüllgewicht je Stück

400 g Linzerteig 4 mm dick
200 g Mandelmasse

Herstellung

Ringe mit Linzerteigboden und Rand auslegen, Mandelmasse einlegen, Deckel auflegen, Rand mit Kneifer-Rädchen rillen, mit Eistreiche bestreichen und Oberfläche stupfen.

Préparation

(12 cercles de 22 cm ⌀ et 4 cm de haut)

Badigeonner avec du beurre et poser sur des nattes de cuisson Silpain ou sur du papier silicone.

          pâte de Linz
          (page 240)
2 400 g de masse
          aux amandes 1:1
          (page 234),
          21 cm ⌀ × 10 mm
          d'épaisseur

Poids de remplissage par pièce

400 g de pâte de Linz,
          4 mm d'épaisseur
200 g de masse aux amandes

Fabrication

Emporter les fonds et foncer les cercles avec de la pâte de Linz, garnir avec la masse aux amandes, placer le couvercle, marquer le bord avec une roulette cannelée, dorer et piquer la surface.

Ananas-Johannisbeer-Törtchen
Petite tourte ananas et groseille rouge

Vorbereitung

(12 Ringe à 18 cm ⌀, 3 cm hoch)

Mit Butter ausstreichen und Zuckerteig auslegen, inkl. Rand.

	Zuckerteig 3 mm dick (Seite 239)
600 g	Johannisbeerkonfitüre (Seite 245)
300 g	Ananasscheiben (12 Stück)
1200 g	Kokosstreusel (Seite 241)
60 g	Johannisbeeren für Dekor

Füllung (6 100 g)
Kochverlust ca. 500 g

300 g	Butter *bräunen*
1900 g	Ananas, gestückelt
200 g	Zucker
30 g	Vanillezucker *beigeben und andünsten*
1600 g	Ananassaft *aufkochen*
200 g	Zitronensaft
80 g	Cremepulver
5 g	Salz *anrühren, beigeben und aufkochen*

800 g	Biscuitbrösel trocken, grob gerieben (5 mm ⌀)
160 g	Kokoslikör (16 % Vol.)
800 g	Johannisbeeren, gefroren *daruntermischen*

Einfüllgewicht je Stück

200 g	Zuckerteig
50 g	Johannisbeerkonfitüre
450 g	Füllung
35 g	Ananascheibe
100 g	Kokosstreusel

Herstellung

Zuckerteigböden mit Johannisbeerkonfitüre bestreichen, Füllung verteilen, Ananasscheibe auflegen und Kokosstreusel aufstreuen.

Backtemperatur

Oberhitze 220 °C
Unterhitze 215 °C
absinkend

Fertigstellen

Nach dem Backen Kokosstreusel mit Staubzucker (Puderschnee) stauben, Johannisbeeren auflegen und Früchte gelieren.

Préparation

(12 cercles de 18 cm ⌀ et 3 cm de haut)

Badigeonner avec du beurre et foncer avec de la pâte sucrée, bord compris.

	pâte sucrée, 3 mm d'épaisseur (page 239)
600 g	de confiture de groseilles rouges (page 245)
300 g	d'ananas en tranches (12 pièces)
1 200 g	de frisure à la noix de coco (page 241)
60 g	de groseilles rouges, décor

Masse (6 100 g), env. 500 g de perte à la cuisson

300 g	de beurre *rôtir*
1 900 g	d'ananas, en morceaux
200 g	de sucre
30 g	de sucre vanillé *ajouter et faire revenir*
1 600 g	de jus d'ananas *cuire*
200 g	de jus de citron
80 g	de poudre pour crème
5 g	de sel *mélanger, ajouter et cuire*

800 g	de brisures de biscuit sèches, grossières (5 mm ⌀)
160 g	de liqueur de noix de coco (16 % vol.)
800 g	de groseilles rouges, congelées *incorporer*

Poids de remplissage par pièce

200 g	de pâte sucrée
50 g	de confiture de groseilles rouges
450 g	de masse
35 g	d'ananas en tranches
100 g	de frisure à la noix de coco

Fabrication

Badigeonner le fond en pâte sucrée de confiture de groseilles rouges, y répartir la masse, garnir avec une tranche d'ananas et répartir la frisure de noix de coco.

Température de cuisson

Chaleur supérieure 220 °C
Chaleur inférieure 215 °C
retombante

Finition

Après la cuisson, saupoudrer la frisure de noix de coco avec du sucre glace (poudre à décorer), dresser quelques groseilles rouges et garnir les fruits de gelée.

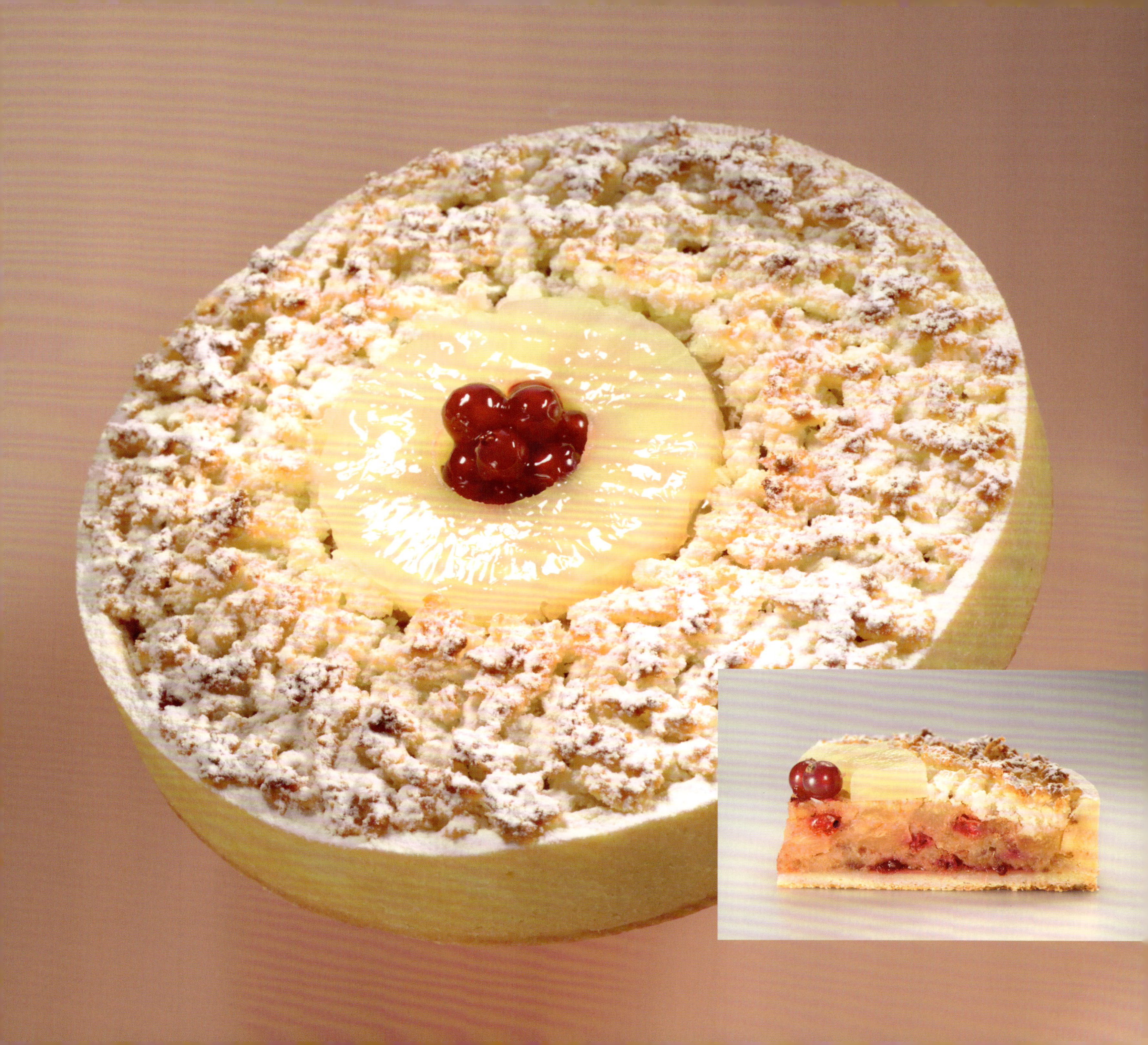

Aprikosentörtchen mit Butterstreusel
Petite tourte abricot et frisure au beurre

Vorbereitung

(12 Ringe à 18 cm ⌀, 3 cm hoch)

Mit Butter ausstreichen und Zuckerteig auslegen, inkl. Rand.

1 000 g Butterstreusel (Seite 241)
1 500 g Aprikosenkompott, für Dekor

Füllung (6 100 g)

(Seite 66)

1 900 g Ananas, gestückelt
  800 g Johannisbeeren, gefroren
1 600 g Ananassaft
  160 g Kokoslikör (16 % Vol.)

ersetzen durch:

2 700 g Aprikosen, gestückelt
1 600 g Aprikosensaft
  160 g Aprikosenlikör (16 % Vol.)

Herstellung

Butterstreusel mit Ring 12 cm ⌀ in die Mitte streuen.

Fertigstellen

Nach dem Auskühlen Streusel mit Staubzucker (Puderschnee) stauben, den Rand mit Aprikosenkompottschnitze belegen und gelieren.

Préparation

(12 cercles de 18 cm ⌀ et 3 cm de haut)

Badigeonner avec du beurre et foncer avec de la pâte sucrée, bord compris.

1 000 g de frisure au beurre (page 241)
1 500 g d'abricots en conserve, pour le décor

Masse (6 100 g)

(Page 66)

1 900 g d'ananas en morceaux
  800 g de groseilles rouges, congelées
1 600 g de jus d'ananas
  160 g de liqueur de noix de coco (16 % vol.)

à remplacer par :

2 700 g d'abricots en morceaux
1 600 g de jus d'abricot
  160 g de liqueur d'abricot (16 % vol.)

Fabrication

Répartir la frisure au beurre au centre à l'aide d'un cercle de 12 cm ⌀.

Finition

Après refroidissement, saupoudrer la frisure avec du sucre glace (poudre à décorer), décorer le bord avec des abricots en conserve, coupés en tranches, et garnir de gelée.

Rhabarbertörtchen mit Butterstreusel
Petite tourte rhubarbe et frisure au beurre

Vorbereitung
(12 Ringe à 18 cm ⌀, 3 cm hoch)
Siehe Seite 68.

1 200 g Butterstreusel (Seite 241)
1 500 g Rhabarber, gestückelt *in Grenadinesirup weich kochen, für Dekor*

Füllung (6 100 g)
(Seite 66)

1 900 g Ananas
  800 g Johannisbeeren
1 600 g Ananassaft
  160 g Kokoslikör (16 % Vol.)

ersetzen durch:
2 700 g Rhabarber, gestückelt
1 760 g Orangensaft

Herstellung
Gestückelte Rhabarber nicht andünsten, sondern nach dem Abbinden der Füllung beigeben. Rand mit Butterstreusel bestreuen (Ring 12 cm ⌀).

Fertigstellen
Nach dem Auskühlen Streusel mit Staubzucker (Puderschnee) stauben, Rhabarber-Kompott in der Mitte verteilen und gelieren.

Préparation
(12 cercles de 18 cm ⌀ et 3 cm de haut)
Voir page 68.

1 200 g de frisure au beurre (page 241)
1 500 g de rhubarbe en morceaux *cuire en compote dans du sirop de grenadine, pour le décor*

Masse (6 100 g)
(Page 66)

1 900 g d'ananas
  800 g de groseilles rouges
1 600 g de jus d'ananas
  160 g de liqueur de noix de coco (16 % vol.)

à remplacer par :
2 700 g de rhubarbe en morceaux
1 760 g de jus d'orange

Fabrication
Ne pas faire revenir la rhubarbe en morceaux, mais l'ajouter à la masse après liaison. Garnir le bord de frisure au beurre (cercle de 12 cm ⌀).

Finition
Après refroidissement, saupoudrer la frisure avec du sucre glace (poudre à décorer), répartir la compote de rhubarbe au centre et garnir de gelée.

Rhabarber-Pudding-Törtchen
Petite tourte rhubarbe et pudding

Vorbereitung

(12 Ringe à 18 cm ⌀, 3 cm hoch)

Mit Butter ausstreichen und Mürbteig auslegen, inkl. Rand.

	Mürbteig 3 mm dick (Seite 239)
600 g	Aprikosenkonfitüre
1200 g	Mandelbiscuit 16 cm ⌀ × 1,5 cm (Seite 236)
1800 g	Rhabarber (mit 600 g Zucker gemischt)

Pudding (3 080 g)

75 g	Cremepulver
50 g	Vanillezucker
5 g	Salz
250 g	Zucker
300 g	Eier
	glatt rühren
1 500 g	Milch
900 g	Rahm (Sahne)
	heiss beigeben und auf 82 °C erhitzen

Einfüllgewicht je Stück

200 g	Mürbteig
50 g	Aprikosenkonfitüre
100 g	Mandelbiscuit
200 g	Rhabarber
240 g	Pudding

Herstellung

Mürbteigböden mit Aprikosenkonfitüre bestreichen, Mandelbiscuit einlegen, Rhabarber-Zucker-Mischung darauf verteilen und Pudding darübergiessen.

Backtemperatur

Oberhitze 220 °C
Unterhitze 220 °C
absinkend

Fertigstellen

Rand mit Staubzucker (Puderschnee) stauben und Oberfläche gelieren.

Préparation

(12 cercles de 18 cm ⌀ et 3 cm de haut)

Badigeonner avec du beurre et foncer avec de la pâte sablée, bord compris.

	pâte sablée, 3 mm d'épaisseur (page 239)
600 g	de confiture d'abricots
1200 g	de biscuit aux amandes 16 cm ⌀ × 1,5 cm (page 236)
1800 g	de rhubarbe (mélangée avec 600 g de sucre)

Pudding (3 080 g)

75 g	de poudre pour crème
50 g	de sucre vanillé
5 g	de sel
250 g	de sucre
300 g	d'œuf
	lisser
1 500 g	de lait
900 g	de crème
	ajouter bouillant et chauffer le tout à 82 °C

Poids de remplissage par pièce

200 g	de pâte sablée
50 g	de confiture d'abricots
100 g	de biscuit aux amandes
200 g	de rhubarbe
240 g	de pudding

Fabrication

Badigeonner le fond en pâte sablée de confiture d'abricots, placer le biscuit aux amandes, répartir le mélange rhubarbe-sucre et verser le pudding par-dessus.

Température de cuisson

Chaleur supérieure 220 °C
Chaleur inférieure 220 °C
retombante

Finition

Saupoudrer le bord de sucre glace (poudre à décorer) et garnir la surface de gelée.

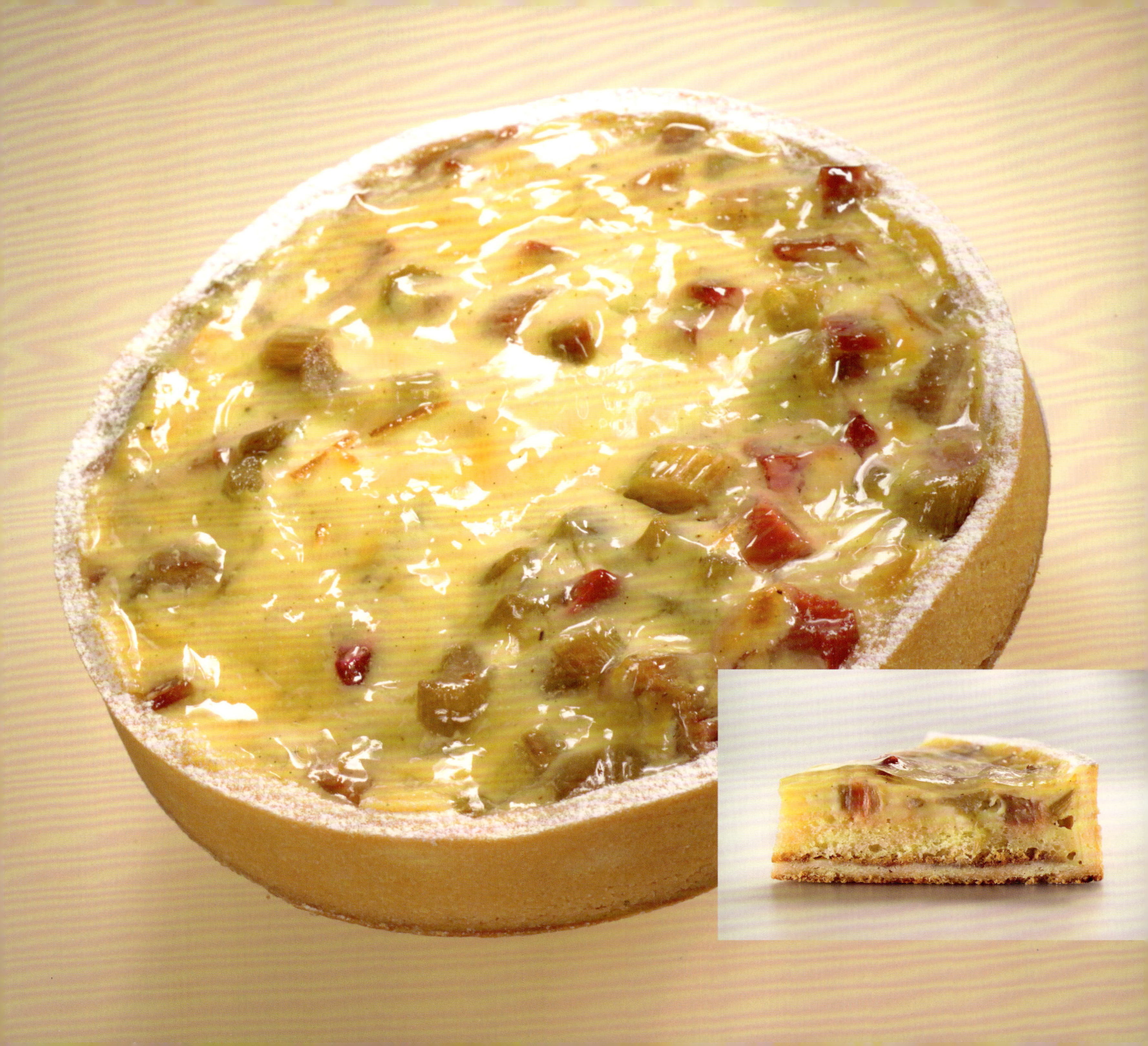

Trauben-Pudding-Törtchen
Petite tourte raisin et pudding

Vorbereitung
(12 Ringe à 18 cm ⌀, 3 cm hoch)
Mit Butter ausstreichen und Mürbteig auslegen, inkl. Rand.

	Mürbteig 3 mm dick (Seite 239)
600 g	Aprikosenkonfitüre
1 200 g	Mandelbiscuit 16 cm ⌀ × 1,5 cm (Seite 236)

Pudding (3 080 g)
(Seite 70)

2 400 g	Trauben weiss
1 200 g	Trauben blau

Fertigstellen
Törtchen ohne Früchte backen. Nach dem Auskühlen Oberfläche mit Trauben belegen und gelieren.

Préparation
(12 cercles de 18 cm ⌀ et 3 cm de haut)
Badigeonner avec du beurre et foncer avec de la pâte sablée, bord compris.

	pâte sablée, 3 mm d'épaisseur (page 239)
600 g	de confiture d'abricots
1 200 g	de biscuit aux amandes 16 cm ⌀ × 1,5 cm (page 236)

Pudding (3 080 g)
(Page 70)

2 400 g	de raisin blanc
1 200 g	de raisin noir

Finition
Cuire les petites tourtes sans les fruits. Après refroidissement, décorer la surface avec les raisins et garnir de gelée.

Bananen-Schokolade-Törtchen
Petite tourte banane et chocolat

Vorbereitung
(12 Ringe à 18 cm ⌀, 3 cm hoch)

Mit Butter ausstreichen und Mürbteig auslegen, inkl. Rand.

          Mürbteig 3 mm dick
          (Seite 239)
600 g Aprikosenkonfitüre
1200 g Mandelbiscuit
          16 cm ⌀ × 1,5 cm
          (Seite 236)
1200 g Bananenscheiben

Pudding (2 300 g)
(Seite 70, ¾ Rezept)

zusätzlich:
200 g Couverture dunkel
dem warmen Pudding beigeben

1 200 g Bananenscheiben
60 g Schokoladenflocken hell/dunkel

Fertigstellen
Mandelbiscuit mit Bananenscheiben locker belegen, Schokoladenpudding daraufgiessen und backen. Nach dem Auskühlen den Rand mit Bananenscheiben belegen und gelieren. In der Mitte Schokoladenflocken aufstreuen.

Hinweis
Bananenscheiben für Dekor kurz in 10 %-igem Zitronenwasser wenden.

Préparation
(12 cercles de 18 cm ⌀ et 3 cm de haut)

Badigeonner avec du beurre et foncer avec de la pâte sablée, bord compris.

          pâte sablée,
          3 mm d'épaisseur
          (page 239)
600 g de confiture d'abricots
1200 g de biscuit aux amandes
          16 cm ⌀ × 1,5 cm
          (page 236)
1200 g de banane en tranches

Pudding (2 300 g)
(Page 70, ¾ de la recette)

à ajouter:
200 g de couverture foncée
ajouter au pudding chaud

1 200 g de banane en tranches
60 g de copeaux de chocolat clairs et foncés

Finition
Recouvrir le biscuit aux amandes de tranches de banane, sans les serrer. Couler le pudding au chocolat par-dessus et cuire. Après refroidissement, décorer le bord avec des tranches de banane et garnir de gelée. Répartir les copeaux de chocolat au centre.

Conseil
Tourner les tranches de banane pour le décor dans une solution d'eau citronnée à 10 %.

Mini-Gugelhopf mit Karotten und Olivenöl
Mini-gugelhopf carotte et huile d'olive

Vorbereitung

(100 Mini-Gugelhopfformen 10 cm ⌀)

Mit Butter ausstreichen und grob gemahlenen, ausgesiebten Haselnüssen ausstreuen.

Masse (12 500 g)

1 100 g	Eigelb *mit dem Stabmixer emulgieren*
1 800 g	Olivenöl *auf 80 °C erhitzen und langsam beigeben*
1 100 g	Eiweiss
1 800 g	Zucker
20 g	Salz *zu Schnee schlagen*
1 500 g	Haselnüsse, grob gemahlen, geröstet
3 000 g	Karotten, fein geraffelt
360 g	Dextrose
20 g	Orangenschale *mischen*
1 800 g	Weizenmehl 400 *daruntermischen*

Litergewicht

770 g

Einfüllgewicht je Stück

120 g   Masse

Herstellung

Masse in die Formen abfüllen und mit grob gemahlenen, ausgesiebten Haselnüssen überstreuen.

Backtemperatur

Oberhitze   190 °C
Unterhitze   190 °C
absinkend

Préparation

(100 moules mini-gugelhopf de 10 cm ⌀)

Badigeonner avec du beurre et chemiser avec des noisettes grossièrement râpées, tamisées.

Masse (12 500 g)

1 100 g	de jaune d'œuf *émulsionner avec un mixeur bâton*
1 800 g	d'huile d'olive *chauffer à 80 °C et ajouter lentement*
1 100 g	de blanc d'œuf
1 800 g	de sucre
20 g	de sel *battre en neige*
1 500 g	de noisettes grossièrement râpées, rôties
3 000 g	de carottes, finement râpées
360 g	de dextrose
20 g	de zeste d'orange *mélanger*
1 800 g	de farine de froment 400 *incorporer*

Poids au litre

770 g

Poids de remplissage par pièce

120 g   de masse

Fabrication

Remplir les moules avec la masse et répartir des noisettes tamisées par-dessus.

Température de cuisson

Chaleur supérieure   190 °C
Chaleur inférieure   190 °C
retombante

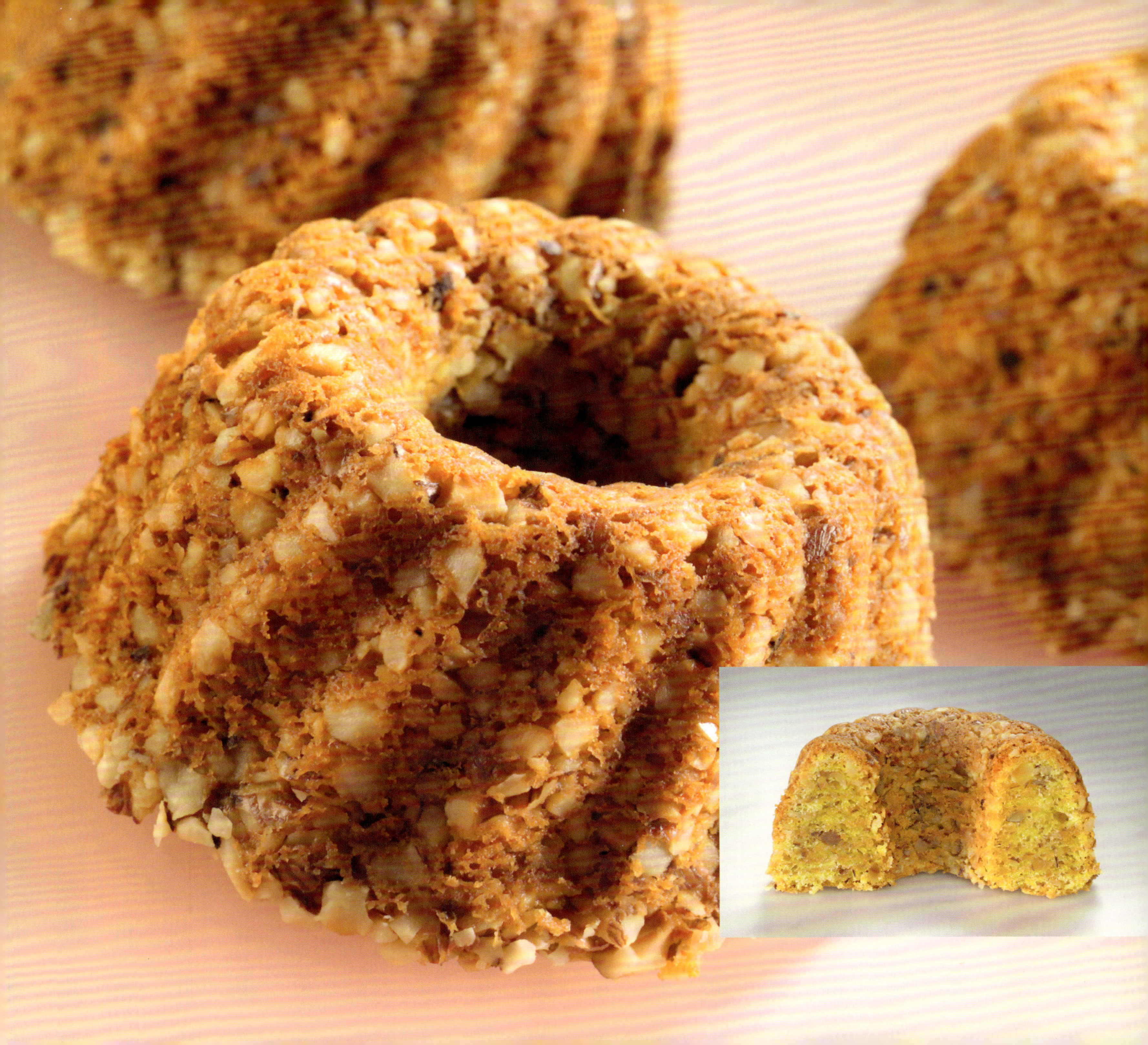

Piemonteser Haselnusskuchen
Gâteau piémontais aux noisettes

Vorbereitung

(12 Kuchenformen à 20 cm ⌀, 4 cm hoch)

Mit Butter ausstreichen und mit gehobelten Haselnüssen ausstreuen.

1200 g Haselnussmasse 1:1 (Seite 234), 14 cm ⌀, 5 mm dick

Buttermasse (7220 g)

1400 g Butter
 300 g Milch
1400 g Zucker
 400 g Dextrose
1400 g Haselnüsse gemahlen, geröstet
 100 g Vanillezucker
  25 g Salz
schwach schaumig rühren
1650 g Eier
nach und nach beigeben
 950 g Weizenmehl 400
  70 g Schokoladenpulver
  25 g Backpulver
absieben und einmelieren

Litergewicht

950 g

Einfüllgewicht je Stück

640 g Buttermasse
100 g Haselnussmasse 1:1

Herstellung

½ der Buttermasse einfüllen, in die Mitte eine gefrorene Platte aus Haselnussmasse einlegen und mit der restlichen Buttermasse auffüllen.

Backtemperatur

Oberhitze 200 °C
Unterhitze 190 °C
absinkend

Fertigstellen

Schablone auflegen, mit Staubzucker (Puderschnee) stauben. Mit Couverture-Tupfen hell, Marzipan und Haselnüssen garnieren.

Préparation

(12 moules à gâteaux de 20 cm ⌀ et 4 cm de haut)

Badigeonner avec du beurre et chemiser avec des noisettes effilées.

1200 g de masse aux noisettes 1:1 (page 234), 14 cm ⌀, 5 mm d'épaisseur (congelée)

Masse au beurre (7220 g)

1400 g de beurre
 300 g de lait
1400 g de sucre
 400 g de dextrose
1400 g de noisettes râpées, rôties
 100 g de sucre vanillé
  25 g de sel
battre légèrement en mousse
1650 g d'œuf
ajouter petit à petit
 950 g de farine de froment 400
  70 g de chocolat en poudre
  25 g de poudre à lever
tamiser et incorporer

Poids au litre

950 g

Poids de remplissage par pièce

640 g de masse au beurre
100 g de masse aux noisettes 1:1

Fabrication

Remplir les moules à moitié de masse au beurre, y placer une plaquette de masse aux noisettes congelée au centre et recouvrir avec le reste de la masse au beurre.

Température de cuisson

Chaleur supérieure 200 °C
Chaleur inférieure 190 °C
retombante

Finition

Poser un chablon, saupoudrer de sucre glace (poudre à décorer). Garnir avec une plaquette de couverture claire, du massepain et des noisettes.

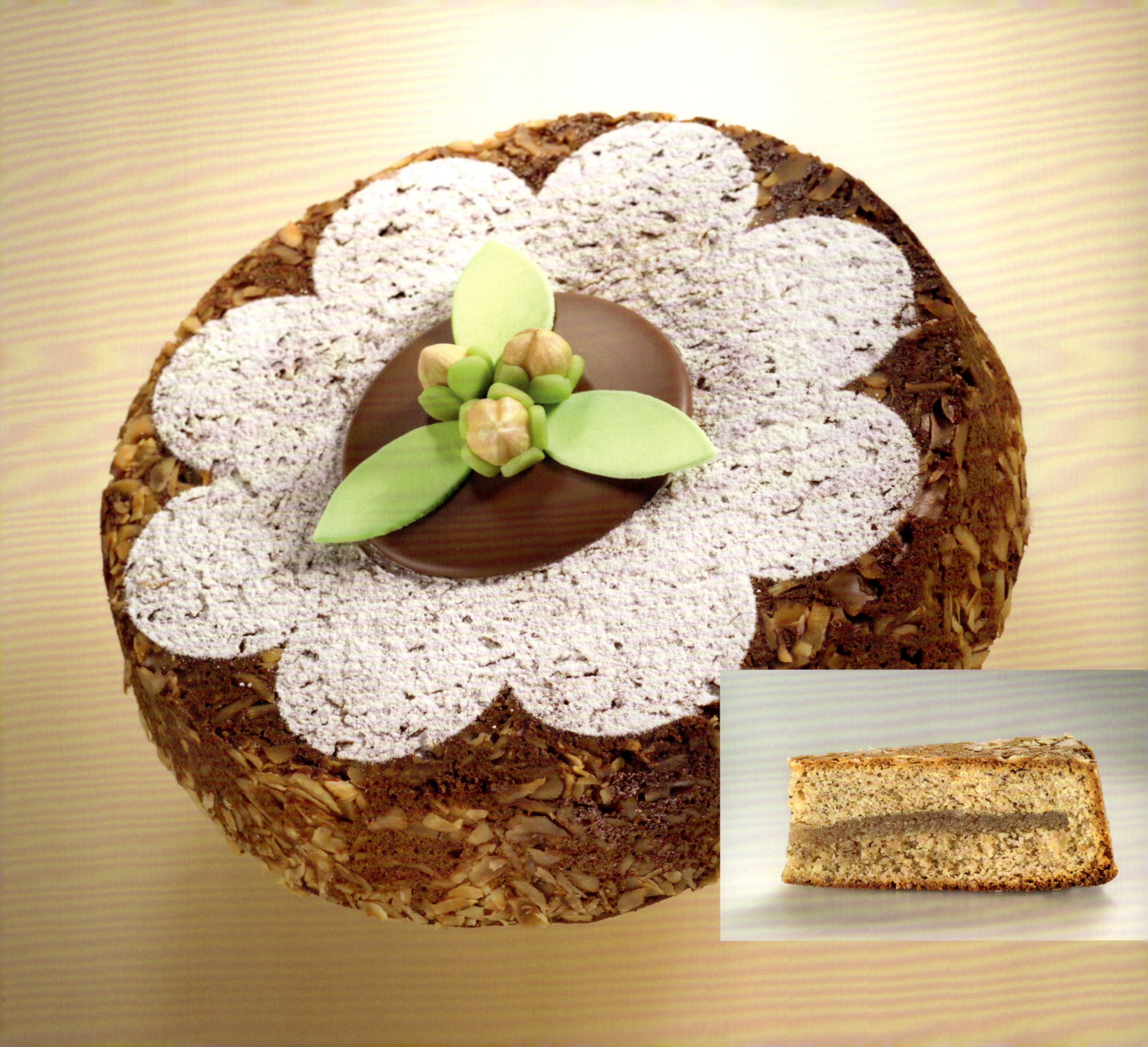

Vermicelles-Kuchen
Gâteau aux vermicelles

Vorbereitung

(12 Kuchenformen à 20 cm ∅, 4 cm hoch)

Mit Butter ausstreichen und Mehl ausstreuen.

Buttermasse (7 720 g)

(Seite 76)

1 200 g Haselnussmasse 1:1

ersetzen durch:

1 200 g Kastanienpüree, gefroren (Seite 235) (14 cm ∅, 5 mm dick) *einlegen*

Fertigstellen

Schablone auflegen, mit Staubzucker (Puderschnee) leicht stauben. Kastanien aus Marzipan mit wenig Konfitüre ankleben.

Préparation

(12 moules à gâteaux de 20 cm ∅ et 4 cm de haut)

Badigeonner avec du beurre et chemiser avec de la farine.

Masse au beurre (7 720 g)

(Page 76)

1 200 g de masse aux noisettes 1:1

à remplacer par :

1 200 g de purée de marron, congelée (page 235) (14 cm ∅, 5 mm d'épaisseur) *placer au centre*

Finition

Poser un chablon et saupoudrer légèrement de sucre glace (poudre à décorer). Garnir avec des marrons en massepain, fixés avec un peu de confiture.

Gianduja-Kuchen
Gâteau gianduja

Vorbereitung

(12 Kuchenformen à 20 cm ⌀, 4 cm hoch)

Mit Butter ausstreichen und mit Mehl ausstreuen.

Buttermasse (7 720 g)

(Seite 76)

1 200 g   Haselnussmasse 1:1

ersetzen durch:
1 200 g   Haselnuss-
Gianduja 1:1:1
*grob geraffelt
unter die Buttermasse
mischen*

Fertigstellen

Schablone auflegen, mit Staubzucker (Puderschnee) leicht stauben. Giandujadekor mit wenig Konfitüre ankleben.

Préparation

(12 moules à gâteaux de 20 cm ⌀ et 4 cm de haut)

Badigeonner avec du beurre et chemiser avec de la farine.

Masse au beurre (7 720 g)

(Page 76)

1 200 g   de masse aux noisettes 1:1

à remplacer par :
1 200 g   de gianduja
noisette 1:1:1
*râper grossièrement
et incorporer
à la masse au beurre*

Finition

Poser un chablon et saupoudrer légèrement de sucre glace (poudre à décorer). Fixer le décor gianduja avec un peu de confiture.

Passionsfruchttörtchen
Petite tourte fruit de la passion

Vorbereitung

(12 gerippte Formen à 20 cm ⌀)

Mit Butter ausstreichen und Mehl ausstreuen, Zuckerteig auslegen und backen.

        Zuckerteig 3 mm dick (Seite 239)
720 g Mandelbiscuit 16 cm ⌀ × 1 cm (Seite 236)
2 600 g Passionsfruchtcreme (Seite 243)

Meringuage (500 g)

200 g Eiweiss
300 g Zucker
zu Schnee schlagen (nicht zu fest)

Einfüllgewicht je Stück

165 g Zuckerteig
20 g weisse Couverture
60 g Mandelbiscuit
200 g Passionsfruchtcreme
30 g Meringuage

Herstellung

Die abgekühlten Zuckerteigböden mit weisser Couverture bestreichen, Mandelbiscuit einlegen und je 200 g Creme einfüllen.

Backtemperatur

Oberhitze   260 °C
Unterhitze 220 °C

Fertigstellen

Meringuage mit Lochtülle 7 mm ⌀ unregelmässig aufdressieren und kurz abflämmen.

Préparation

(12 moules cannelés de 20 cm ⌀)

Badigeonner avec du beurre, chemiser avec de la farine, foncer avec de la pâte sucrée et cuire.

        pâte sucrée, 3 mm d'épaisseur (page 239)
720 g de biscuit aux amandes 16 cm ⌀ × 1 cm (page 236)
2 600 g de crème fruit de la passion (page 243)

Meringage (500 g)

200 g de blanc d'œuf
300 g de sucre
battre en neige (pas trop fermement)

Poids de remplissage par pièce

165 g de pâte sucrée
20 g de couverture blanche
60 g de biscuit aux amandes
200 g de crème fruit de la passion
30 g de meringage

Fabrication

Badigeonner le fond de pâte refroidi avec de la couverture blanche, placer le fond de biscuit aux amandes et remplir chaque pièce avec 200 g de crème.

Température de cuisson

Chaleur supérieure 260 °C
Chaleur inférieure 220 °C

Finition

Dresser le meringage de manière irrégulière avec une douille lisse de 7 mm ⌀, puis flamber légèrement.

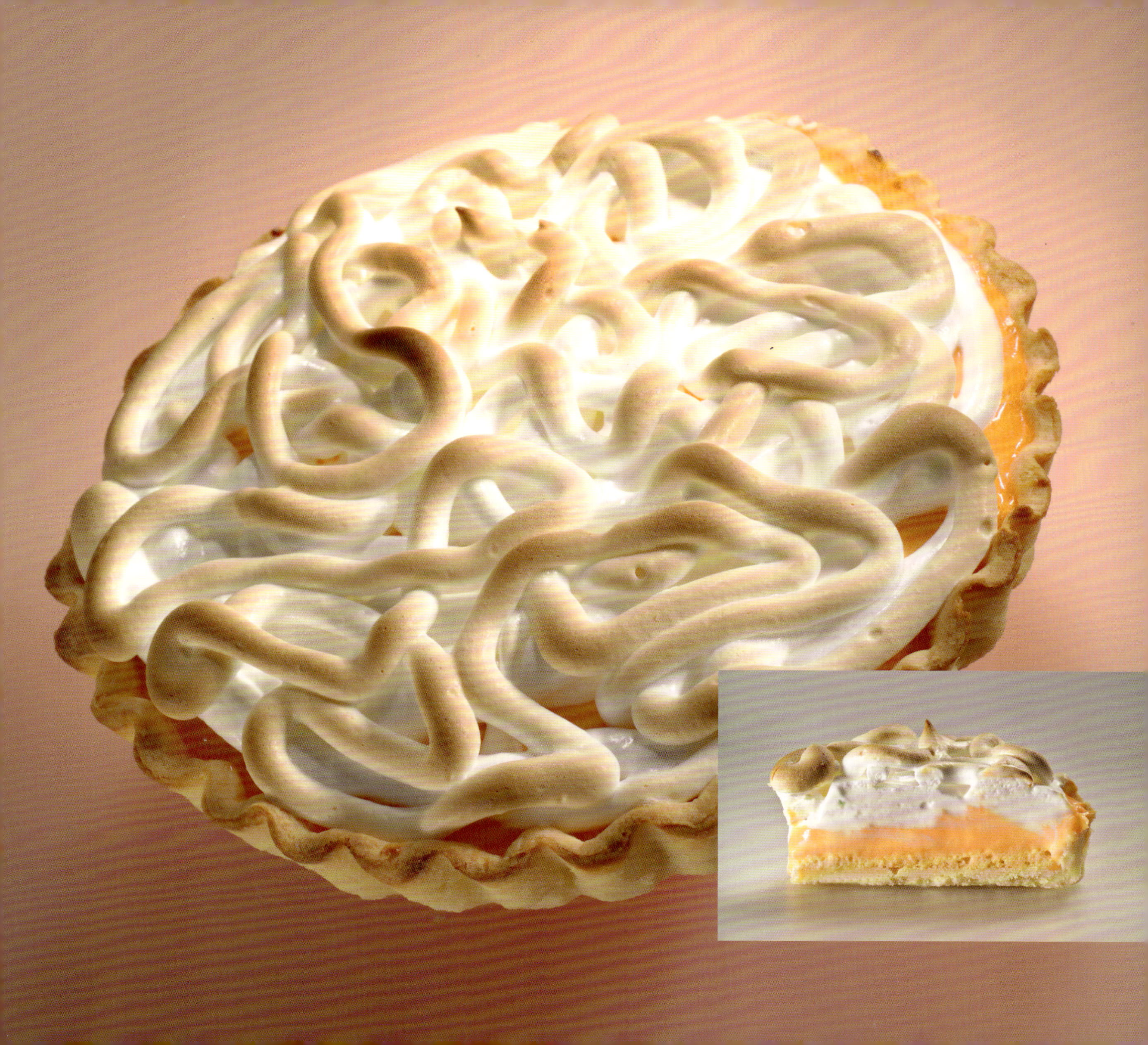

Zitronentörtchen
Petite tourte au citron

Vorbereitung
(12 gerippte Formen à 20 cm ⌀)

Mit Butter ausstreichen und Mehl ausstreuen, Zuckerteig auslegen und backen.

            Zuckerteig 3 mm dick
            (Seite 239)
720 g Mandelbiscuit
            16 cm ⌀ × 1 cm
            (Seite 236)
2 600 g Passionsfruchtcreme

ersetzen durch:
2 650 g Zitronencreme
            (Seite 243)

Meringuage (500 g)
(Seite 80)

Fertigstellen
Meringuage mit Kammtülle blumenartig aufdressieren und kurz abflämmen.

Préparation
(12 moules cannelés de 20 cm ⌀)

Badigeonner avec du beurre, chemiser avec de la farine, foncer avec de la pâte sucrée et cuire.

            pâte sucrée,
            3 mm d'épaisseur
            (page 239)
720 g de biscuit aux amandes
            16 cm ⌀ × 1 cm
            (page 236)
2 600 g de crème fruit de
            la passion

à remplacer par:
2 650 g de crème citron
            (page 243)

Meringage (500 g)
(Page 80)

Finition
Dresser le meringage en forme de fleur avec une douille à St-Honoré, puis flamber légèrement.

Orangentörtchen
Petite tourte à l'orange

Vorbereitung
(12 gerippte Formen à 20 cm ⌀)

Mit Butter ausstreichen und Mehl ausstreuen, Zuckerteig auslegen und backen.

        Zuckerteig 3 mm dick
        (Seite 239)
720 g Mandelbiscuit
        16 cm ⌀ × 1 cm
        (Seite 236)
2 600 g Passionsfruchtcreme

ersetzen durch:
2 600 g Orangencreme
        (Seite 243)

Meringuage (550 g)
(Seite 80)

Fertigstellen
Meringuage mit Kammtülle aufdressieren und kurz abflämmen.

Préparation
(12 moules cannelés de 20 cm ⌀)

Badigeonner avec du beurre, chemiser avec de la farine, foncer avec de la pâte sucrée et cuire.

        pâte sucrée,
        3 mm d'épaisseur
        (page 239)
720 g de biscuit aux amandes
        16 cm ⌀ × 1 cm
        (page 236)
2 600 g de crème fruit de
        la passion

à remplacer par:
2 600 g de crème orange
        (page 243)

Meringage (500 g)
(Page 80)

Finition
Dresser le meringage avec une douille à St-Honoré, puis flamber légèrement.

Rahmküchlein
Petit gâteau à la crème

Vorbereitung

(12 Aluformen à 18 cm ⌀)

Mit Butter ausstreichen, den Weggliteig mit Ring 19 cm ⌀ ausstechen und bis ca. 1 cm unter den Rand auslegen.

       Hefeteig, 3 mm dick

Weggliteig (Hefeteig) (2 260 g)

- 800 g Weizenmehl 400
- 400 g Weizenmehl 720
- 90 g Backhefe
- 680 g Wasser
- 75 g Vollmilchpulver
- 15 g Flüssigmalz
- 20 g Zucker
- 150 g Butter
- 30 g Salz

Rahmguss (Sahneguss) (1 325 g)

- 125 g Zucker
- 125 g Rohzucker
- 5 g Salz
- 20 g Vanillezucker
- 200 g Eier
  glatt rühren
- 400 g Rahm (Sahne)
- 450 g saurer Halbrahm (25 % MFG)

Einfüllgewicht je Stück

- 165 g Hefeteig
- 110 g Rahmguss (Sahneguss)

Herstellung

Teig ca. ¾ garen lassen, Rahmguss einfüllen und Oberfläche leicht mit Rohzucker überstreuen.

Backtemperatur

Oberhitze 220 °C
Unterhitze 220 °C

Hinweis
Vor dem Essen kurz im Ofen aufwärmen.

Préparation

(12 moules en aluminium de 18 cm ⌀)

Badigeonner avec du beurre, emporter la pâte à petits pains avec un cercle de 19 cm ⌀ et foncer le moule jusqu'à 1 cm en dessous du bord.

       pâte levée, 3 mm d'épaisseur

Pâte à petits pains (pâte levée) (2 260 g)

- 800 g de farine de froment 400
- 400 g de farine de froment 720
- 90 g de levure
- 680 g d'eau
- 75 g de poudre de lait entier
- 15 g de malt liquide
- 20 g de sucre
- 150 g de beurre
- 30 g de sel de cuisine

Guélon à la crème (1 325 g)

- 125 g de sucre
- 125 g de sucre brut
- 5 g de sel
- 20 g de sucre vanillé
- 200 g d'œuf
  lisser
- 400 g de crème
- 450 g de demi-crème acidulée (25 % MG)

Poids de remplissage par pièce

- 165 g de pâte levée
- 110 g de guélon à la crème

Fabrication

Laisser fermenter la pâte env. au ¾, couler le guélon et saupoudrer légèrement la surface avec du sucre brut.

Température de cuisson

Chaleur supérieure 220 °C
Chaleur inférieure 220 °C

Conseil
Réchauffer légèrement au four avant de consommer.

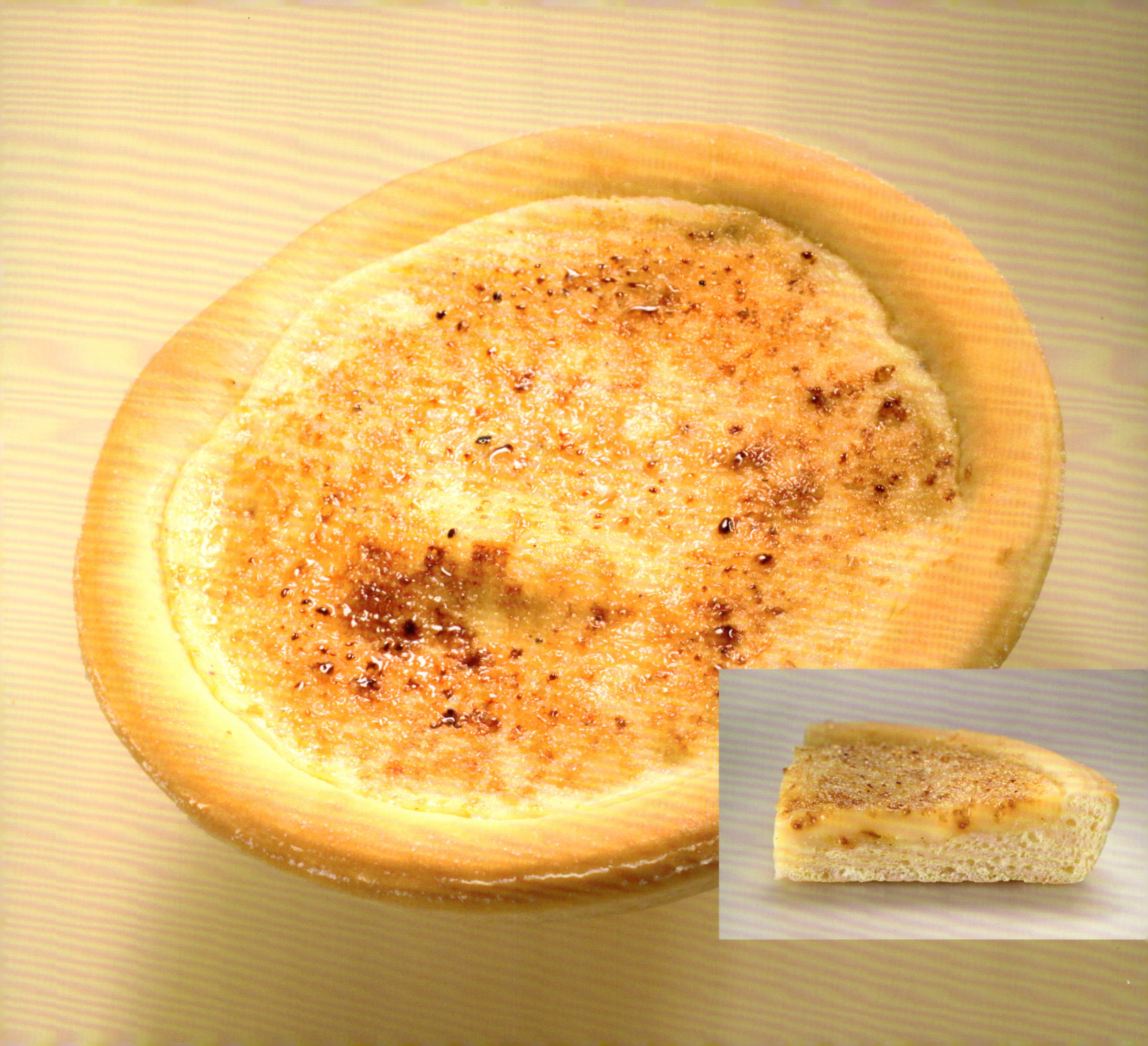

Birnen-Rahm-Kuchen
Gâteau à la crème et aux poires

Vorbereitung

(12 gerippte Formen à 20 cm ⌀)

Mit Butter ausstreichen und geriebenem Teig auslegen.

    geriebener Teig,
    2,5 mm dick
    (Seite 238)

Birnenfüllung (1850 g)

1000 g	Dörrbirnen
	im Wasser blanchieren
80 g	Zucker
10 g	Birnenbrotgewürz
200 g	Sultaninen
200 g	Baumnüsse (Walnüsse)
50 g	Kirsch (40 % Vol.)
225 g	Birnendicksaft
50 g	Dörräpfel, gestückelt
35 g	Vanillezucker
	beigeben und pürieren

Guss (4 200 g)

150 g	Zucker
5 g	Salz
45 g	Vanillezucker
300 g	Eigelb
850 g	Eier
	vermischen
2 000 g	Milch
850 g	Rahm (Sahne)
	50 °C warm beigeben

Einfüllgewicht je Stück

150 g	geriebener Teig
150 g	Birnenfüllung
350 g	Guss

Herstellung

Birnenfüllung in die ausgelegten Formen verteilen und Guss darübergiessen.

Backtemperatur

Oberhitze   200 °C
Unterhitze 200 °C

Fertigstellen

Je 1 Scheibe Dörrbirne auflegen.

Préparation

(12 moules cannelés de 20 cm ⌀)

Badigeonner avec du beurre et foncer avec de la pâte brisée.

    pâte brisée,
    2,5 mm d'épaisseur
    (page 238)

Masse à fourrer aux poires (1850 g)

1000 g	de poires séchées
	blanchir
80 g	de sucre
10 g	d'épices pour pains de poires
200 g	de raisins sultans
200 g	de noix
50 g	de kirsch (40 % vol.)
225 g	de jus de poires concentré
50 g	de pommes séchées, en morceaux
35 g	de sucre vanillé
	ajouter et réduire en purée

Guélon (4 200 g)

150 g	de sucre
5 g	de sel
45 g	de sucre vanillé
300 g	de jaune d'œuf
850 g	d'œuf
	mélanger ensemble
2 000 g	de lait
850 g	de crème
	chauffer à 50 °C et ajouter

Poids de remplissage par pièce

150 g	de pâte brisée
150 g	de masse à fourrer aux poires
350 g	de guélon

Fabrication

Répartir la masse à fourrer aux poires dans les moules foncés et couler le guélon par-dessus.

Température de cuisson

Chaleur supérieure 200 °C
Chaleur inférieure 200 °C

Finition

Garnir chaque pièce avec une tranche de poire séchée.

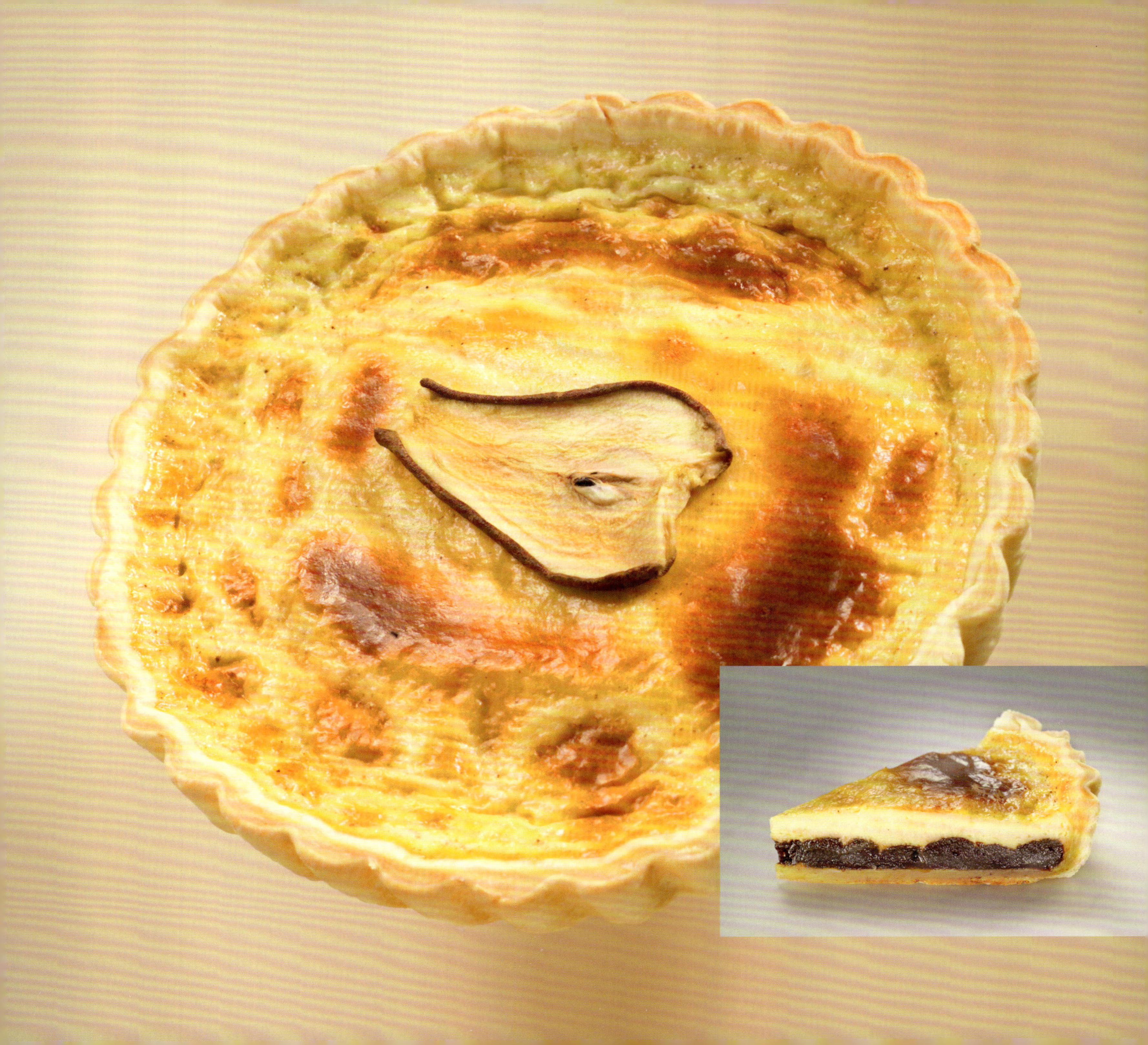

Apfel-Mandel-Törtchen
Petite tourte pomme et amande

Vorbereitung
(12 Aluformen à 18 cm ⌀)
Mürbteigböden einlegen.

- 800 g Mürbteigböden 16 cm ⌀, 3 mm dick (Seite 239)
- 12 Rouladenbiscuit 14 cm ⌀ (Seite 237)

Apfeleinlage (4 930 g)

- 700 g Butter
  in der Bratpfanne leicht bräunen
- 3 600 g Äpfel, gewürfelt
- 560 g Sultaninen
- 60 g Zucker
- 10 g Zimt
  beigeben und auf 4 080 g ausdampfen, Apfelfüllung auf Rouladenbiscuit in Aluformen 16 cm ⌀ verteilen und tiefkühlen

Mandel-Buttermasse (3 240 g)

- 700 g Butter
- 400 g Staubzucker
- 20 g Vanillezucker
  schaumig rühren
- 500 g Eier
  beigeben
- 1 300 g Mandeln weiss, fein gemahlen
- 20 g Bittermandeln, gemahlen
- 300 g Weizenmehl 400
  daruntermischen

Einfüllgewicht je Stück

- 65 g Mürbteig
- 360 g Apfeleinlage mit Rouladenbiscuit
- 270 g Mandel-Buttermasse

Herstellung
⅔ Mandel-Buttermasse auf den Mürbteigboden dressieren, Rand ca. 1,5 cm hoch. Gefrorene Apfeleinlage daraufgeben und bis auf Formhöhe eindrücken. Rand mit Tülle 10 mm ⌀ aufdressieren.

Backtemperatur
Oberhitze 200 °C
Unterhitze 200 °C
absinkend

Fertigstellen
Rand mit Staubzucker (Puderschnee) stauben und Apfeleinlage gelieren.

Préparation
(12 moules en aluminium de 18 cm ⌀)
Foncer avec de la pâte sablée.

- 800 g pour les fonds de pâte sablée, 16 cm ⌀, 3 mm d'épaisseur (page 239)
- 12 fonds biscuit roulade 14 cm ⌀ (page 237)

Masse à fourrer aux pommes (4 930 g)

- 700 g de beurre
  légèrement brunir dans la poêle
- 3 600 g de pommes, coupées en dés
- 560 g de raisins sultans
- 60 g de sucre
- 10 g de cannelle
  ajouter, réduire jusqu'à 4 080 g, répartir la masse aux pommes sur des fonds de biscuit roulade, placés dans des formes alu de 16 cm ⌀ et congeler

Masse au beurre aux amandes (3 240 g)

- 700 g de beurre
- 400 g de sucre glace
- 20 g de sucre vanillé
  battre en mousse
- 500 g d'œuf
  ajouter
- 1 300 g d'amandes blanches, finement moulues
- 20 g d'amandes amères, moulues
- 300 g de farine de froment 400
  incorporer

Poids de remplissage par pièce

- 65 g de pâte sablée
- 360 g de masse à fourrer aux pommes avec biscuit roulade
- 270 g de masse au beurre aux amandes

Fabrication
Dresser ⅔ de la masse au beurre aux amandes sur la pâte sablée, puis sur env. 1,5 cm de haut pour le bord. Placer la masse aux pommes congelée dessus, puis presser jusqu'à ce que la masse arrive à la hauteur du moule. Dresser la bordure avec une douille de 10 mm ⌀.

Température de cuisson
Chaleur supérieure 200 °C
Chaleur inférieure 200 °C
retombante

Finition
Saupoudrer le bord avec du sucre glace (poudre à décorer) et garnir la masse aux pommes avec de la gelée.

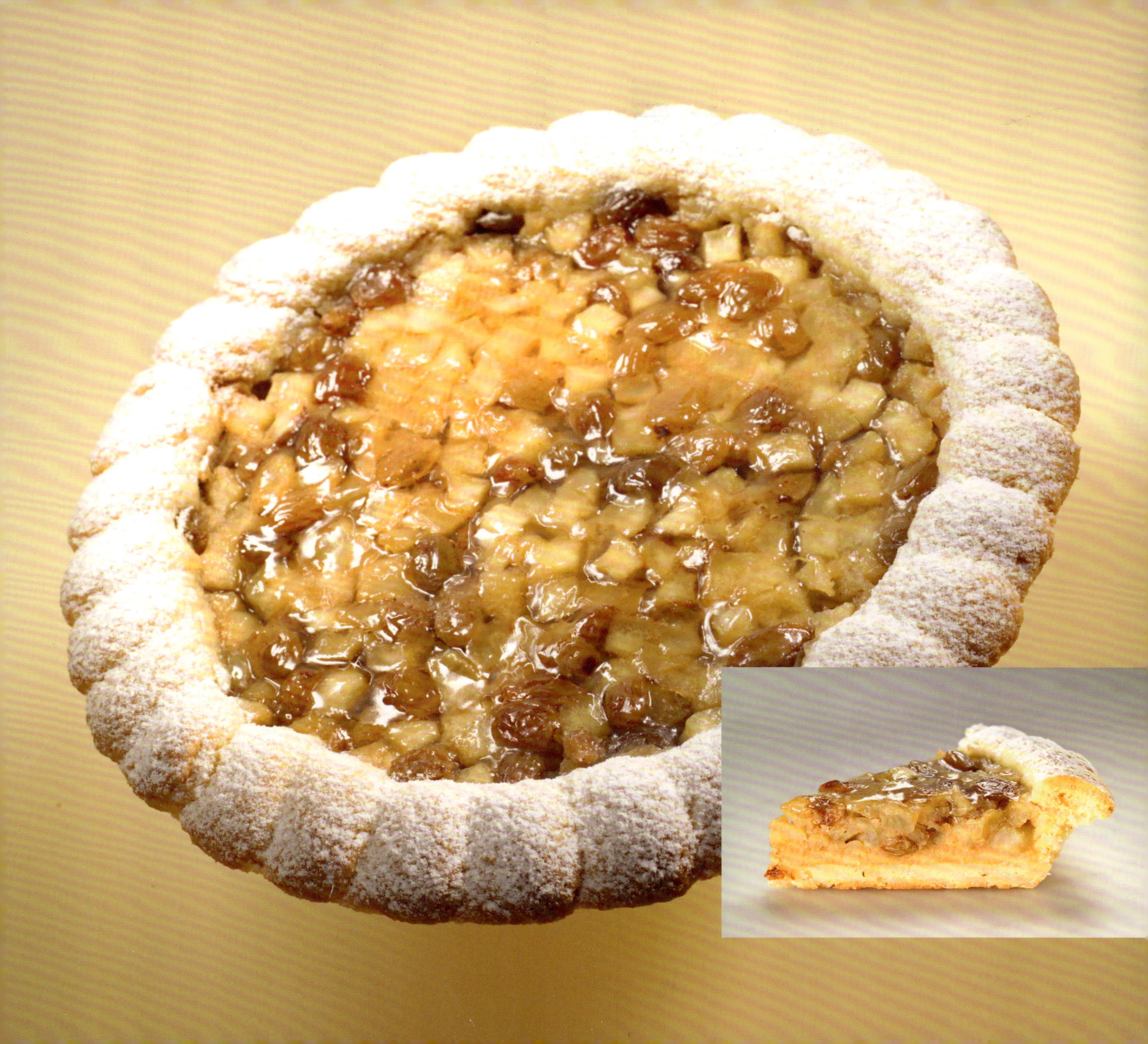

Pinientörtchen
Petite tourte aux pignons

Vorbereitung

(12 Kuchenformen 20 cm Ø, 4 cm hoch)

Mit Butter ausstreichen und grob gemahlenen Pinienkernen ausstreuen.

Buttermasse (6 100 g)

2 500 g	Pinienmasse 1:1 (Seite 234)
500 g	Butter
	schaumig rühren
700 g	Eier
600 g	Eigelb
15 g	Salz
	nach und nach beigeben
650 g	Eiweiss
300 g	Zucker
	zu Schnee schlagen
700 g	Weizenstärke
100 g	Weizenmehl 400
35 g	Backpulver
	absieben und daruntermischen

Litergewicht

700 g

Einfüllgewicht je Stück

500 g	Buttermasse
80 g	Florentinerfächer*

Backtemperatur

Oberhitze 200 °C
Unterhitze 190 °C absinkend

Fertigstellen

Rand der Oberfläche mit Staubzucker (Puderschnee) stauben. Gebackene Florentiner noch leicht warm in 8 Fächer schneiden und auflegen.

*Florentinerfächer (1 100 g)

100 g	Honig
300 g	Zucker
150 g	Butter
150 g	Rahm (Sahne)
	auf 113 °C kochen
200 g	Pinien, gehackt
200 g	Pistazien, gehackt
	daruntermischen

Florentinermasse in Ringe à 16 cm Ø verteilen und bei ca. 170 °C in 2 Etappen backen.

Préparation

(12 moules à gâteaux de 20 cm Ø et 4 cm de haut)

Badigeonner avec du beurre et chemiser avec des pignons grossièrement moulus.

Masse au beurre (6 100 g)

2 500 g	de masse aux pignons 1:1 (page 234)
500 g	de beurre
	battre en mousse
700 g	d'œuf
600 g	de jaune d'œuf
15 g	de sel
	ajouter petit à petit
650 g	de blanc d'œuf
300 g	de sucre
	battre en neige
700 g	d'amidon de froment
100 g	de farine de froment 400
35 g	de poudre à lever
	tamiser et incorporer

Poids au litre

700 g

Poids de remplissage par pièce

500 g	de masse au beurre
80 g	d'éventail en masse à florentins*

Température de cuisson

Chaleur supérieure 200 °C
Chaleur inférieure 190 °C retombante

Finition

Saupoudrer le bord avec du sucre glace (poudre à décorer). Couper la masse à florentins encore légèrement chaude en 8 tranches et poser sur la surface.

*Eventail en masse à florentins (1 100 g)

100 g	de miel
300 g	de sucre
150 g	de beurre
150 g	de crème
	cuire à 113 °C
200 g	de pignons hachés
200 g	de pistaches hachées
	incorporer

Répartir la masse à florentins dans des cercles de 16 cm Ø et cuire en deux étapes à env. 170 °C.

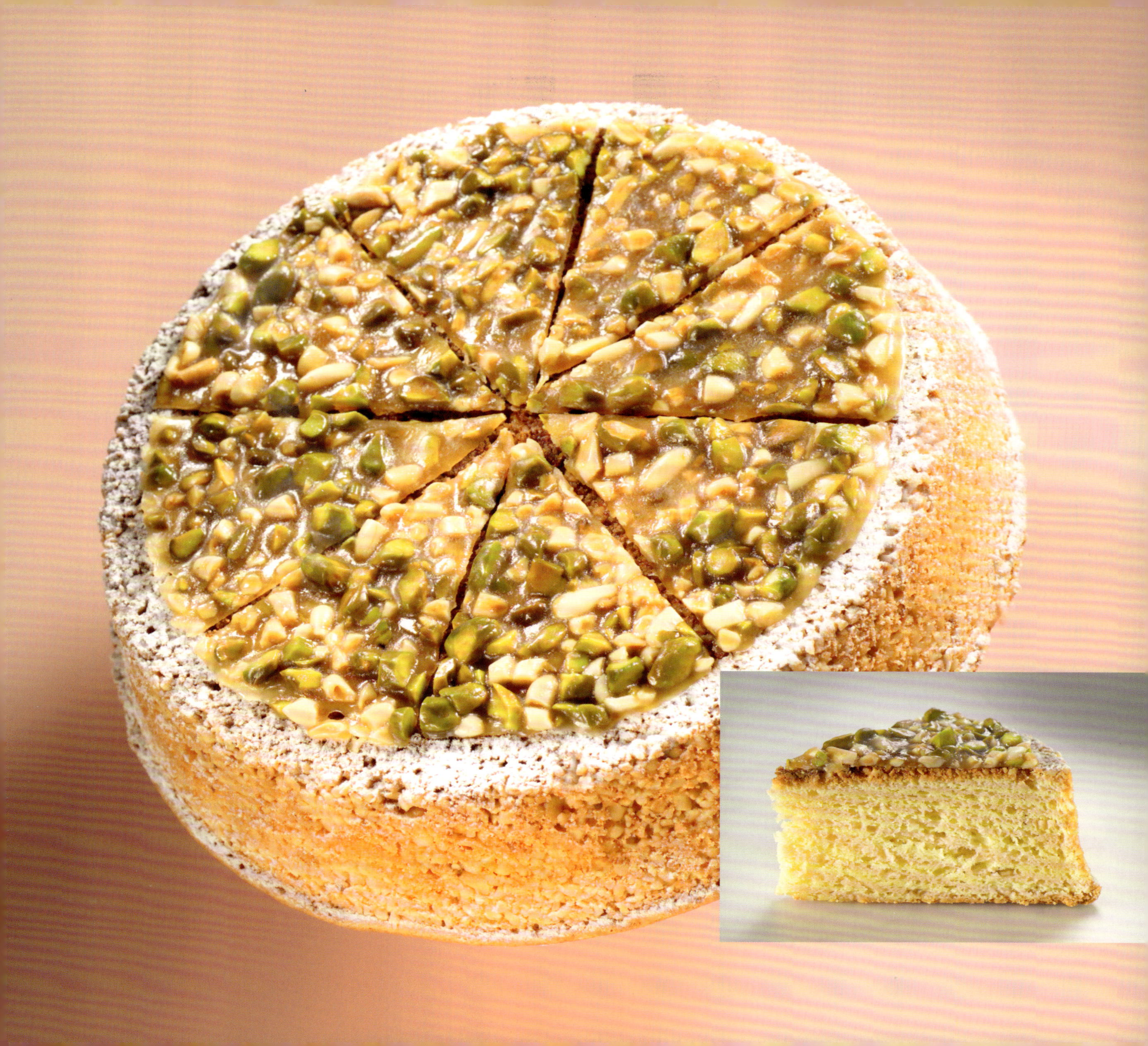

Schokokuchen Eveline
Gâteau au chocolat Eveline

Vorbereitung

(12 Margeritenformen à 18 cm ⌀)

Mit Butter ausstreichen, mit leicht gerösteten, gehobelten Mandeln und Mehl ausstreuen.

Schokoladenglasur (3 000 g)

60 g	Gelatinepulver
200 g	Wasser
	einweichen
750 g	Rahm (Sahne)
	auf 80 °C erhitzen und beigeben
200 g	Kakaoblock
550 g	Couverture dunkel
40 g	Butter
	beigeben
300 g	Wasser
900 g	Zucker
	auf 125 °C kochen, beigeben und mixen

Schokoladen-Buttermasse (8 920 g)

1250 g	Butter
1250 g	Staubzucker
650 g	Mandelmasse 1:1 (Seite 234)
20 g	Salz
	schaumig rühren
1200 g	Eier
650 g	Haselnüsse, gemahlen, geröstet
	beigeben
1250 g	Weizenmehl 400
240 g	Kakaopulver
70 g	Backpulver
	absieben und beigeben
240 g	Couverture, grob gehackt
900 g	Gianduja 1:1:1, gewürfelt
1200 g	Rotwein
	daruntermischen

Litergewicht

950 g

Einfüllgewicht je Stück

740 g	Schokoladen-Buttermasse
60 g	Schokoladenglasur

Backtemperatur

Oberhitze 190 °C
Unterhitze 190 °C
absinkend

Fertigstellen

Schokoladenglasur aufspritzen.

Hinweis
Schokoladenglasur kann im Tiefkühler auf Vorrat gelagert werden.

Préparation

(12 moules à marguerites de 18 cm ⌀)

Badigeonner de beurre et chemiser d'amandes effilées, légèrement rôties, et de farine.

Glaçure chocolat (3 000 g)

60 g	de gélatine en poudre
200 g	d'eau
	laisser tremper
750 g	de crème
	chauffer à 80 °C et ajouter
200 g	de cacao en bloc
550 g	de couverture foncée
40 g	de beurre
	ajouter
300 g	d'eau
900 g	de sucre
	cuire à 125 °C, ajouter et passer au mixeur

Masse au beurre chocolat (8 920 g)

1250 g	de beurre
1250 g	de sucre glace
650 g	de masse aux amandes 1:1 (page 234)
20 g	de sel
	battre en mousse
1200 g	d'œuf
650 g	de noisettes moulues, rôties
	ajouter
1250 g	de farine de froment 400
240 g	de cacao en poudre
70 g	de poudre à lever
	tamiser et ajouter
240 g	de couverture, grossièrement hachée
900 g	de gianduja 1:1:1, en dés
1200 g	de vin rouge
	incorporer

Poids au litre

950 g

Poids de remplissage par pièce

740 g	de masse au beurre chocolat
60 g	de glaçure chocolat

Température de cuisson

Chaleur supérieure 190 °C
Chaleur inférieure 190 °C
retombante

Finition

Garnir de glaçure chocolat avec un cornet.

Conseil
La glaçure chocolat peut être conservée en réserve au congélateur.

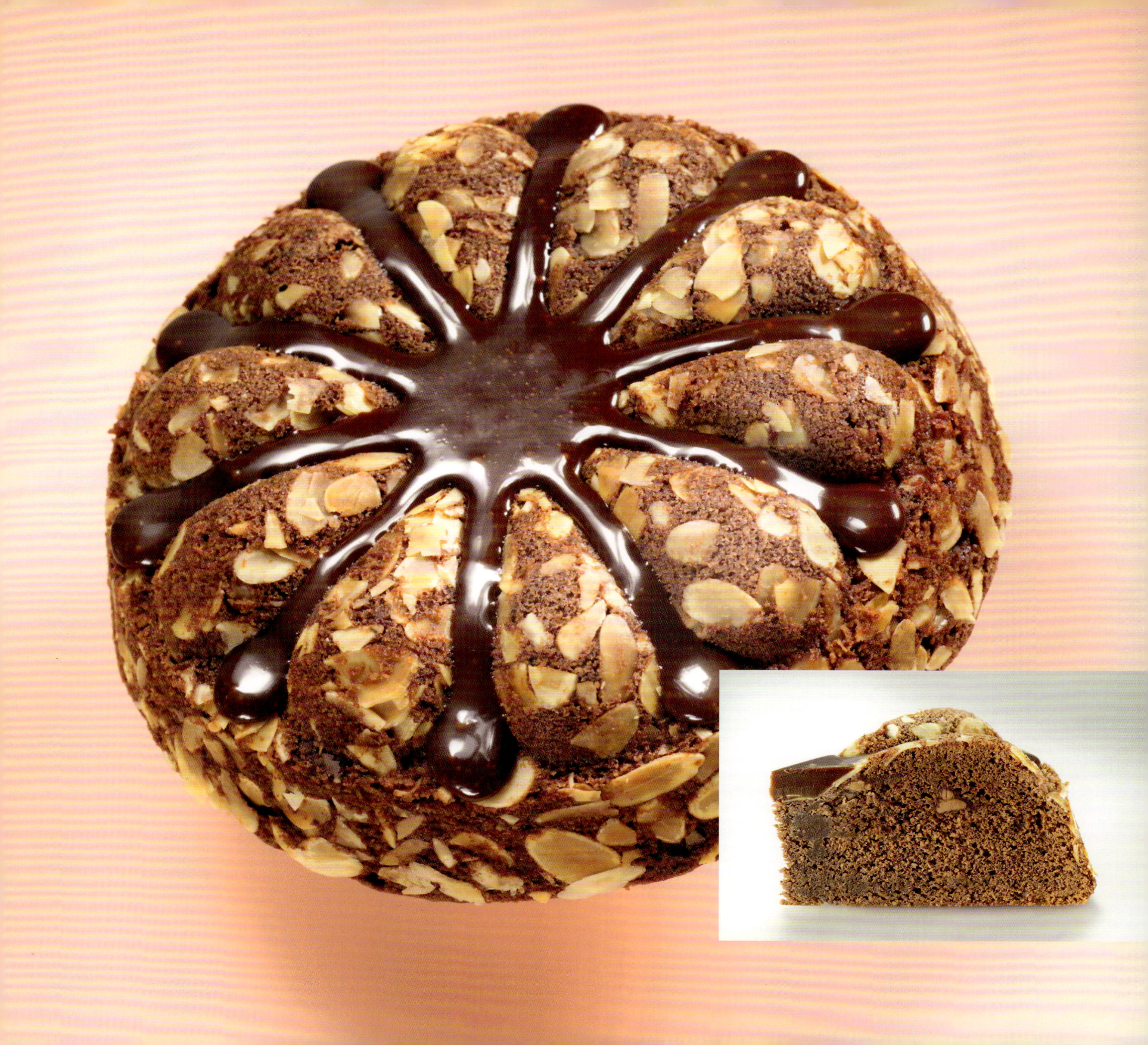

Baumnuss-Apfel-Törtchen
Petite tourte pomme et noix

Vorbereitung

(12 Ringe à 18 cm ⌀, 3 cm hoch)

Mit Butter ausstreichen und Mürbteig auslegen.

	Mürbteig 3 mm dick (Seite 239)
720 g	Mandelbiscuit 16 cm ⌀ × 1 cm (Seite 236)
2 400 g	Apfelfüllung (Seite 246)

Deckmasse (3 300 g)

300 g	Honig
500 g	Zucker
500 g	Dextrose
500 g	Butter
500 g	Rahm (Sahne)
	auf 113 °C kochen
800 g	Baumnüsse (Walnüsse)
200 g	Rice crispies (Puffreis)
	daruntermischen

Einfüllgewicht je Stück

200 g	Mürbteig
60 g	Mandelbiscuit
200 g	Apfelfüllung
250 g	Deckmasse

Herstellung

Mandelbiscuit einlegen, Apfelfüllung daraufgeben und mit Deckmasse abdecken.

Backtemperatur

Oberhitze 200 °C
Unterhitze 200 °C
absinkend

Fertigstellen

Karton 16 cm ⌀ auflegen und Rand mit Staubzucker (Puderschnee) stauben.

Préparation

(12 cercles de 18 cm ⌀ et 3 cm de haut)

Badigeonner de beurre et foncer avec de la pâte sablée.

	pâte sablée, 3 mm d'épaisseur (page 239)
720 g	de biscuit aux amandes 16 cm ⌀ × 1 cm (page 236)
2 400 g	de masse à fourrer aux pommes (page 246)

Masse à couvrir (3 300 g)

300 g	de miel
500 g	de sucre
500 g	de dextrose
500 g	de beurre
500 g	de crème
	cuire à 113 °C
800 g	de noix
200 g	de rice crispies (riz soufflé)
	incorporer

Poids de remplissage par pièce

200 g	de pâte sablée
60 g	de biscuit aux amandes
200 g	de masse à fourrer aux pommes
250 g	de masse à couvrir

Fabrication

Placer le biscuit aux amandes, étendre la masse à fourrer aux pommes par-dessus et garnir de masse à couvrir.

Température de cuisson

Chaleur supérieure 200 °C
Chaleur inférieure 200 °C
retombante

Finition

Poser un disque de carton de 16 cm ⌀ et saupoudrer le bord avec du sucre glace (poudre à décorer).

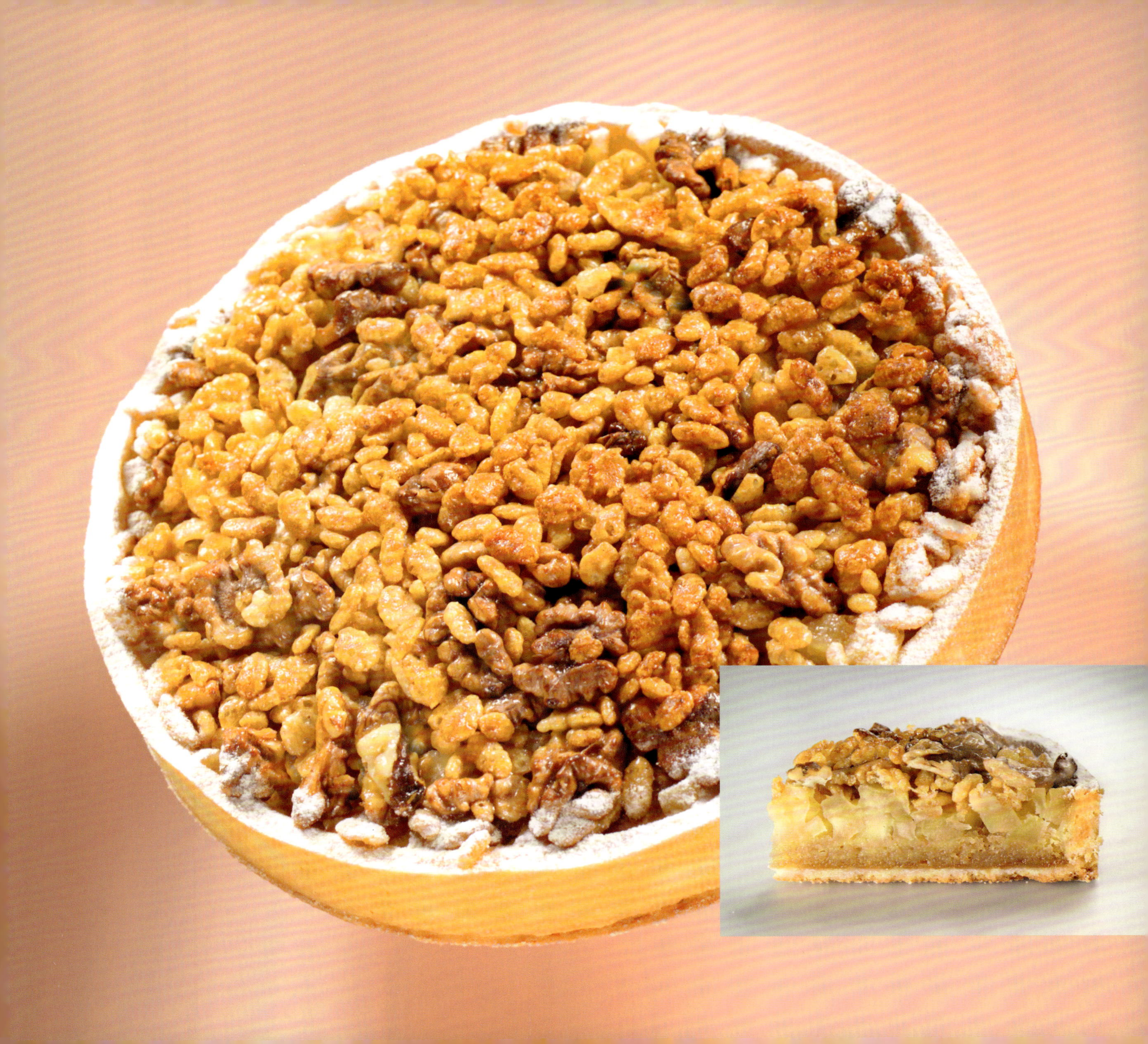

Mohnblume
Fleur de pavot

Vorbereitung
(12 Flexipan-Margeritenformen 21,5 cm ⌀, 5,7 cm hoch)

Buttermasse (7 500 g)

1 300 g	Butter
700 g	Staubzucker
25 g	Salz
60 g	Zitronenschale
15 g	Zimt
	schaumig rühren
1 200 g	Eigelb
	nach und nach beigeben
1 400 g	Eiweiss
600 g	Zucker
	zu Schnee schlagen
900 g	Haselnüsse, gemahlen
1 300 g	Mohnsamen, gewalzt
	daruntermischen

Litergewicht
700 g

Einfüllgewicht je Stück
600 g Buttermasse

Backtemperatur
Oberhitze 200 °C
Unterhitze 200 °C
absinkend

Fertigstellen
Mittelpunkt der Blume mit Aprikosenkonfitüre bestreichen, Ausstecher auflegen und Mohnsamen aufstreuen.

Préparation
(12 moules à marguerites Flexipan, 21,5 cm ⌀ et 5,7 cm de haut)

Masse au beurre (7 500 g)

1 300 g	de beurre
700 g	de sucre glace
25 g	de sel
60 g	de zeste de citron
15 g	de cannelle
	battre en mousse
1 200 g	de jaune d'œuf
	ajouter petit à petit
1 400 g	de blanc d'œuf
600 g	de sucre
	battre en neige
900 g	de noisettes moulues
1 300 g	de graines de pavot écrasées
	incorporer

Poids au litre
700 g

Poids de remplissage par pièce
600 g de masse au beurre

Température de cuisson
Chaleur supérieure 200 °C
Chaleur inférieure 200 °C
retombante

Finition
Garnir le centre de la fleur avec de la confiture d'abricots, poser un emporte-pièce et parsemer le centre de graines de pavot.

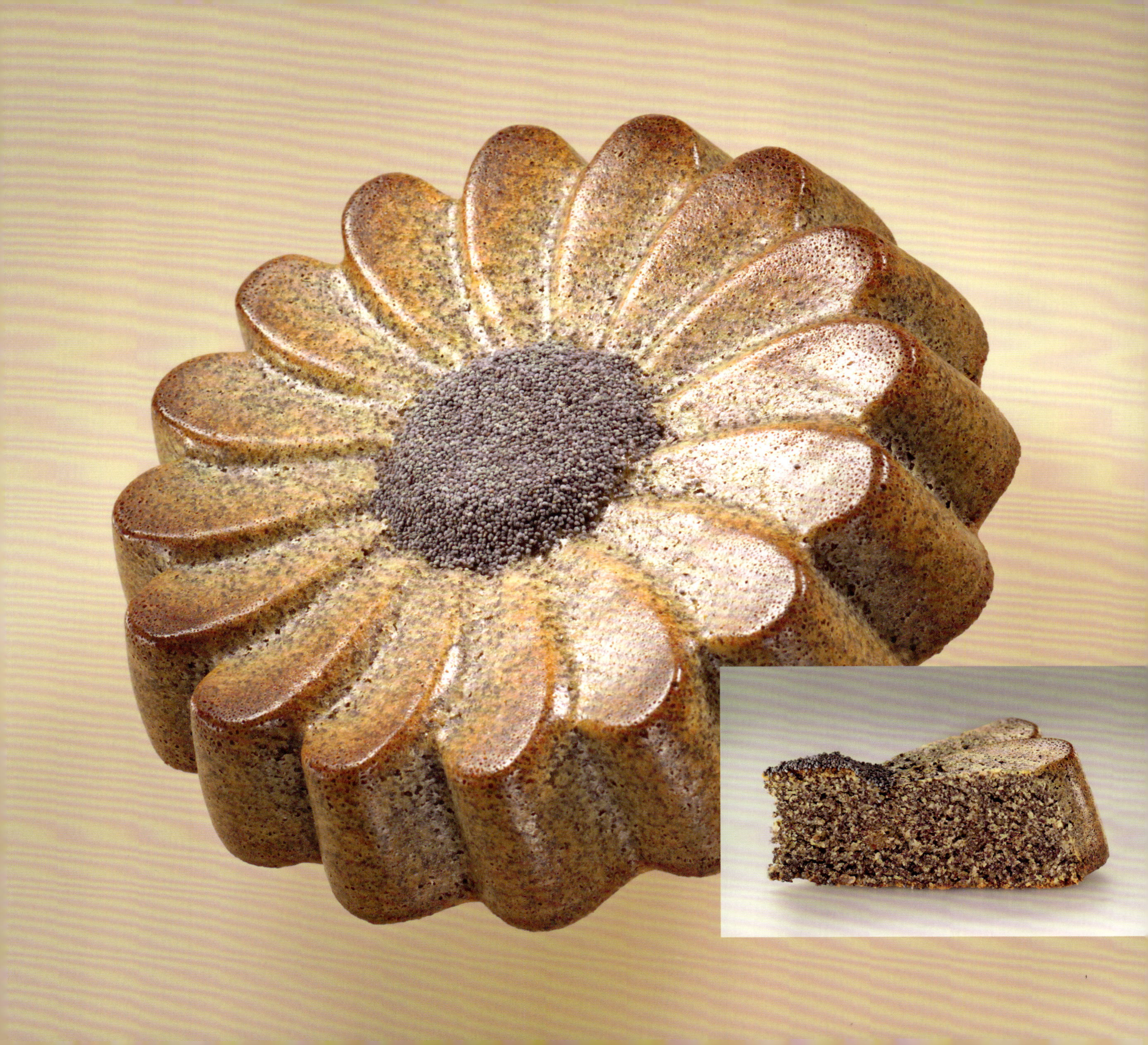

Fondant à l'orange
Fondant à l'orange

Vorbereitung
(12 Flexipan-Margeritenformen 21,5 cm ⌀, 5,7 cm hoch)

Buttermasse (8 520 g)
1 200 g Eier
1 800 g Zucker
 200 g Orangensaft
   auf 40 °C erwärmen und schaumig rühren
1 800 g Weizenmehl 400
 240 g Weizenstärke
  40 g Backpulver
   absieben und daruntermischen
1 600 g Butter, aufgelöst
  40 g Orangenschale
1 600 g Rahm (Sahne), schwach geschlagen
   darunterziehen

Litergewicht
800 g

Einfüllgewicht je Stück
 700 g Buttermasse

Backtemperatur
Oberhitze 190 °C
Unterhitze 190 °C
absinkend

Fertigstellen
Mittelpunkt der Blume mit Aprikosenkonfitüre bestreichen, Ausstecher auflegen und Knusperstreusel aufstreuen.

Préparation
(12 moules à marguerites Flexipan, 21,5 cm ⌀ et 5,7 cm de haut)

Masse au beurre (8 520 g)
1 200 g d'œuf
1 800 g de sucre
 200 g de jus d'orange
   chauffer à 40 °C et battre en mousse
1 800 g de farine de froment 400
 240 g d'amidon de froment
  40 g de poudre à lever
   tamiser et incorporer
1 600 g de beurre fondu
  40 g de zeste d'orange
1 600 g de crème, légèrement battue
   incorporer

Poids au litre
800 g

Poids de remplissage par pièce
 700 g masse au beurre

Température de cuisson
Chaleur supérieure 190 °C
Chaleur inférieure 190 °C
retombante

Finition
Garnir le centre de la fleur avec de la confiture d'abricots, poser un emporte-pièce et parsemer le centre de croquant.

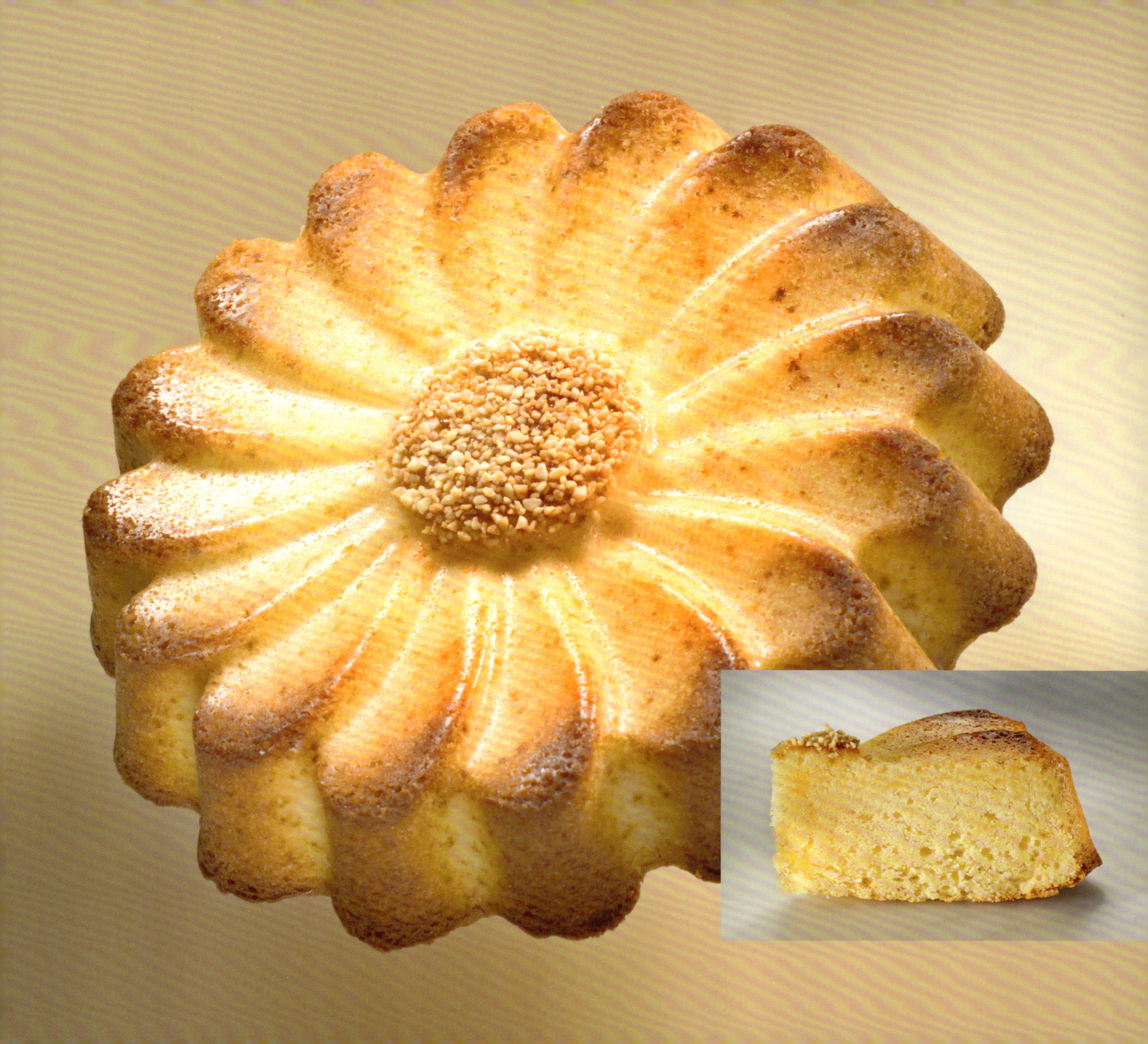

Pain de Gênes (Genueser Törtchen)
Pain de Gênes

Vorbereitung

(12 gerippte Formen 20 cm ⌀, 3 cm hoch)

Mit Butter ausstreichen und Mehl ausstreuen.

Buttermasse (4 770 g)

480 g	Eigelb
25 g	Zitronenschale
15 g	Salz
	mixen
500 g	Butter
	auf 80 °C erhitzen und beigeben
200 g	Curaçao (40 % Vol.)
200 g	Rum (40 % Vol.)
	beigeben
720 g	Eiweiss
1 100 g	Zucker
	zu Schnee schlagen
950 g	Mandeln weiss, fein gerieben
500 g	Weizenstärke
80 g	Weizenmehl 400
	daruntermischen

Litergewicht

750 g

Einfüllgewicht je Stück

380 g Buttermasse

Backtemperatur

Oberhitze 200 °C
Unterhitze 200 °C
absinkend

Fertigstellen

Oberfläche aprikotieren, Ring 14 cm ⌀ auflegen und Orangenzesten (Seite 39) aufstreuen. Anschliessend Karton 14 cm ⌀ auflegen und Rand mit Staubzucker (Puderschnee) stauben.

Préparation

(12 moules cannelés de 20 cm ⌀ et 3 cm de haut)

Badigeonner avec du beurre et chemiser avec de la farine.

Masse au beurre (4 770 g)

480 g	de jaune d'œuf
25 g	de zeste de citron
15 g	de sel
	passer au mixeur
500 g	de beurre
	chauffer à 80 °C et ajouter
200 g	de curaçao (40 % vol.)
200 g	de rhum (40 % vol.)
	ajouter
720 g	de blanc d'œuf
1 100 g	de sucre
	battre en neige
950 g	d'amandes blanches, finement râpées
500 g	d'amidon de froment
80 g	de farine de froment 400
	incorporer

Poids au litre

750 g

Poids de remplissage par pièce

380 g de masse au beurre

Température de cuisson

Chaleur supérieure 200 °C
Chaleur inférieure 200 °C
retombante

Finition

Abricoter la surface, placer un cercle de 14 cm ⌀ et garnir de zestes d'orange (page 39). Poser ensuite un disque de carton de 14 cm ⌀ et saupoudrer le bord avec du sucre glace (poudre à décorer).

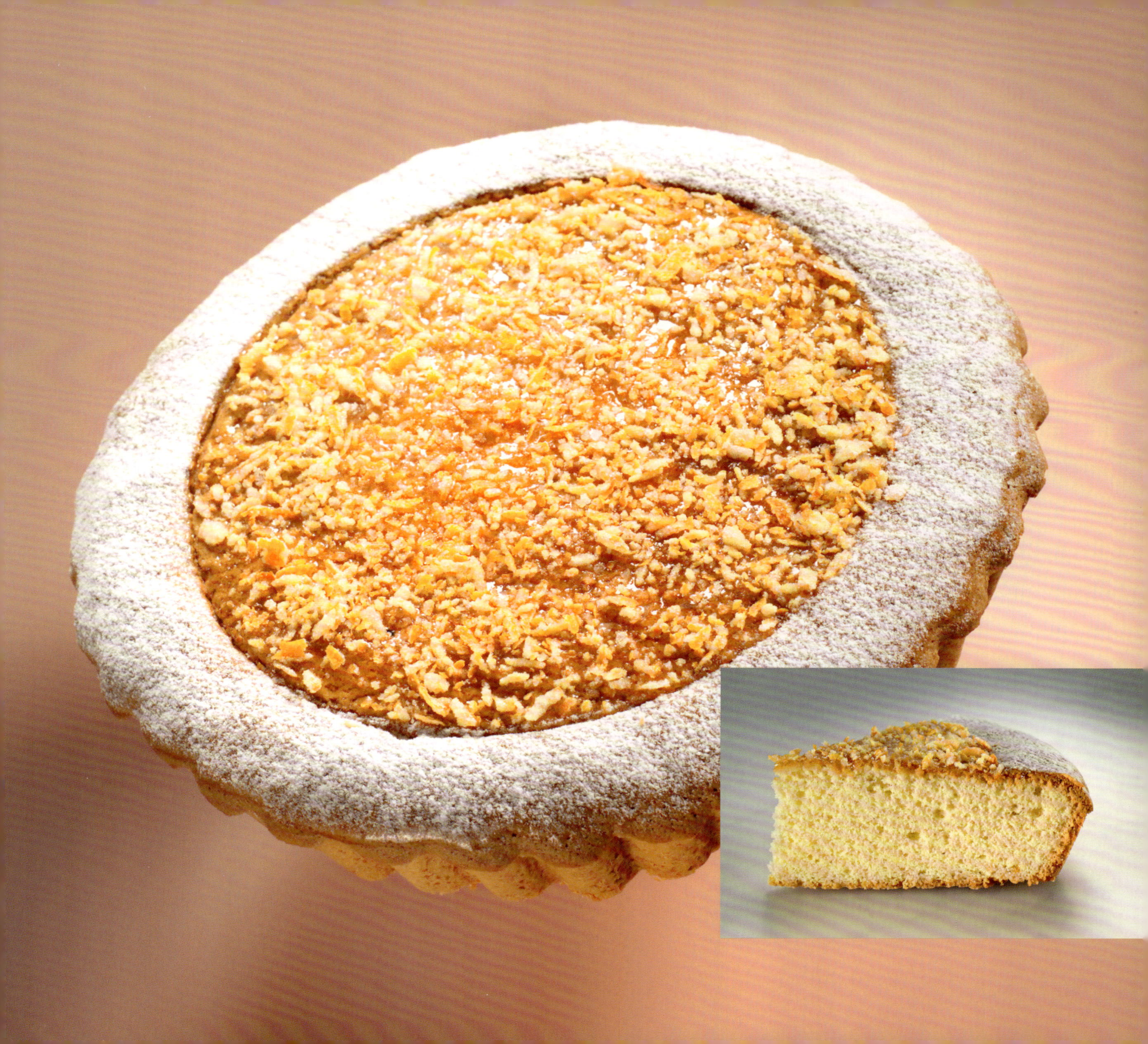

Genueser Erdbeertörtchen
Petite génoise à la fraise

Vorbereitung
(5 Flexipanformen à 24 Stück à 8 cm ⌀)

Buttermasse (4 770 g)
(Seite 100)

Orangensirup (2 400 g)
800 g   Sirup 30 °Bé
1 600 g   Orangensaft

Einfüllgewicht je Stück
40 g   Buttermasse
20 g   Orangensirup
30 g   Erdbeeren

Fertigstellen
Oberfläche mit Orangensirup befeuchten, Rand mit Staubzucker (Puderschnee) stauben, Erdbeeren auflegen und gelieren.

Préparation
(5 moules Flexipan à 24 pièces de 8 cm ⌀)

Masse au beurre (4 770 g)
(Page 100)

Sirop d'orange (2 400 g)
800 g   de sirop 30 °Bé
1 600 g   de jus d'orange

Poids de remplissage par pièce
40 g   de masse au beurre
20 g   de sirop d'orange
30 g   de fraises

Finition
Mouiller la surface avec du sirop d'orange, saupoudrer le bord avec du sucre glace (poudre à décorer), placer les fraises et les garnir de gelée.

Genueser Schoko-Bananen-Törtchen
Petite génoise choco-banane

Vorbereitung
(5 Flexipanformen oval à
24 Stück à 8×6 cm)

Buttermasse (4770 g)
(Seite 100)
  500 g Weizenstärke
ersetzen durch:
  430 g Weizenstärke
   70 g Kakaopulver

Rumsirup (2400 g)
  800 g Sirup 30°Bé
  800 g Rum (40 % Vol.)
  800 g Wasser

Einfüllgewicht je Stück
   40 g Schokoladen-
         Buttermasse
   20 g Rumsirup
   16 g Bananen

Fertigstellen
Oberfläche mit Rumsirup befeuchten, Bananen auflegen, gelieren und gehackte Pistazien aufstreuen.

Hinweis
Bananenscheiben für Dekor kurz in 10 %-igem Zitronenwasser wenden.

Préparation
(5 moules Flexipan à 24 pièces de 8×6 cm)

Masse au beurre (4770 g)
(Page 100)
  500 g d'amidon de froment
à remplacer par:
  430 g d'amidon de froment
   70 g de cacao en poudre

Sirop au rhum (2400 g)
  800 g de sirop 30°Bé
  800 g de rhum (40 % vol.)
  800 g d'eau

Poids de remplissage par pièce
   40 g de masse au beurre
         chocolat
   20 g de sirop au rhum
   16 g de banane

Finition
Mouiller la surface avec du sirop au rhum, y placer des bananes, les garnir de gelée et saupoudrer de pistaches hachées.

Conseil
Tourner les tranches de banane pour le décor dans une solution d'eau citronnée à 10 %.

Kirschen-Pudding
Pudding aux cerises

Vorbereitung
(12 Kuchenformen 20 cm ⌀, 4 cm hoch)
Mit Butter ausstreichen und Paniermehl ausstreuen.

Zopfmasse (2 500 g)
- 750 g Zopf, gestückelt, getrocknet
- 1 500 g Milch
- 250 g Zucker
  über Nacht einweichen

Buttermasse (9 965 g)
- 600 g Butter
- 200 g Zucker
- 600 g Mandeln, gemahlen, geröstet
- 600 g Haselnüsse, gemahlen, geröstet
- 25 g Zitronenschale
- 20 g Salz
- 20 g Zimt
  schaumig rühren
- 500 g Eigelb
- 2 500 g Zopfmasse
  während dem Schaumigrühren beigeben
- 3 600 g Kirschen, entsteint, inkl. Saft
  daruntermischen
- 800 g Eiweiss
- 300 g Zucker
- 200 g Weizenstärke
  zu Schnee schlagen und in 2 Intervallen daruntermischen

Litergewicht
800 g

Einfüllgewicht je Stück
820 g Buttermasse

Backtemperatur
Oberhitze 190 °C
Unterhitze 190 °C
absinkend

Fertigstellen
Schablone auflegen und mit Staubzucker (Puderschnee) stauben. Temperierte Couverture auf Plastikfolie streichen, kurz vor dem Erstarren Plättchen von 9 cm ⌀ ausstechen, mit hellgrüner und kirschfarbiger Eiweissspritzglasur garnieren.

Hinweis
Anstelle von getrocknetem Zopf kann auch ein helles Paniermehl eingesetzt werden. Wenn der Zopf nicht ganz trocken ist, wird die Milchmenge entsprechend reduziert.
Gefrorene Kirschen sollten vor dem Beigeben vollständig aufgetaut sein.

Préparation
(12 moules à gâteaux de 20 cm ⌀ et 4 cm de haut)
Badigeonner avec du beurre et chemiser avec de la panure.

Masse à tresse (2 500 g)
- 750 g de tresse sèche, en morceaux
- 1 500 g de lait
- 250 g de sucre
  laisser tremper une nuit

Masse au beurre (9 965 g)
- 600 g de beurre
- 200 g de sucre
- 600 g d'amandes moulues, rôties
- 600 g de noisettes moulues, rôties
- 25 g de zeste de citron
- 20 g de sel
- 20 g de cannelle
  battre en mousse
- 500 g de jaune d'œuf
- 2 500 g de masse à tresse
  ajouter pendant le battage
- 3 600 g de cerises dénoyautées, avec le jus
  incorporer
- 800 g de blanc d'œuf
- 300 g de sucre
- 200 g d'amidon de froment
  battre en neige et incorporer en deux fois

Poids au litre
800 g

Poids de remplissage par pièce
820 g de masse au beurre

Température de cuisson
Chaleur supérieure 190 °C
Chaleur inférieure 190 °C
retombante

Finition
Poser un chablon et saupoudrer de sucre glace (poudre à décorer). Etaler de la couverture tempérée sur une feuille plastique, emporter des plaquettes de 9 cm ⌀ juste avant que la couverture ne durcisse, garnir avec de la glace royale de couleur verte et cerise.

Conseil
A la place de tresse sèche, il est aussi possible d'utiliser de la panure claire. Si la tresse n'est pas complètement sèche, la quantité de lait sera réduite en conséquence.
Les cerises congelées doivent être entièrement dégelées avant de les ajouter.

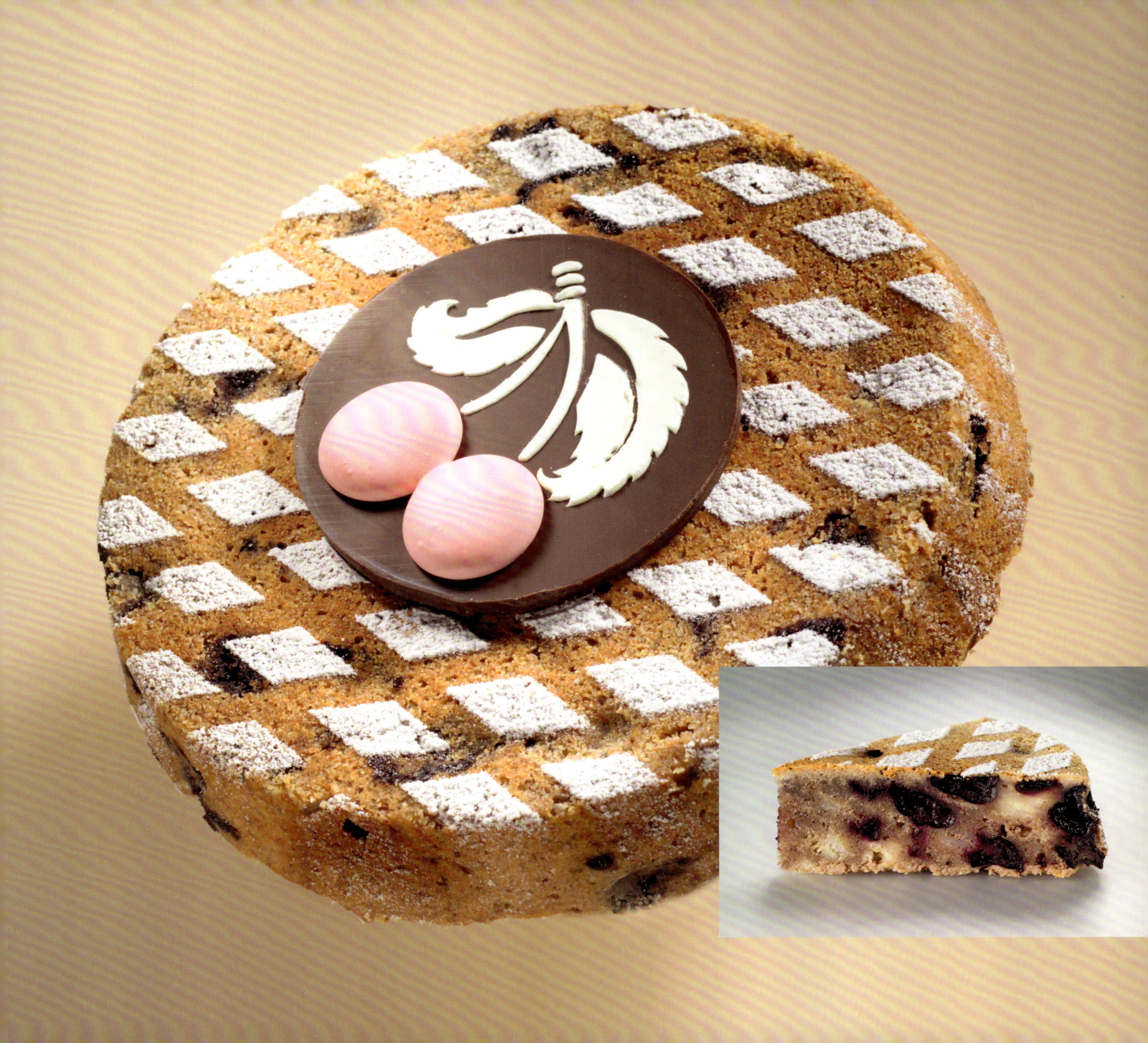

Zürcher Pfarrhaus-Törtchen
Petite tourte de la cure de Zurich

Vorbereitung

(12 Aluformen à 18 cm ⌀)

Mit Butter ausstreichen und geriebenem Teig auslegen.

	geriebener Teig 2 mm dick (Seite 238)
36	Stück Äpfel, klein (Maigold)

Füllmasse (3 460 g)

1 100 g	Haselnüsse, gemahlen
1 100 g	Äpfel (Maigold), grob geraffelt
700 g	Eier
350 g	Zucker
150 g	Vanillezucker
40 g	Zitronenschale
15 g	Salz
5 g	Zimt
	zusammenmischen

Einfüllgewicht je Stück

160 g	geriebener Teig
280 g	Füllmasse
175 g	Äpfel
30 g	Himbeerkonfitüre

Herstellung

Füllmasse in die Formen verteilen, je 6 halbe, in dünne Tranchen geschnittene Äpfel auflegen und Himbeerkonfitüre aufdressieren.

Backtemperatur

Oberhitze	200 °C
Unterhitze	200 °C
absinkend	

Fertigstellen

Nach dem Auskühlen Oberfläche mit Staubzucker (Puderschnee) stauben und Äpfel gelieren.

Préparation

(12 moules aluminium de 18 cm ⌀)

Badigeonner de beurre et foncer avec de la pâte brisée.

	pâte brisée, 2 mm d'épaisseur (page 238)
36	petites pommes (Maigold)

Masse à fourrer (3 460 g)

1 100 g	de noisettes moulues
1 100 g	de pommes (Maigold), grossièrement râpées
700 g	d'œuf
350 g	de sucre
150 g	de sucre vanillé
40 g	de zeste de citron
15 g	de sel
5 g	de cannelle
	mélanger ensemble

Poids de remplissage par pièce

160 g	de pâte brisée
280 g	de masse à fourrer
175 g	de pommes
30 g	de confiture de framboises

Fabrication

Répartir la masse à fourrer dans les moules, poser 6 demi-pommes coupées en fines tranches et dresser la confiture de framboises.

Température de cuisson

Chaleur supérieure	200 °C
Chaleur inférieure	200 °C
retombante	

Finition

Après refroidissement, saupoudrer la surface avec du sucre glace (poudre à décorer) et garnir les pommes de gelée.

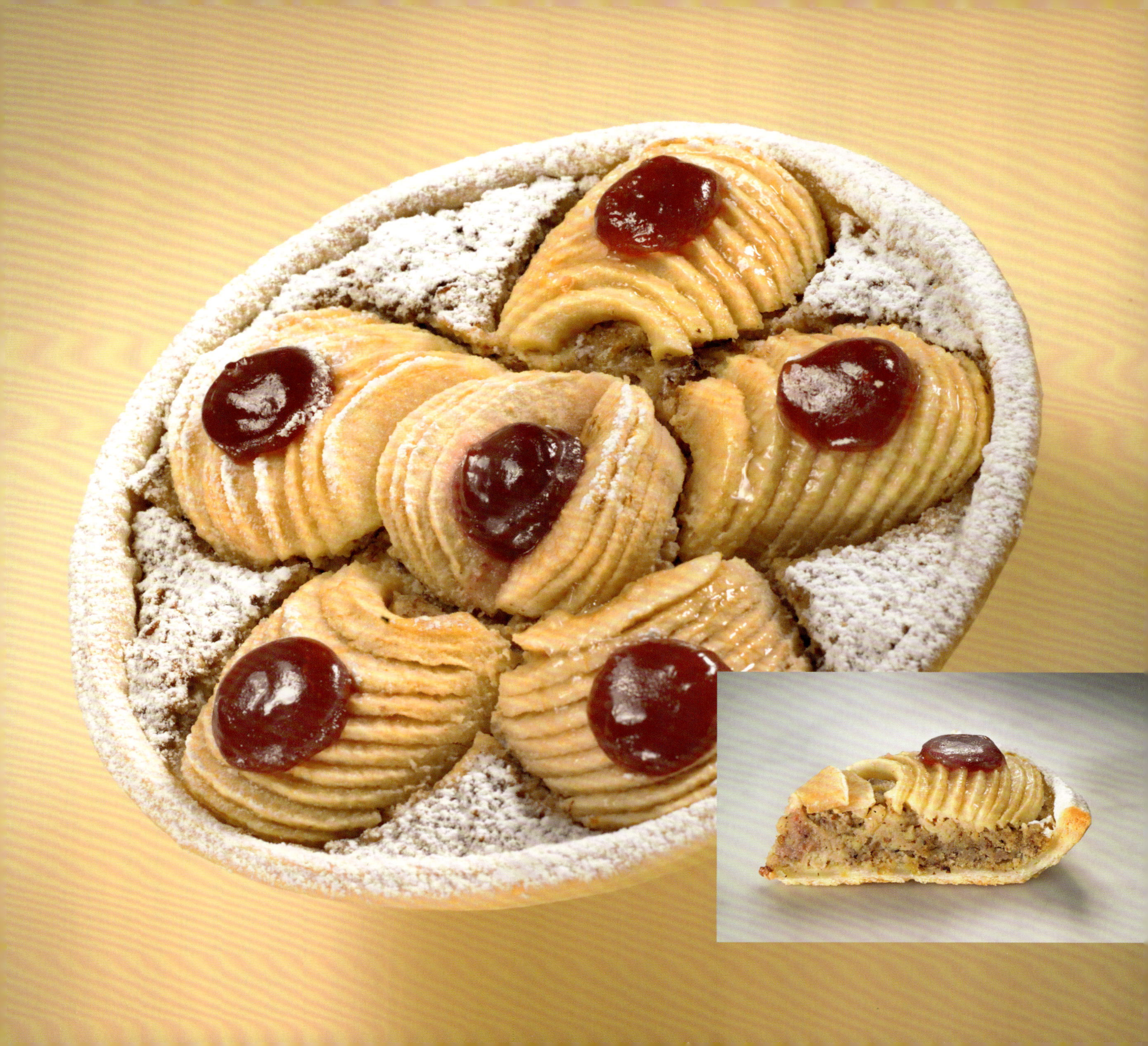

Birnen-Caramel
Poires caramel

Vorbereitung
(12 Kuchenformen 20 cm ⌀, 4 cm hoch)

Rand mit Butter ausstreichen.

4 800 g	Birnenschnitze, geschält
3 600 g	Baumnussbiscuitmasse (Seite 236)

Caramelsauce (1 220 g)

450 g	Zucker *schmelzen*
250 g	Wasser heiss *beigeben*
300 g	Butter
100 g	Glucosesirup
100 g	Honig
20 g	Vanillezucker *daruntermischen*

Einfüllgewicht je Stück
80 g Caramelsauce
400 g Birnenschnitze
300 g Baumnussbiscuitmasse

Herstellung
Caramelsauce in die Form giessen, Birnenschnitze satt einlegen und ca. 20 Minuten im Ofen weich kochen (der austretende Saft soll verdampft sein). Anschliessend Baumnussbiscuitmasse darauf verteilen und fertig backen.

Backtemperatur
Oberhitze 190 °C
Unterhitze 200 °C

Fertigstellen
Nach dem Backen drehen und restliche Caramelsauce auf die Oberfläche streichen.

Préparation
(12 moules à gâteaux de 20 cm ⌀ et 4 cm de haut)

Badigeonner le bord avec du beurre.

4 800 g	de tranches de poires pelées
3 600 g	de masse à biscuit aux noix (page 236)

Sauce caramel (1 220 g)

450 g	de sucre *faire fondre*
250 g	d'eau bouillante *ajouter*
300 g	de beurre
100 g	de sirop de glucose
100 g	de miel
20 g	de sucre vanillé *incorporer*

Poids de remplissage par pièce
80 g de sauce caramel
400 g de tranches de poires
300 g de masse à biscuit aux noix

Fabrication
Couler la sauce caramel dans les moules, placer les tranches de poires bien serrées et cuire env. 20 minutes au four jusqu'à ce que les poires soient tendres (le jus doit s'être évaporé). Y répartir ensuite la masse à biscuit aux noix et terminer la cuisson.

Température de cuisson
Chaleur supérieure 190 °C
Chaleur inférieure 200 °C

Finition
Retourner après la cuisson et badigeonner la surface avec le reste de la sauce caramel.

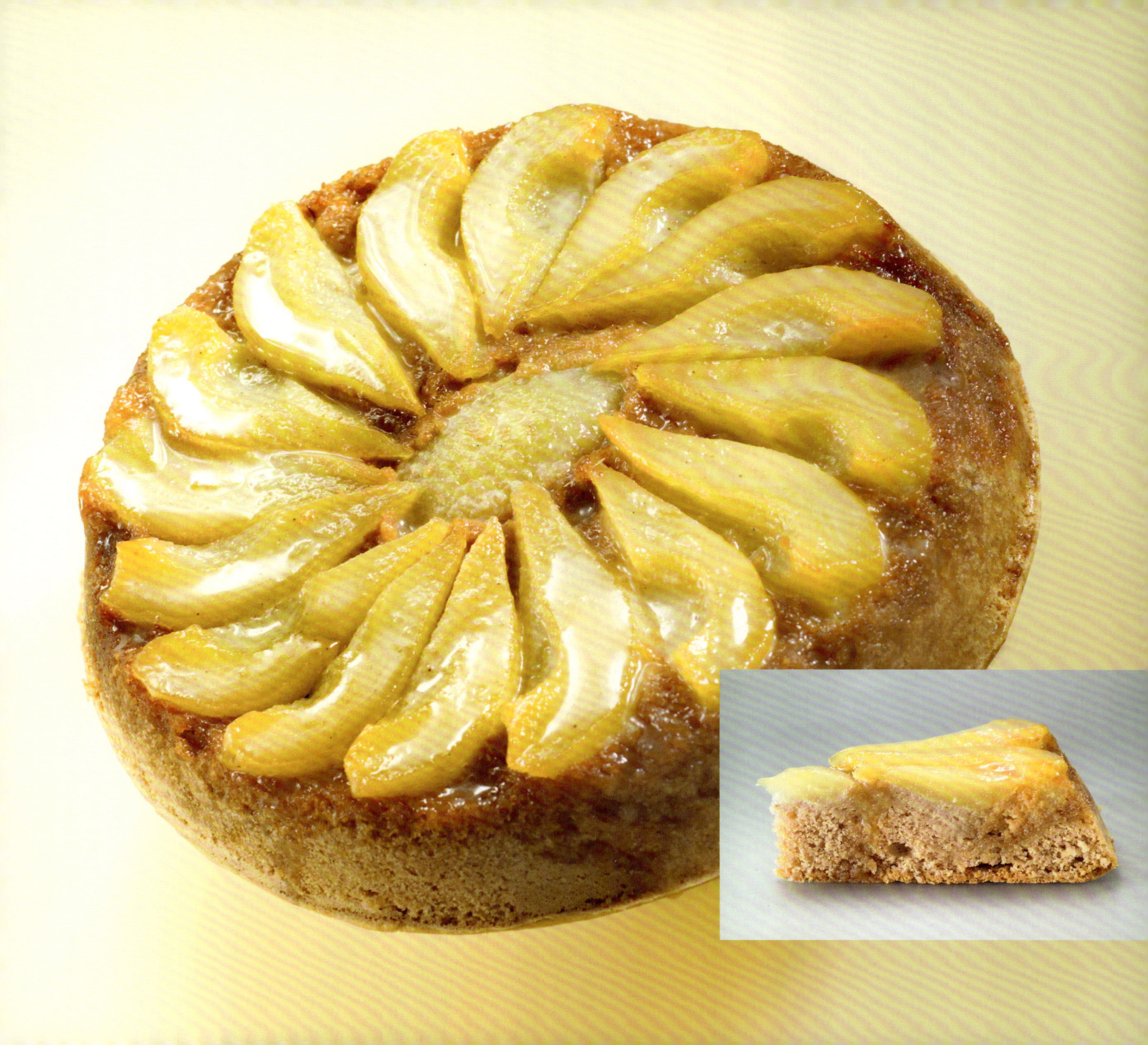

Engadiner Nusstorte
Tourte aux noix de l'Engadine

Vorbereitung

(12 Ringe 18 cm ⌀, 3 cm hoch)

Mit Butter ausstreichen, Boden und Rand mit Nusstortenteig 4,5 mm dick auslegen.

(12 Ringe 16 cm ⌀, 1,5 cm hoch)

Mit Butter ausstreichen.

Nusstortenteig (4 515 g)

1 500 g	Butter
600 g	Staubzucker
100 g	Rahm (Sahne)
15 g	Salz
	mischen
200 g	Cremepulver
2 100 g	Weizenmehl 400
	mischen und beigeben

Nusstortenfüllung (4 990 g)

450 g	Zucker
400 g	Dextrose
	schmelzen
400 g	Milch
900 g	Butter
400 g	Honig
900 g	Glucose
25 g	Vanillezucker
15 g	Salz
	auf 85 °C erwärmen, beigeben und zusammen auf 117 °C kochen
1 500 g	Baumnüsse (Walnüsse)
	einmal durch die 7 mm geöffnete Walze lassen und beigeben (feine Teile aussieben)

Einfüllgewicht je Stück

370 g	Nusstortenteig
330 g	Nusstortenfüllung

Herstellung

Nusstortenfüllung in Ringe à 16 cm ⌀ auf Silikonpapier abfüllen und tiefkühlen. Die gefrorene Nusstortenfüllung in die ausgelegten Ringe à 18 cm ⌀ einlegen, mit Teigdeckel abdecken. Oberfläche stupfen und Rand mit Kneifer-Rädchen rillen.

Backtemperatur

Oberhitze 220 °C
Unterhitze 215 °C

Hinweis
Kurz nach dem Backen drehen und auf Karton auskühlen lassen, damit die Oberfläche flach bleibt.

Préparation

(12 cercles de 18 cm ⌀ et 3 cm de haut)

Badigeonner de beurre et foncer le fond et le bord avec de la pâte de 4,5 mm d'épaisseur pour tourte aux noix.

(12 cercles de 16 cm ⌀ et 1,5 cm de haut)

Badigeonner de beurre.

Pâte pour tourte aux noix (4 515 g)

1 500 g	de beurre
600 g	de sucre glace
100 g	de crème
15 g	de sel
	mélanger
200 g	de poudre pour crème
2 100 g	de farine de froment 400
	mélanger et ajouter

Masse à fourrer aux noix (4 990 g)

450 g	de sucre
400 g	de dextrose
	faire fondre
400 g	de lait
900 g	de beurre
400 g	de miel
900 g	de glucose
25 g	de sucre vanillé
15 g	de sel
	chauffer à 85 °C, ajouter et cuire ensemble à 117 °C
1 500 g	de noix
	passer une fois à la broyeuse, avec un écartement des rouleaux à 7 mm, (tamiser pour retirer les parties les plus fines) et ajouter

Poids de remplissage par pièce

370 g	de pâte pour tourte aux noix
330 g	de masse à fourrer aux noix

Fabrication

Placer les cercles de 16 cm ⌀ sur du papier silicone, y répartir la masse à fourrer aux noix et les congeler. Foncer les cercles de 18 cm ⌀ avec la pâte pour tourte aux noix et y déposer la masse à fourrer aux noix congelée, puis recouvrir avec un disque de pâte. Piquer la surface et marquer le bord avec une roulette cannelée.

Température de cuisson

Chaleur supérieure 220 °C
Chaleur inférieure 215 °C

Conseil
Après la cuisson, retourner après quelques instants et laisser refroidir sur un carton, afin que la surface reste bien lisse.

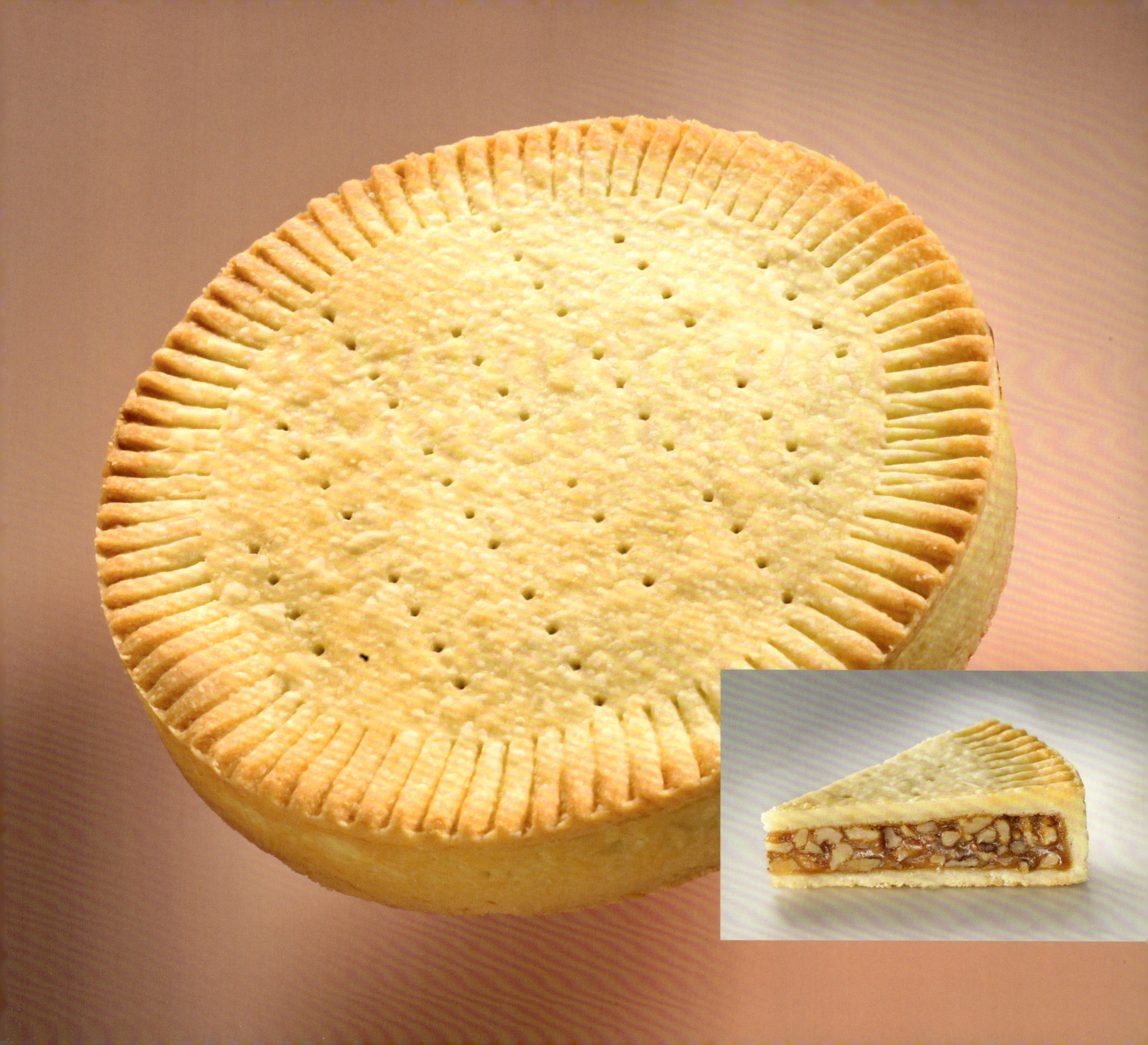

Schokoladen-Baumnuss-Schnitten
Tranche chocolat et noix

Vorbereitung
(2 Alurahmen 24 × 44 cm)

Einfüllgewicht je Stück

1 100 g Nusstortenteig,
 4 mm dick
 (Seite 110)
1 700 g Nusstortenfüllung
 (Seite 110)

Fertigstellen
Nach dem Auskühlen in Schnitten 7 × 4 cm schneiden, helle Couverture-Plättchen 7,1 × 3,6 cm zuschneiden, halbe Baumnuss (Walnuss) mit Couverture-Tupfen ankleben.

Préparation
(2 cadres aluminium de 24 × 44 cm)

Poids de remplissage par pièce

1 100 g de pâte pour tourte
 aux noix,
 4 mm d'épaisseur
 (page 110)
1 700 g de masse à fourrer
 aux noix
 (page 110)

Finition
Après refroidissement, couper en tranches de 7 × 4 cm, garnir de plaquettes de couverture claire de 7,1 × 3,6 cm pré-découpées, fixer un demi-cerneau de noix avec un point de couverture.

Powerstängel
Barre Power

Vorbereitung
(2 Alurahmen 24 × 44 cm)

Füllung (2 630 g)

800 g	Mandelmasse 1:1 (Seite 234)
400 g	Birnenfüllung (Seite 86)
400 g	Datteln, gestückelt
400 g	Feigen, gestückelt
400 g	Baumnüsse (Walnüsse), gehackt
200 g	Mandeln, gehobelt
20 g	Zitronenschale
10 g	Salz

zusammenmischen

Einfüllgewicht je Stück

1 100 g Nusstortenteig, 4 mm dick
1 300 g Füllung

Fertigstellen

Auf Silpain-Backmatte gebackene, strukturierte Unterseite als Oberfläche verwenden, in Stängel von 7 × 4 cm schneiden.

Préparation
(2 cadres aluminium de 24 × 44 cm)

Masse à fourrer (2 630 g)

800 g	de masse aux amandes 1:1 (page 234)
400 g	de masse aux poires (page 86)
400 g	de dattes en morceaux
400 g	de figues en morceaux
400 g	de noix hachées
200 g	d'amandes effilées
20 g	de zeste de citron
10 g	de sel

mélanger ensemble

Poids de remplissage par pièce

1 100 g de pâte pour tourte aux noix, 4 mm d'épaisseur
1 300 g de masse à fourrer

Finition

Cuire sur des nattes de cuisson Silpain et utiliser le fond structuré comme partie supérieure (surface), puis couper en tranches de 7 × 4 cm.

Saisonale Varianten
Variantes de saison

116	118	120	122	124
125	126	127	128	129
130	132	134	136	138
140	142	144		

115

Dreikönigstörtchen
Petite tourte des Rois

Vorbereitung
(12 Kuchenformen 20 cm ⌀, 4 cm hoch)

Mit Butter ausstreichen und Mürbteig einlegen.

    Mürbteig 2,5 mm dick (Seite 239)

Buttermasse (7 930 g)

1 300 g	Butter
3 200 g	Mandelmasse 1:1 (Seite 234)
20 g	Salz
30 g	Zitronenschale
	schaumig rühren
1 300 g	Eier
250 g	Milch
1 000 g	Weizenmehl 400
30 g	Backpulver
	abwechselnd beigeben
300 g	Mandeln, gehobelt, geröstet
500 g	Sultaninen, gewaschen
	daruntermischen

Pistazien-Makronen-Masse (2 100 g)

600 g	Mandeln weiss, gemahlen
300 g	Pistazien, gemahlen
300 g	Eiweiss
150 g	Dextrose
750 g	Zucker
	zusammenmixen

Litergewicht
930 g

Einfüllgewicht je Stück
200 g Mürbteig
650 g Buttermasse

Backtemperatur
Oberhitze   190 °C
Unterhitze   190 °C
absinkend

Fertigstellen
Aus Pistazien-Makronen-Masse mit Kammtülle 96 Dekor (12 davon mit Königsfigur) auf Silikonpapier dressieren, über Nacht antrocknen lassen, dann abflämmen. Oberfläche des Kuchens aprikotieren, mit Hagelzucker, Pistazien-Dekorationen und Königskrone garnieren.

Préparation
(12 moules à gâteaux de 20 cm ⌀ et 4 cm de haut)

Badigeonner avec du beurre et foncer avec de la pâte sablée.

    pâte sablée, 2,5 mm d'épaisseur (page 239)

Masse au beurre (7 930 g)

1 300 g	de beurre
3 200 g	de masse aux amandes 1:1 (page 234)
20 g	de sel
30 g	de zeste de citron
	battre en mousse
1 300 g	d'œuf
250 g	de lait
1 000 g	de farine de froment 400
30 g	de poudre à lever
	ajouter alternativement
300 g	d'amandes effilées, rôties
500 g	de raisins sultans, lavés
	incorporer

Masse à macarons pistache (2 100 g)

600 g	d'amandes blanches, moulues
300 g	de pistaches moulues
300 g	de blanc d'œuf
150 g	de dextrose
750 g	de sucre
	mélanger ensemble au mixeur

Poids au litre
930 g

Poids de remplissage par pièce
200 g de pâte sablée
650 g de masse au beurre

Température de cuisson
Chaleur supérieure 190 °C
Chaleur inférieure 190 °C
retombante

Finition
Dresser 96 décors (dont 12 avec une fève) en masse à macarons pistache sur un papier silicone avec une douille cannelée. Laisser sécher une nuit, puis flamber. Abricoter la surface du gâteau, décorer avec du sucre grêle et garnir avec les décors dressés pistache et une couronne des rois.

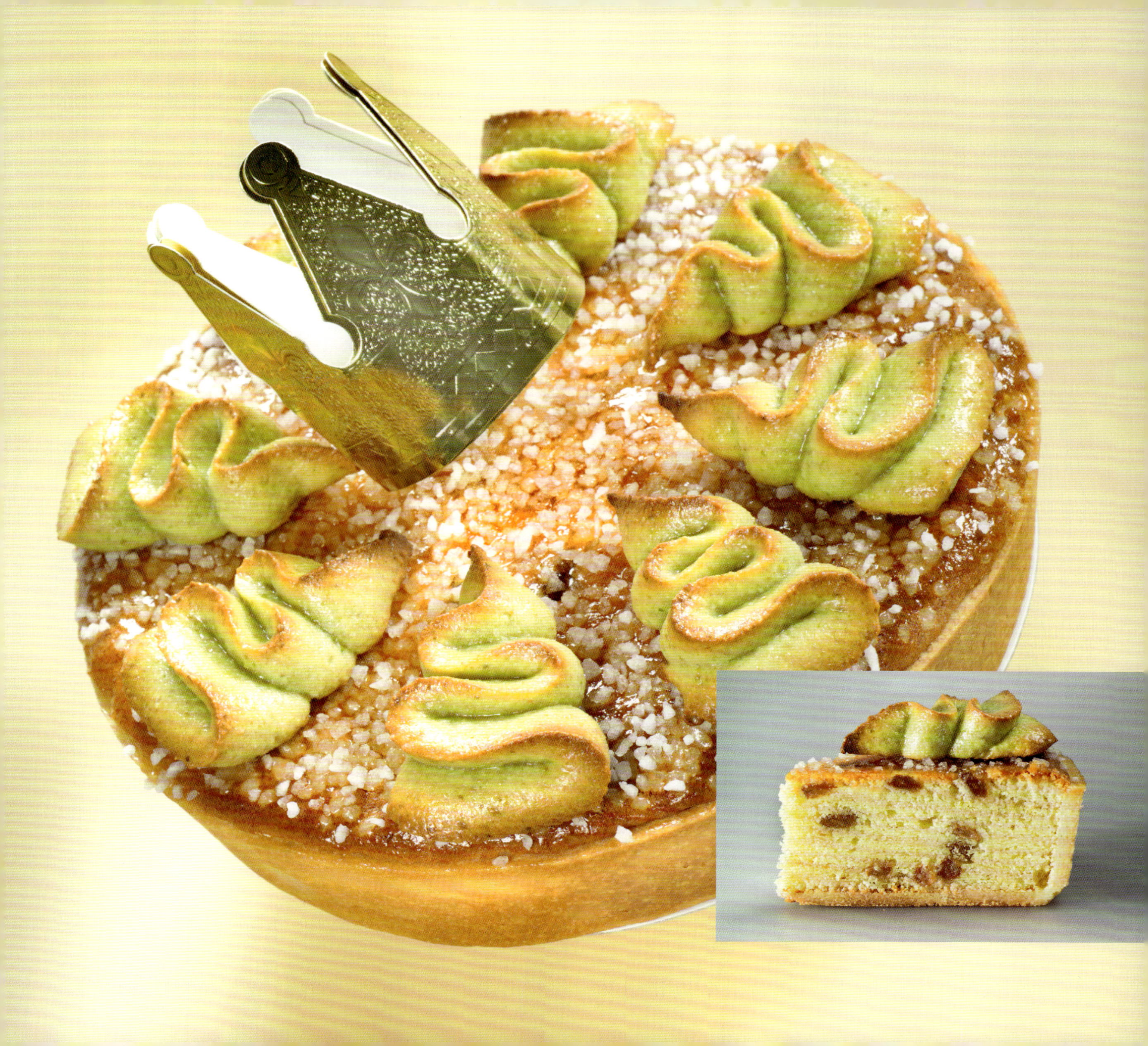

Valentins-Törtchen
Petite tourte de St-Valentin

Vorbereitung
(12 Flexipan-Margeritenformen
21 cm ⌀, 5,7 cm hoch)
12 Rosen kandiert*

Buttermasse (8 480 g)

1 000 g	Eigelb
50 g	Zitronenschale
30 g	Salz
	im Mixer emulgieren
1 000 g	Butter
	auf 80 °C erhitzen und langsam beigeben
400 g	Rosenwasser
	beigeben
1 400 g	Eiweiss
2 200 g	Zucker
	zu Schnee schlagen
1 600 g	Mandeln weiss, fein gerieben
600 g	Weizenstärke
200 g	Weizenmehl 400
	daruntermischen

Litergewicht
750 g

Einfüllgewicht je Stück
700 g Buttermasse

Backtemperatur
Oberhitze 200 °C
Unterhitze 200 °C
absinkend

***Fertigstellen**
Echte Rosen (ungespritzt) mit Eiweiss fein besprühen, Zucker aufstreuen und über Nacht im Wärmeschrank trocknen lassen. Marzipanplättchen gelb, mit hellgrüner Lebensmittelfarbe besprühen, weisse Dekormasse und kandierte Rose auflegen. Mit roter Eiweissspritzglasur und Silberperlen ausgarnieren.

Hinweis
Rosendekor kann auf Vorrat produziert werden.

Préparation
(12 moules à marguerites en Flexipan de 21 cm ⌀, et 5,7 cm de haut)
12 roses candies*

Masse au beurre (8 480 g)

1 000 g	de jaune d'œuf
50 g	de zeste de citron
30 g	de sel
	émulsifier au mixeur
1 000 g	de beurre
	chauffer à 80 °C et incorporer lentement
400 g	d'eau de rose
	ajouter
1 400 g	de blanc d'œuf
2 200 g	de sucre
	battre en neige
1 600 g	d'amandes blanches, finement moulues
600 g	d'amidon de froment
200 g	de farine de froment 400
	incorporer

Poids au litre
750 g

Poids de remplissage par pièce
700 g de masse au beurre

Température de cuisson
Chaleur supérieure 200 °C
Chaleur inférieure 200 °C
retombante

***Finition**
Gicler délicatement de vraies roses (non traitées) avec du blanc d'œuf, les saupoudrer de sucre et les laisser sécher une nuit dans une étuve. Gicler des plaquettes de massepain jaune avec de la couleur alimentaire vert clair, y placer de la masse à décor blanche et la rose candie. Pour terminer le décor, garnir avec de la glace royale rouge et des perles argentées.

Conseil
Les roses pour le décor peuvent être préparées à l'avance.

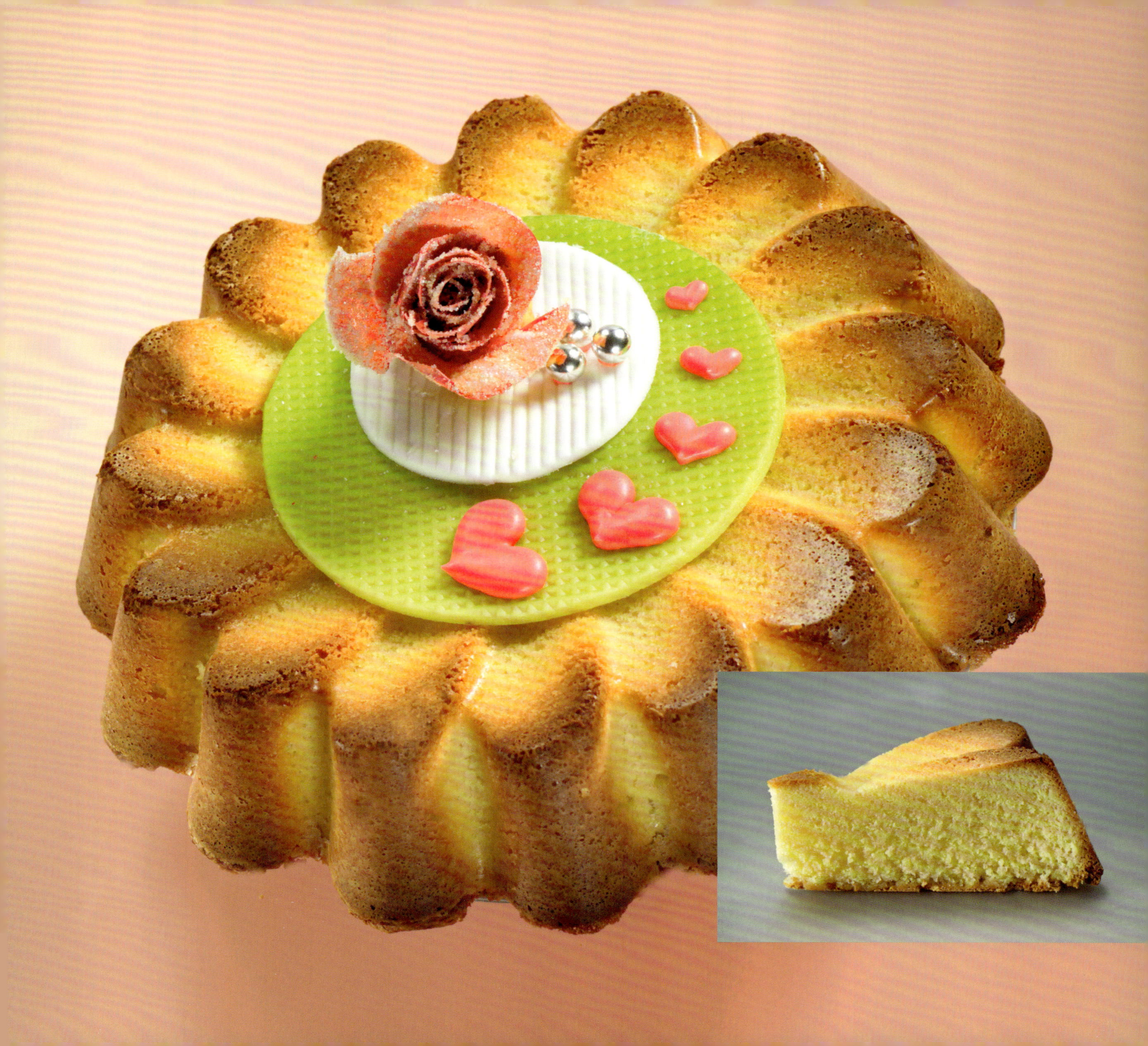

Muttertags-Herz
Cœur de Fête des Mères

Vorbereitung

(12 Herzformen 19 cm breit, 4 cm hoch)

Mürbteigböden einlegen.

    Mürbteig 2,5 mm dick (Seite 239)
    Himbeerkonfitüre
1 800 g Erdbeeren für Dekor

Buttermasse (5 060 g)

1 200 g Butter
1 200 g Zucker
   15 g Zitronenschale
    5 g Salz
         schaumig rühren

1 200 g Eier
  720 g Mandeln weiss, fein gerieben
         abwechselnd beigeben

  720 g Weizenmehl 400
         daruntermischen

Litergewicht

780 g

Einfüllgewicht je Stück

  80 g Mürbteig
  65 g Himbeerkonfitüre
400 g Buttermasse

Herstellung

Himbeerkonfitüre auf die Mürbteigböden dressieren. Buttermasse einfüllen und backen.

Backtemperatur

Oberhitze   195 °C
Unterhitze 190 °C
absinkend

Fertigstellen

Oberfläche mit Erdbeeren belegen, gelieren und Rand mit gehackten Pistazien einstreuen.

Préparation

(12 moules en forme de cœur de 19 cm de large et 4 cm de haut)

Foncer avec de la pâte sablée.

    pâte sablée, 2,5 mm d'épaisseur (page 239)
    confiture de framboises
1 800 g de fraises pour le décor

Masse au beurre (5 060 g)

1 200 g de beurre
1 200 g de sucre
   15 g de zeste de citron
    5 g de sel
         battre en mousse

1 200 g d'œuf
  720 g d'amandes blanches, finement moulues
         ajouter alternativement

  720 g de farine de froment 400
         incorporer

Poids au litre

780 g

Poids de remplissage par pièce

  80 g de pâte sablée
  65 g de confiture de framboises
400 g de masse au beurre

Fabrication

Dresser la confiture de framboises sur le fond. Remplir avec la masse au beurre et cuire.

Température de cuisson

Chaleur supérieure 195 °C
Chaleur inférieure 190 °C
retombante

Finition

Garnir la surface de fraises, badigeonner de gelée et décorer la bordure avec des pistaches hachées.

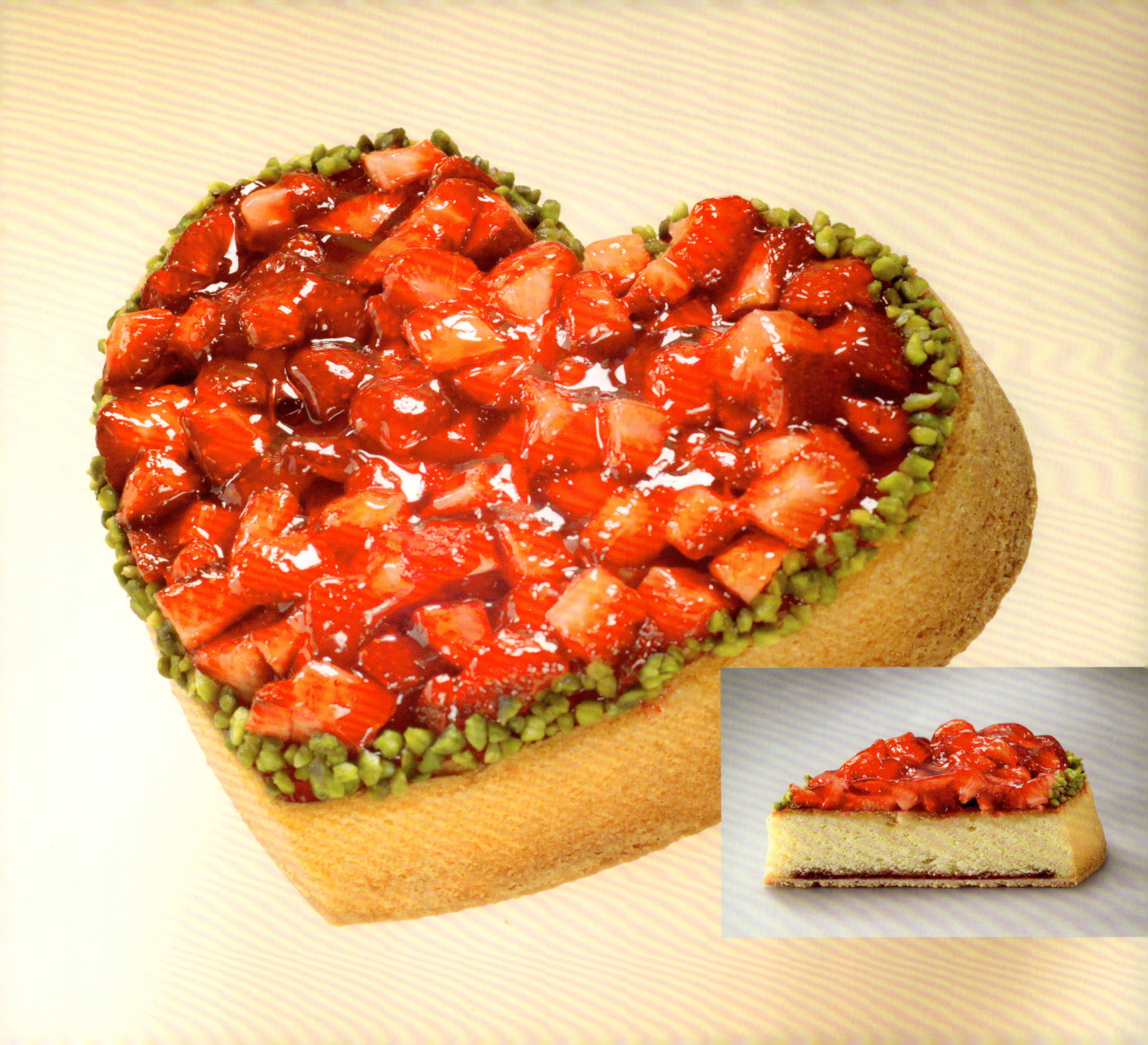

Osterkuchen mit Reis
Gâteau de Pâques au riz

Vorbereitung

(12 Kuchenformen 20 cm ⌀, 4 cm hoch)

Mit Butter ausstreichen und Mürbteig einlegen.

        Mürbteig 3 mm dick
        (Seite 239)
        Aprikosenkonfitüre
600 g Sultaninen gewaschen

Reismasse (4 625 g)

600 g Reis (Rundkorn)
        in der Walzenreib-
        maschine gebrochen

25 g Salz
4 200 g Milch
        weich kochen bis
        3 800 g, wenn leichter
        mit Milch ergänzen

Buttermasse (6 700 g)

450 g Eigelb
300 g Zucker
        schaumig rühren

3 800 g Reismasse gekocht, abgekühlt
800 g Mandeln weiss, fein gewalzt
30 g Zitronenschale
50 g Vanillezucker
        beigeben

450 g Eiweiss
450 g Zucker
120 g Weizenstärke
        zu Schnee schlagen

250 g Butter aufgelöst
        daruntermischen

Litergewicht

800 g

Einfüllgewicht je Stück

200 g Mürbteig
50 g Aprikosenkonfitüre
50 g Sultaninen
540 g Buttermasse

Herstellung

Aprikosenkonfitüre, Sultaninen, anschliessend Buttermasse in die ausgelegten Formen einfüllen. Nach dem Backen auf Tuch drehen und auskühlen lassen.

Backtemperatur

Oberhitze   200 °C
Unterhitze   190 °C
absinkend

Fertigstellen

Schablone auflegen und mit Staubzucker (Puderschnee) stauben.

Préparation

(12 moules à gâteaux de 20 cm ⌀ et 4 cm de haut)

Badigeonner avec du beurre et foncer avec de la pâte sablée.

        pâte sablée,
        3 mm d'épaisseur
        (page 239)
        confiture d'abricots
600 g de raisins sultans, lavés

Masse au riz (4 625 g)

600 g de riz (riz rond)
        briser à la broyeuse

25 g de sel
4 200 g de lait
        cuire en réduisant
        jusqu'à 3 800 g,
        corriger évent. avec
        un peu de lait

Masse au beurre (6 700 g)

450 g de jaune d'œuf
300 g de sucre
        battre en mousse

3 800 g de masse au riz refroidie
800 g d'amandes blanches, finement broyées
30 g de zeste de citron
50 g de sucre vanillé
        ajouter

450 g de blanc d'œuf
450 g de sucre
120 g d'amidon de froment
        battre en neige

250 g de beurre fondu
        incorporer

Poids au litre

800 g

Poids de remplissage par pièce

200 g de pâte sablée
50 g de confiture d'abricots
50 g de raisins sultans
540 g de masse au beurre

Fabrication

Garnir le fond de confiture d'abricots et de raisins sultans, puis dresser la masse au beurre dans les moules foncés. Retourner sur une toile après cuisson et laisser refroidir.

Température de cuisson

Chaleur supérieure 200 °C
Chaleur inférieure   190 °C
retombante

Finition

Poser un chablon et saupoudrer de sucre glace (poudre à décorer).

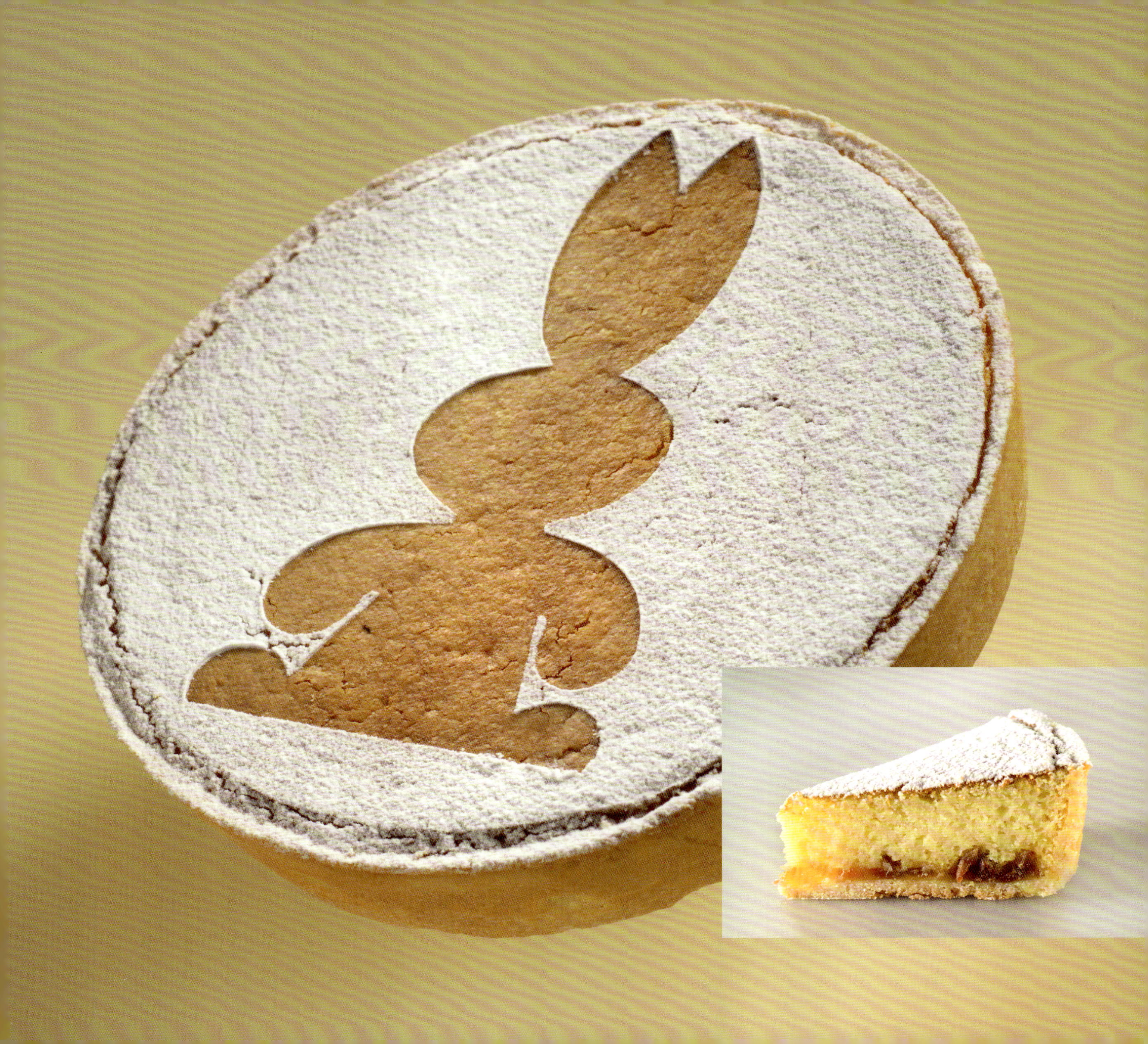

Osterkuchen mit Griess
Gâteau de Pâques à la semoule

Vorbereitung

(12 Kuchenformen 20 cm ∅, 4 cm hoch)

Mit Butter ausstreichen und Mürbteig einlegen.

        Mürbteig 3 mm dick
        (Seite 239)
        Aprikosenkonfitüre
600 g Sultaninen gewaschen

Buttermasse (6 700 g)

(Seite 122)

3 800 g Reismasse

ersetzen durch:

Griess gekocht (4 300 g)

3 750 g Milch
   25 g Salz
        aufkochen

525 g Weizengriess
       beigeben und 3 Minuten kochen bis 3 800 g

Herstellung

Aprikosenkonfitüre, Sultaninen und anschliessend Buttermasse in die ausgelegten Formen einfüllen. Nach dem Backen auf Tuch drehen und auskühlen lassen.

Fertigstellen

Schablone auflegen und mit Staubzucker (Puderschnee) stauben.

Préparation

(12 moules à gâteaux de 20 cm ∅ et 4 cm de haut)

Badigeonner avec du beurre et foncer avec de la pâte sablée.

        pâte sablée,
        3 mm d'épaisseur
        (page 239)
        confiture d'abricots
600 g de raisins sultans, lavés

Masse au beurre (6 700 g)

(Page 122)

3 800 g de masse au riz

à remplacer par :

Semoule cuite (4 300 g)

3 750 g de lait
   25 g de sel
        bouillir

525 g de semoule de froment
       ajouter et cuire 3 minutes jusqu'à 3 800 g

Fabrication

Garnir le fond de confiture d'abricots et de raisins sultans, puis dresser la masse au beurre dans les moules foncés. Retourner sur une toile après cuisson et laisser refroidir.

Finition

Poser un chablon et saupoudrer de sucre glace (poudre à décorer).

Osterkuchen-Portion mit Schokolade
Petit gâteau de Pâques chocolat

Vorbereitung

(150 Aluförmchen 9 cm ⌀)

Mit Mürbteig 11 cm ⌀ gezackt auslegen.

	Mürbteig 2,5 mm dick (Seite 239)
750 g	Orangenkonfitüre
750 g	Orangeat
950 g	Couverture, geraspelt
6 580 g	Buttermasse mit Reis (Seite 122), ohne Weizenstärke

oder

6 580 g	Buttermasse mit Griess (Seite 124), ohne Weizenstärke

Herstellung

Couverture geraspelt unter die fertige Buttermasse mischen, ausgelegte Förmchen mit Orangenkonfitüre, Orangeat und Buttermasse einfüllen. Nach dem Backen auf Tuch drehen und auskühlen lassen.

Fertigstellen

Schablone auflegen und mit Staubzucker (Puderschnee) stauben.

Hinweis

Bei flachen Gebäcken wird die Stärkebeigabe für die Backstabilität nicht benötigt.

Préparation

(150 petits moules alu de 9 cm ⌀)

Foncer de pâte sablée, 11 cm ⌀, cannelé.

	pâte sablée, 2,5 mm d'épaisseur (page 239)
750 g	de confiture d'oranges
750 g	d'orangeat
950 g	de couverture râpée
6 580 g	de masse au beurre au riz (page 122), sans amidon

ou

6 580 g	de masse au beurre semoule (page 124), sans amidon

Fabrication

Mélanger la couverture râpée à la masse au beurre finie. Garnir le fond de confiture d'oranges et d'orangeat, puis dresser la masse au beurre dans les petits moules foncés. Retourner sur une toile après cuisson et laisser refroidir.

Finition

Poser un chablon et saupoudrer de sucre glace (poudre à décorer).

Conseil

Pour des produits de boulangerie plats, l'adjonction d'amidon n'est pas nécessaire.

Mandelbiscuit-Hasen
Lapin en biscuit aux amandes

Vorbereitung

(12 Tonformen 16 cm lang, 11 cm hoch)

Mit Butter ausstreichen und weisse, gemahlene Mandeln einstreuen.

Mandelbiscuit (3 600 g)

(Seite 236)

Litergewicht

480 g

Einfüllgewicht je Stück

290 g Mandelbiscuit

Backtemperatur

Oberhitze   190 °C
Unterhitze   190 °C
absinkend

Fertigstellen

Mit Staubzucker (Puderschnee) stauben.

Préparation

(12 moules en terre cuite de 16 cm de long et 11 cm de haut)

Badigeonner avec du beurre et chemiser avec des amandes blanches, moulues.

Biscuit aux amandes (3 600 g)

(Page 236)

Poids au litre

480 g

Poids de remplissage par pièce

290 g de biscuit aux amandes

Température de cuisson

Chaleur supérieure   190 °C
Chaleur inférieure   190 °C
retombante

Finition

Saupoudrer de sucre glace (poudre à décorer).

Biscuithasen marmoriert
Lapin en biscuit marbré

Vorbereitung

(12 Tonformen 16 cm lang, 11 cm hoch)

Mit Butter ausstreichen und weisse, gemahlene Mandeln einstreuen.

Mandelbiscuit (1800 g)

(Seite 236)

Schokoladenbiscuit (1800 g)

(Seite 236)

abwechslungsweise einfüllen

Fertigstellen

Aprikotieren und Rand mit gerösteten, gehobelten und ausgesiebten Mandeln einstreuen.

Préparation

(12 moules en terre cuite de 16 cm de long et 11 cm de haut)

Badigeonner avec du beurre et chemiser avec des amandes blanches, moulues.

Biscuit aux amandes (1800 g)

(Page 236)

Biscuit au chocolat (1800 g)

(Page 236)

remplir en alternant les deux biscuits

Finition

Abricoter et garnir le bord avec des amandes effilées, rôties, tamisées.

Haselnussbiscuit-Eier
Œuf en biscuit aux noisettes

Vorbereitung
(12 Eiformen 18 × 12 cm)

Mit Butter ausstreichen und gemahlene Haselnüsse einstreuen.

   720 g Haselnussmasse 1:1
           (Seite 234)

Haselnussbiscuit (3 000 g)
(Seite 236)

zusätzlich:
   150 g Couverture dunkel,
           geraspelt
           daruntermischen

Einfüllgewicht je Stück
   260 g Biscuitmasse
    60 g Haselnussmasse 1:1

Herstellung
Haselnussbiscuit mit geraspelter Couverture in die Eiformen abfüllen und Haselnussmasse 1:1 aufdressieren (Tülle 10 mm ⌀).

Backtemperatur
Oberhitze   200 °C
Unterhitze   200 °C
absinkend

Fertigstellen
Schablone auflegen und mit Staubzucker (Puderschnee) stauben.

Préparation
(12 moules en forme d'œuf, 18 × 12 cm)

Badigeonner avec du beurre et chemiser avec des noisettes râpées.

   720 g de masse
           aux noisettes 1:1
           (page 234)

Biscuit aux noisettes (3 000 g)
(Page 236)

à ajouter :
   150 g de couverture foncée,
           râpée
           incorporer

Poids de remplissage par pièce
   260 g de masse à biscuit
    60 g de masse
           aux noisettes 1:1

Fabrication
Remplir les moules en forme d'œuf avec le biscuit aux noisettes et couverture râpée, puis dresser la masse aux noisettes 1:1 (douille de 10 mm ⌀).

Température de cuisson
Chaleur supérieure   200 °C
Chaleur inférieure   200 °C
retombante

Finition
Poser un chablon et saupoudrer de sucre glace (poudre à décorer).

Hasenkopf-Eier
Œuf tête de lapin

Fertigstellen
Oberfläche der ausgekühlten Hasenkopf-Eier mit Couverture besprühen und die Dekorelemente aus Couverture, Marzipan und weisser Masse ankleben.

Finition
Gicler la surface de l'œuf tête de lapin refroidie avec de la couverture et y placer les éléments de décor en couverture, massepain et masse blanche.

Sommertörtchen
Petite tourte estivale

Vorbereitung

(12 Kuchenformen 20 cm ⌀, 4 cm hoch)

Mit Butter ausstreichen und Mürbteigböden einlegen.

	Mürbteig 18 cm ⌀ und 2,5 mm dick (Seite 239)
720 g	Aprikosenkonfitüre
1 080 g	Makadamia-Granulat grob, ausgesiebt

Buttermasse (6 320 g)

700 g	Eigelb
400 g	Passionsfruchtmark
300 g	Dextrose
300 g	Vanillezucker
	im Mixer emulgieren
1 200 g	Butter
	auf 80 °C erhitzen und langsam beigeben
700 g	Eiweiss
900 g	Zucker
20 g	Salz
	zu Schnee schlagen
900 g	Weizenmehl 400
600 g	Weizenstärke
300 g	Makadamia-Granulat

Litergewicht

750 g

Einfüllgewicht je Stück

100 g	Mürbteig
60 g	Aprikosenkonfitüre
90 g	Makadamia-Granulat
520 g	Buttermasse

Herstellung

Aprikosenkonfitüre auf Mürbteig dressieren, Makadamia-Granulat einstreuen, Buttermasse einfüllen und Makadamia-Granulat aufstreuen.

Backtemperatur

Oberhitze 190 °C
Unterhitze 190 °C
absinkend

Fertigstellen

Rand mit Staubzucker (Puderschnee) stauben und Sonnendekor aus Marzipan auflegen.

Préparation

(12 moules à gâteaux de 20 cm ⌀ et 4 cm de haut)

Badigeonner avec du beurre et foncer avec de la pâte sablée.

	pâte sablée 18 cm ⌀ et 2,5 mm d'épaisseur (page 239)
720 g	de confiture d'abricots
1 080 g	de granules de macadamia tamisées grossièrement

Masse au beurre (6 320 g)

700 g	de jaune d'œuf
400 g	de purée de fruits de la passion
300 g	de dextrose
300 g	de sucre vanillé
	émulsionner au mixeur
1 200 g	de beurre
	chauffer à 80 °C et ajouter lentement
700 g	de blanc d'œuf
900 g	de sucre
20 g	de sel
	battre en neige
900 g	de farine de froment 400
600 g	d'amidon de froment
300 g	de granules de macadamia

Poids au litre

750 g

Poids de remplissage par pièce

100 g	de pâte sablée
60 g	de confiture d'abricots
90 g	de granules de macadamia
520 g	de masse au beurre

Fabrication

Dresser la confiture d'abricots sur la pâte sablée, répartir des granules de macadamia, remplir de masse au beurre et garnir la surface de granules de macadamia.

Température de cuisson

Chaleur supérieure 190 °C
Chaleur inférieure 190 °C
retombante

Finition

Saupoudrer le bord de sucre glace (poudre à décorer) et placer le décor en massepain en forme de soleil.

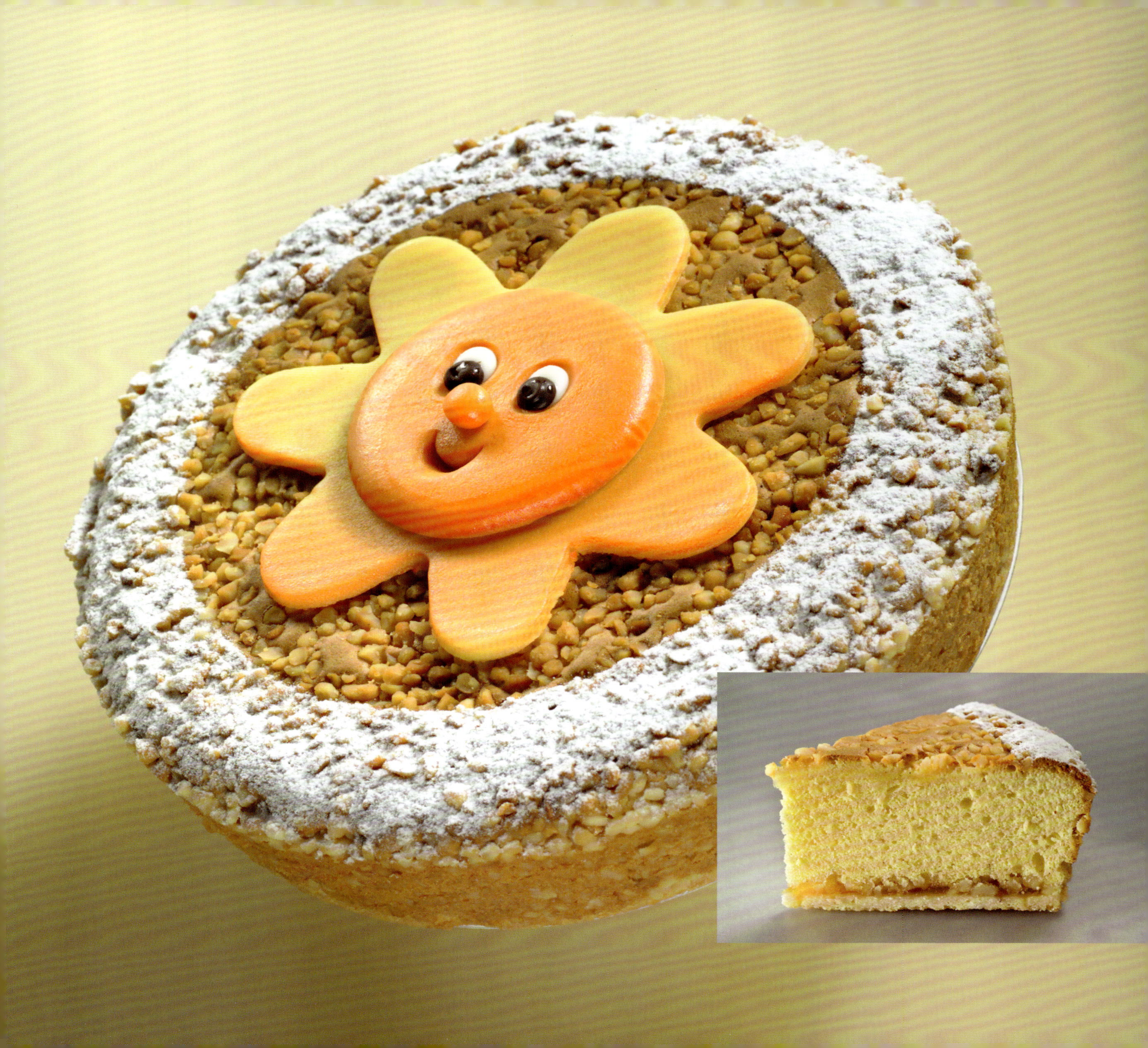

Schweizer Apfeltörtchen
Petite tourte suisse aux pommes

Vorbereitung
(12 Aluformen 18 cm ⌀)
Mit Butter ausstreichen und Linzerteig einlegen.
    Linzerteig 2,5 mm dick
    (Seite 240)

Holländermasse (2 200 g)
(Seite 40)
450 g Mandeln weiss, gemahlen
ersetzen durch:
450 g Haselnüsse roh, gemahlen

Apfelfüllung (2 150 g)
150 g Butter
    in der Bratpfanne leicht bräunen
100 g Paniermehl
100 g Mandeln weiss, gemahlen
20 g Vanillezucker
    beigeben und hell rösten
1 700 g Äpfel (Maigold), grob geraffelt
80 g Zucker
    daruntermischen

Einfüllgewicht je Stück
120 g Linzerteig
175 g Apfelfüllung
180 g Haselnuss-Holländermasse

Herstellung
Apfelfüllung auf Linzerteig leicht anpressen, Haselnuss-Holländermasse darauf verteilen.

Backtemperatur
Oberhitze   190 °C
Unterhitze 190 °C
absinkend

Fertigstellen
Oberfläche aprikotieren und mit Wasserglasur glasieren. Rand mit Mandeln einstreuen und Apfeldekor aus Marzipan auflegen.

Préparation
(12 moules alu de 18 cm ⌀)
Badigeonner de beurre et foncer avec de la pâte de Linz.
    pâte de Linz,
    2,5 mm d'épaisseur
    (page 240)

Masse hollandaise (2 200 g)
(Page 40)
450 g d'amandes blanches, moulues
à remplacer par:
450 g de noisettes brutes, moulues

Masse aux pommes (2 150 g)
150 g de beurre
    brunir légèrement à la poêle
100 g de panure
100 g d'amandes blanches, moulues
20 g de sucre vanillé
    ajouter et rôtir clair
1 700 g de pommes (Maigold), grossièrement râpées
80 g de sucre
    incorporer

Poids de remplissage par pièce
120 g de pâte de Linz
175 g de masse aux pommes
180 g de masse hollandaise noisettes

Fabrication
Presser légèrement la masse aux pommes sur la pâte de Linz et y répartir la masse hollandaise aux noisettes.

Température de cuisson
Chaleur supérieure 190 °C
Chaleur inférieure   190 °C
retombante

Finition
Abricoter la surface et glacer avec de la glaçure à l'eau. Chemiser le bord avec des amandes et placer le décor pomme en massepain.

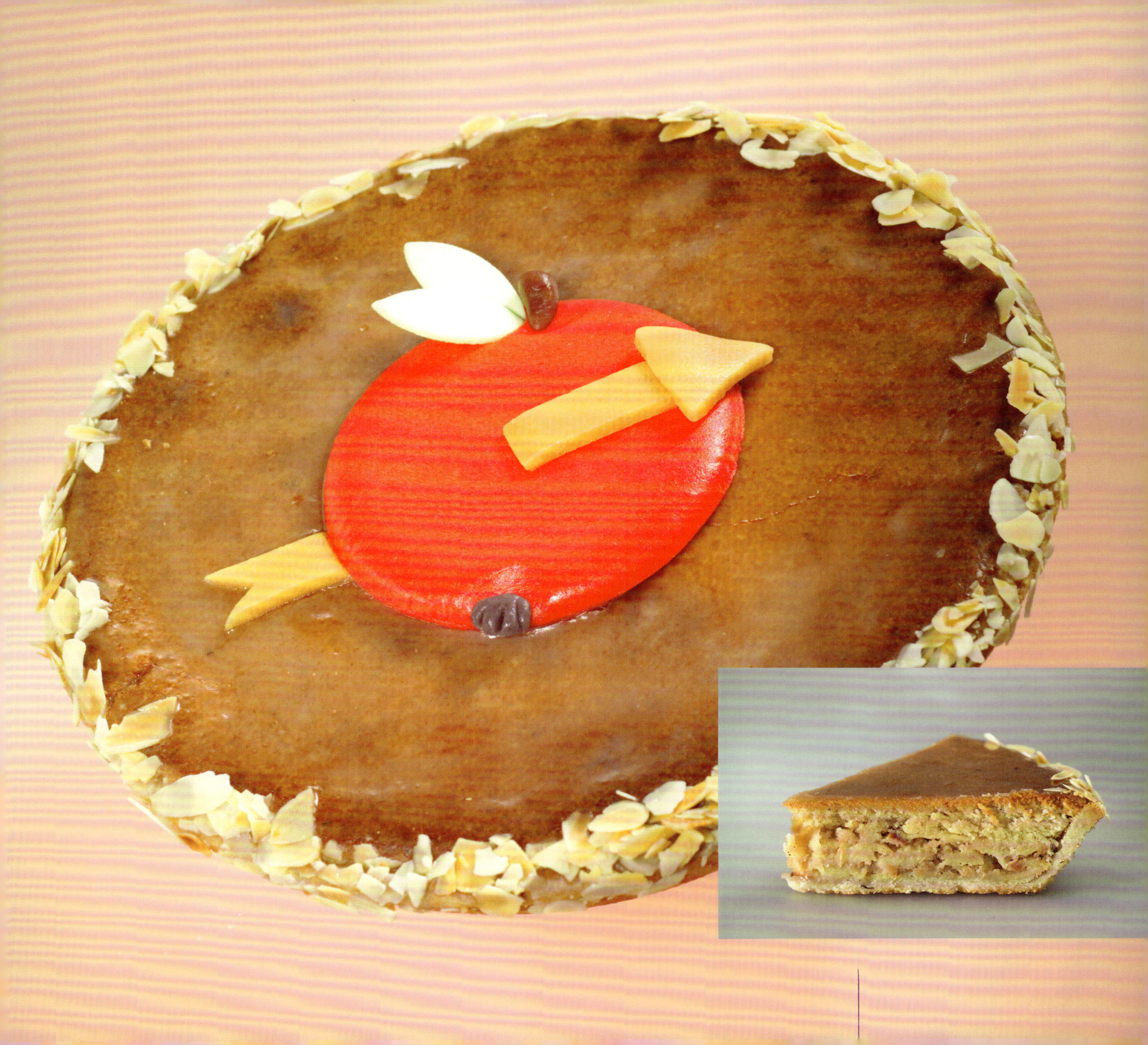

Kürbis-Halloween-Törtchen
Petite tourte Halloween à la courge

Vorbereitung
(12 gerippte Formen 20 cm ⌀)

Mit Butter ausstreichen, Mürbteigboden einlegen und hell vorbacken.

	Mürbteig 2,5 mm dick (Seite 239)
12	Rouladenbiscuit à 16 cm ⌀ (Seite 237)

Buttermasse (3 700 g)
(Seite 56)

Kürbiscreme (3 050 g)
2 000 g	Kürbismark
360 g	Zucker
	aufkochen
400 g	Orangensaft
290 g	Cremepulver
	anrühren, beigeben und nochmals aufkochen

Einfüllgewicht je Stück
75 g	Mürbteig
15 g	Aprikosenkonfitüre
30 g	Rouladenbiscuit
200 g	Kürbiscreme
300 g	Buttermasse

Herstellung
Aprikosenkonfitüre auf Mürbteig streichen, Rand aus Buttermasse eindressieren, Rouladenbiscuit einlegen und Kürbiscreme eindressieren. Mit restlicher Buttermasse auffüllen und glatt streichen.

Backtemperatur
Oberhitze 220 °C
Unterhitze 220 °C
absinkend

Fertigstellen
Nach dem Backen auf Tuch drehen und auskühlen lassen. Tupfen-Schablone auflegen, mit Staubzucker (Puderschnee) stauben und Marzipandekor mit wenig Aprikosenkonfitüre aufkleben.

Préparation
(12 moules cannelés de 20 cm ⌀)

Badigeonner de beurre, foncer avec de la pâte sablée et précuire clair.

	pâte sablée, 2,5 mm d'épaisseur (page 239)
12	fonds biscuit roulade, 16 cm ⌀ (page 237)

Masse au beurre (3 700 g)
(Page 56)

Crème de courge (3 050 g)
2 000 g	de purée de courge
360 g	de sucre
	cuire
400 g	de jus d'orange
290 g	de poudre pour crème
	mélanger, ajouter et cuire encore une fois

Poids de remplissage par pièce
75 g	de pâte sablée
15 g	de confiture d'abricots
30 g	de biscuit roulade
200 g	de crème de courge
300 g	de masse au beurre

Fabrication
Etendre la confiture d'abricots sur la pâte sablée, dresser de la masse au beurre contre le bord, placer le biscuit roulade et dresser la crème de courge par-dessus. Compléter avec le reste de masse au beurre et lisser la surface.

Température de cuisson
Chaleur supérieure 220 °C
Chaleur inférieure 220 °C
retombante

Finition
Retourner sur une toile après cuisson et laisser refroidir. Placer le chablon à trous et saupoudrer de sucre glace (poudre à décorer), puis fixer les décors en massepain avec un peu de confiture d'abricots.

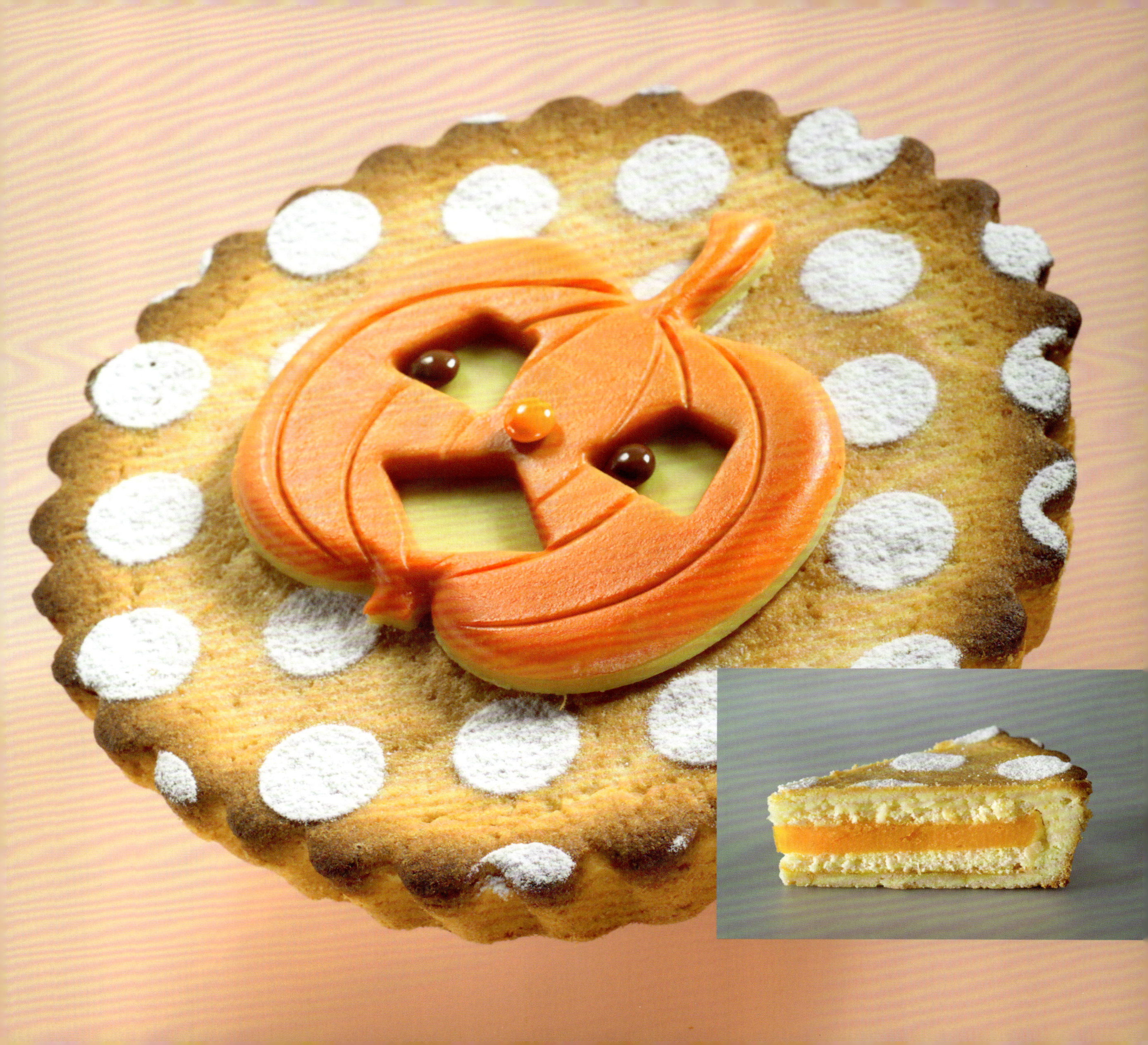

Maronen-Herbsttörtchen
Petite tourte d'automne aux marrons

Vorbereitung

(12 Ringe 22 cm ⌀, 3 cm hoch)

Mit Butter ausstreichen, Mürbteig einlegen und stupfen.

 Mürbteig 2,5 mm dick
 (Seite 239)

Maroneneinlage (1 650 g)

1 200 g	Maronen, tiefgekühlt *in Wasser weich kochen (ca. 50 Minuten / 100 °C im Steamer)*
350 g	Sirup 30 °Bé
100 g	Cognac (40 % Vol.) *beigeben und ca. 1 Stunde ziehen lassen*

Füllung (8 550 g)

1 500 g	Butter
700 g	Zucker *glatt rühren*
1 450 g	Mandeln weiss, gemahlen
720 g	Zucker *zusammen fein walzen*
1 700 g	Kastanienpüree (Seite 235)
720 g	Eier
160 g	Weizenstärke *nach und nach beigeben*
1 600 g	Maroneneinlage *daruntermischen*

Litergewicht

1 000 g

Einfüllgewicht je Stück

 200 g Mürbteig
 700 g Füllung

Backtemperatur

Oberhitze 190 °C
Unterhitze 180 °C
absinkend

Fertigstellen

Streifenmuster mit Staubzucker (Puderschnee) stauben und mit grüner Eiweissspritzglasur auf Couverture-Plättchen schablonierts Kastanienblatt mit Kastanie aus Truffeskugeln anbringen.

Préparation

(12 cercles de 22 cm ⌀ et 3 cm de haut)

Badigeonner de beurre, foncer avec de la pâte sablée et piquer.

 pâte sabée, 2,5 mm
 d'épaisseur
 (page 239)

Base de marrons (1 650 g)

1 200 g	de marrons congelés *cuire dans de l'eau (env. 50 minutes / 100 °C au steamer)*
350 g	de sirop 30 °Bé
100 g	de cognac (40 % vol.) *ajouter et laisser tirer env. une heure*

Masse à fourrer (8 550 g)

1 500 g	de beurre
700 g	de sucre *lisser*
1 450 g	d'amandes blanches, râpées
720 g	de sucre *broyer finement ensemble*
1 700 g	de purée de marrons (page 235)
720 g	d'œuf
160 g	d'amidon de froment *ajouter petit à petit*
1 600 g	de base de marrons *incorporer*

Poids au litre

1 000 g

Poids de remplissage par pièce

 200 g de pâte sablée
 700 g de masse à fourrer

Température de cuisson

Chaleur supérieure 190 °C
Chaleur inférieure 180 °C
retombante

Finition

Saupoudrer un motif de stries avec du sucre glace (poudre à décorer). Avec un chablon, garnir une feuille de marron sur une plaquette de couverture avec de la glace royale colorée en vert et compléter le décor avec un marron en boule creuse pour truffe.

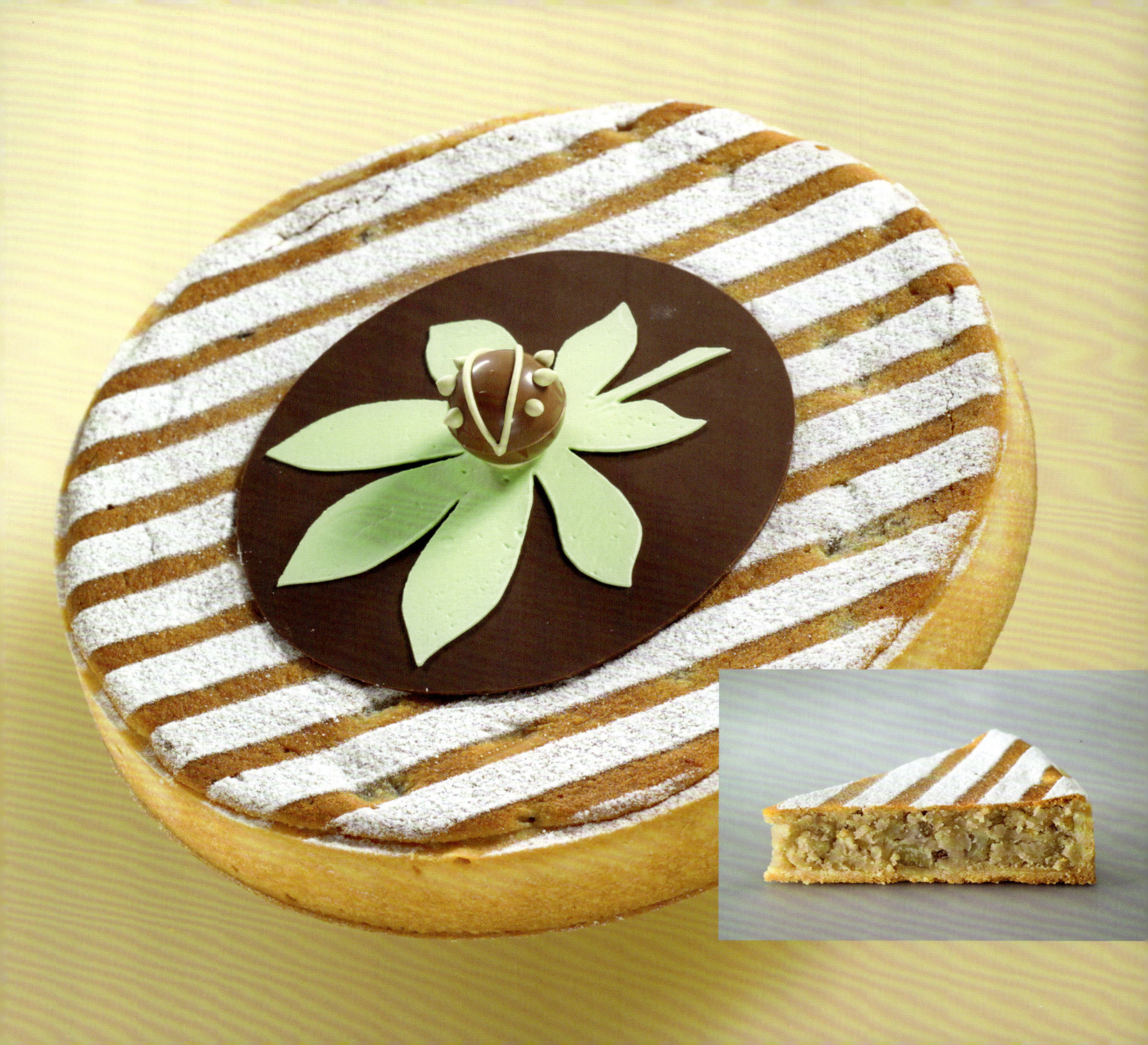

Nikolaus-Törtchen
Petite tourte de St-Nicolas

Vorbereitung

(12 gerippte Formen 20 cm ⌀)

Mit Butter ausstreichen, Mürbteigboden einlegen.

 Mürbteig 16 cm ⌀,
 2 mm dick
 (Seite 239)

Buttermasse (4 100 g)

(Seite 52)

Anstelle von 2 000 g Apfelfüllung:

Fruchtfüllung (2 100 g)

150 g	Butter
	in der Pfanne leicht bräunen
500 g	Äpfel, gewürfelt
50 g	Zitronensaft
	beigeben und auf 600 g ausdampfen
200 g	Zucker
700 g	Erdnüsse
500 g	Mandarinenschnitze
	beigeben

Einfüllgewicht je Stück

50 g	Mürbteig
500 g	Buttermasse / Fruchtfüllung

Backtemperatur

Oberhitze 200 °C
Unterhitze 200 °C
absinkend

Fertigstellen

Oberfläche mit Staubzucker (Puderschnee) stauben und Garnitur mit wenig Aprikosenkonfitüre ankleben.

Préparation

(12 moules cannelés de 20 cm ⌀)

Badigeonner de beurre et foncer avec de la pâte sablée.

 pâte sablée, 16 cm ⌀
 et 2 mm d'épaisseur
 (page 239)

Masse au beurre (4 100 g)

(Page 52)

2 000 g de masse aux pommes à remplacer par :

Masse aux fruits (2 100 g)

150 g	de beurre
	brunir légèrement à la poêle
500 g	de pommes en dés
50 g	de jus de citron
	ajouter et réduire à 600 g
200 g	de sucre
700 g	de cacahuètes
500 g	de quartiers de mandarines
	ajouter

Poids de remplissage par pièce

50 g	de pâte sablée
500 g	de masse au beurre masse aux fruits

Température de cuisson

Chaleur supérieure 200 °C
Chaleur inférieure 200 °C
retombante

Finition

Saupoudrer la surface avec du sucre glace (poudre à décorer) et fixer la garniture avec un peu de confiture d'abricots.

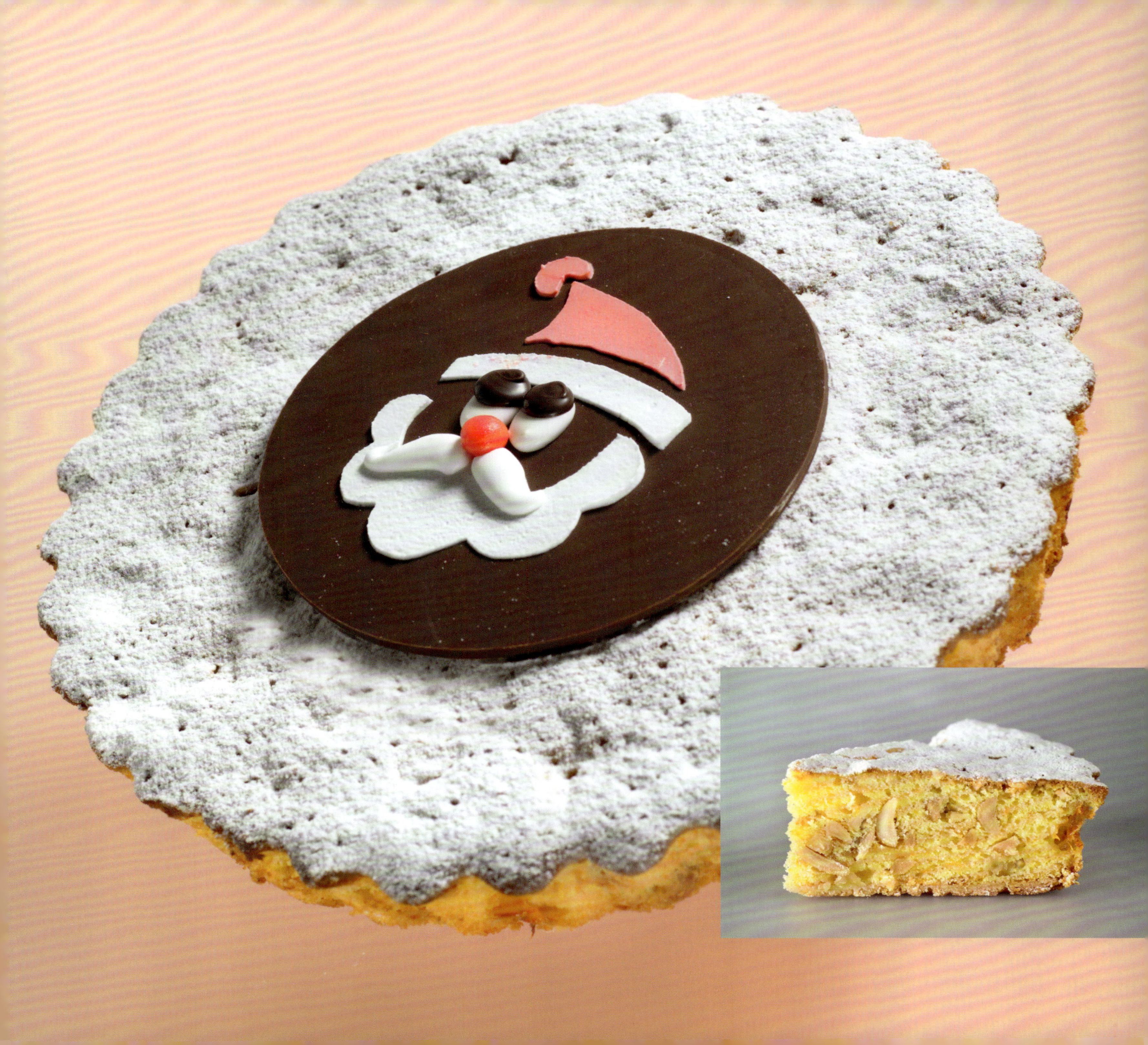

Weihnachts-Tannzapfen
Pomme de pin de Noël

Vorbereitung

12	Haselnussbiscuit-Eier gebacken (Seite 128)
1 800 g	Marzipan, 3 mm dick
420 g	Orangenkonfitüre

Ganache (1 903 g)

650 g	Rahm (Sahne) *aufkochen*
600 g	Couverture dunkel
650 g	Couverture hell, gehackt
3 g	Bibergewürz (Lebkuchengewürz)

Einfüllgewicht je Stück

3	Lagen Biscuit
100 g	Ganache (füllen)
35 g	Orangenkonfitüre
50 g	Ganache (einstreichen)
150 g	Marzipan
60 g	Couverture hell, temperiert

Fertigstellen

Marzipan mit Nagelschere einschneiden, mit Couverture hell übergiessen und Zweig* auflegen.

*Zweig:
Eingedickte Couverture auf Folie aufgarnieren und mit Kammhorn zeichnen.

Préparation

12	œufs en biscuit aux noisettes, cuits (page 128)
1 800 g	de massepain, 3 mm d'épaisseur
420 g	de confiture d'oranges

Ganache (1 903 g)

650 g	de crème *cuire*
600 g	de couverture foncée
650 g	de couverture claire, hâchée
3 g	de mélange d'épices pour biber (pour pain d'épices)

Poids de remplissage par pièce

3	couches de biscuit
100 g	de ganache (pour fourrer)
35 g	de confiture d'oranges
50 g	de ganache (pour chemiser)
150 g	de massepain
60 g	de couverture claire, tempérée

Finition

Inciser le massepain avec des ciseaux à ongles, enrober avec de la couverture claire et placer une branche de sapin*.

*Branche de sapin :
Dresser de la couverture épaissie sur une feuille de plastique et structurer avec un peigne.

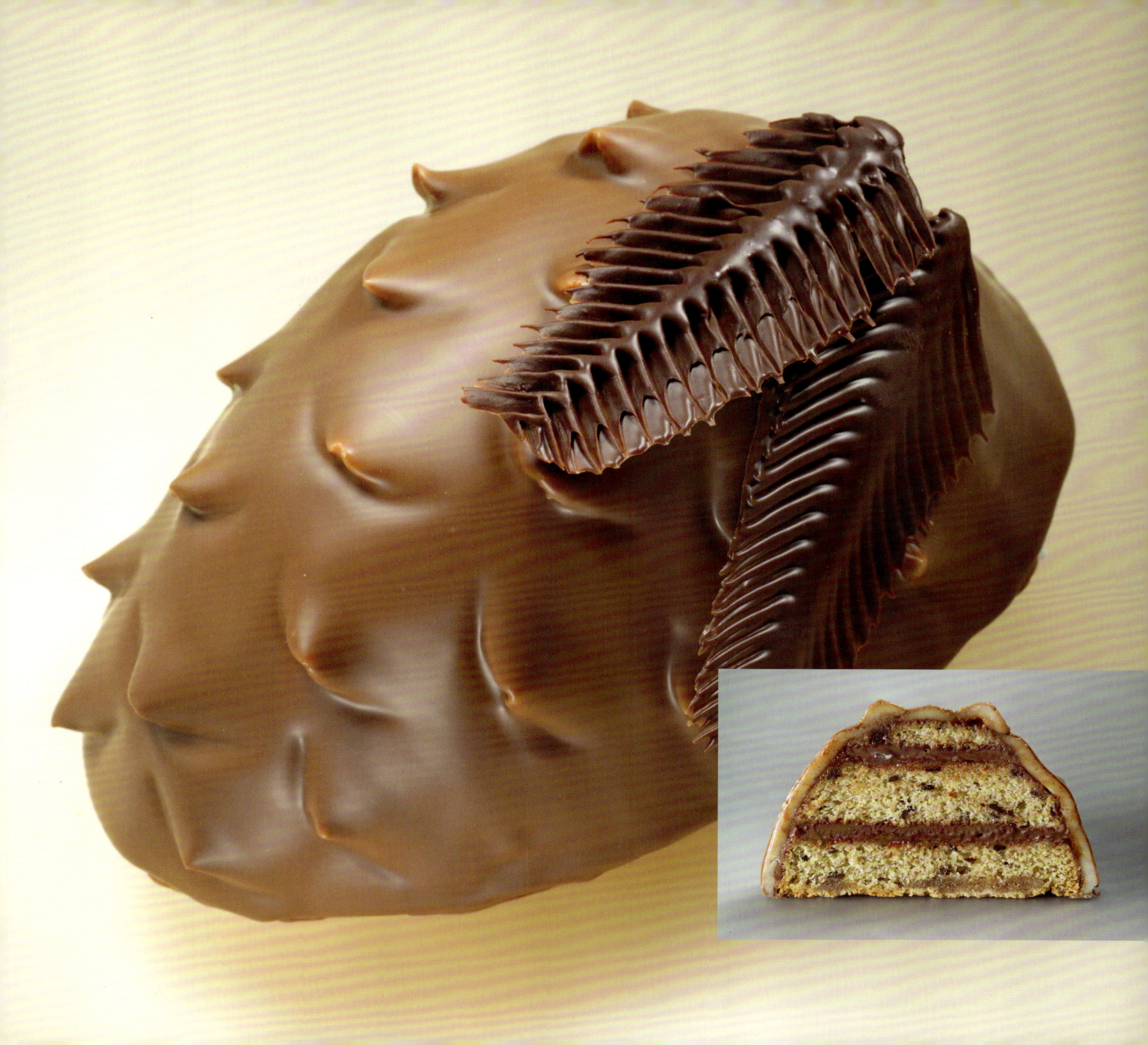

Neujahrs-Törtchen
Petite tourte de Nouvel-an

Vorbereitung

(12 Ringe 20 cm ⌀, 4 cm hoch)

Mit Butter ausstreichen und Schokoladen-Mailänderteig einlegen.

          Schokoladen-Mailänderteig, 3 mm dick (Seite 239)
4 800 g Mandel-Biscuitmasse (Seite 236)

Marc-Sirup (1 200 g)

800 g Sirup 30 °Bé
400 g Marc de Champagne (55 % Vol.)

Marc-Butterganache (3 750 g)

650 g Fondant
200 g Glukosesirup
100 g Sorbit flüssig
        zusammen auflösen und auf Raumtemperatur abkühlen
300 g Marc de Champagne (55 % Vol.)
800 g Butter, weich
1 200 g Couverture dunkel
500 g Couverture hell
        auf 34 °C wärmen, alles zusammenmischen

Einfüllgewicht je Stück

200 g Schokoladen-Mailänderteig
400 g Mandelbiscuit
100 g Marc-Sirup
300 g Marc-Butterganache

Herstellung

Nach dem Auskühlen die Oberfläche des Biscuits wegschneiden, mit Marc-Sirup befeuchten und Marc-Butterganache strukturiert auftragen.

Backtemperatur

Oberhitze   190 °C
Unterhitze 190 °C
absinkend

Fertigstellen

Marc de Champagne mit Silberpulver mischen und mit Airbrushpistole auf die Oberfläche sprühen. Marzipanschweinchen auflegen.

Préparation

(12 cercles de 20 cm ⌀ et 4 cm de haut)

Badigeonner avec du beurre et foncer avec de la pâte à Milans chocolat.

          pâte à Milans chocolat, 3 mm d'épaisseur (page 239)
4 800 g de biscuit aux amandes (page 236)

Sirop de marc (1 200 g)

800 g de sirop 30 °Bé
400 g de marc de Champagne (55 % vol.)

Ganache au beurre au marc (3 750 g)

650 g de fondant
200 g de sirop de glucose
100 g de sorbitol liquide
        dissoudre ensemble et refroidir à la température ambiante
300 g de marc de Champagne (55 % vol.)
800 g de beurre ramolli
1 200 g de couverture foncée
500 g de couverture claire
        chauffer à 34 °C et mélanger le tout ensemble

Poids de remplissage par pièce

200 g de pâte à Milans chocolat
400 g de biscuit aux amandes
100 g de sirop au marc
300 g de ganache au beurre au marc

Fabrication

Après refroidissement, découper la surface du biscuit, humecter avec le sirop de marc et y répartir la ganache, en lui donnant une structure.

Température de cuisson

Chaleur supérieure 190 °C
Chaleur inférieure 190 °C
retombante

Finition

Mélanger de la poudre argentée avec du marc de Champagne et gicler la surface à l'aérographe. Décorer avec un petit cochon en massepain.

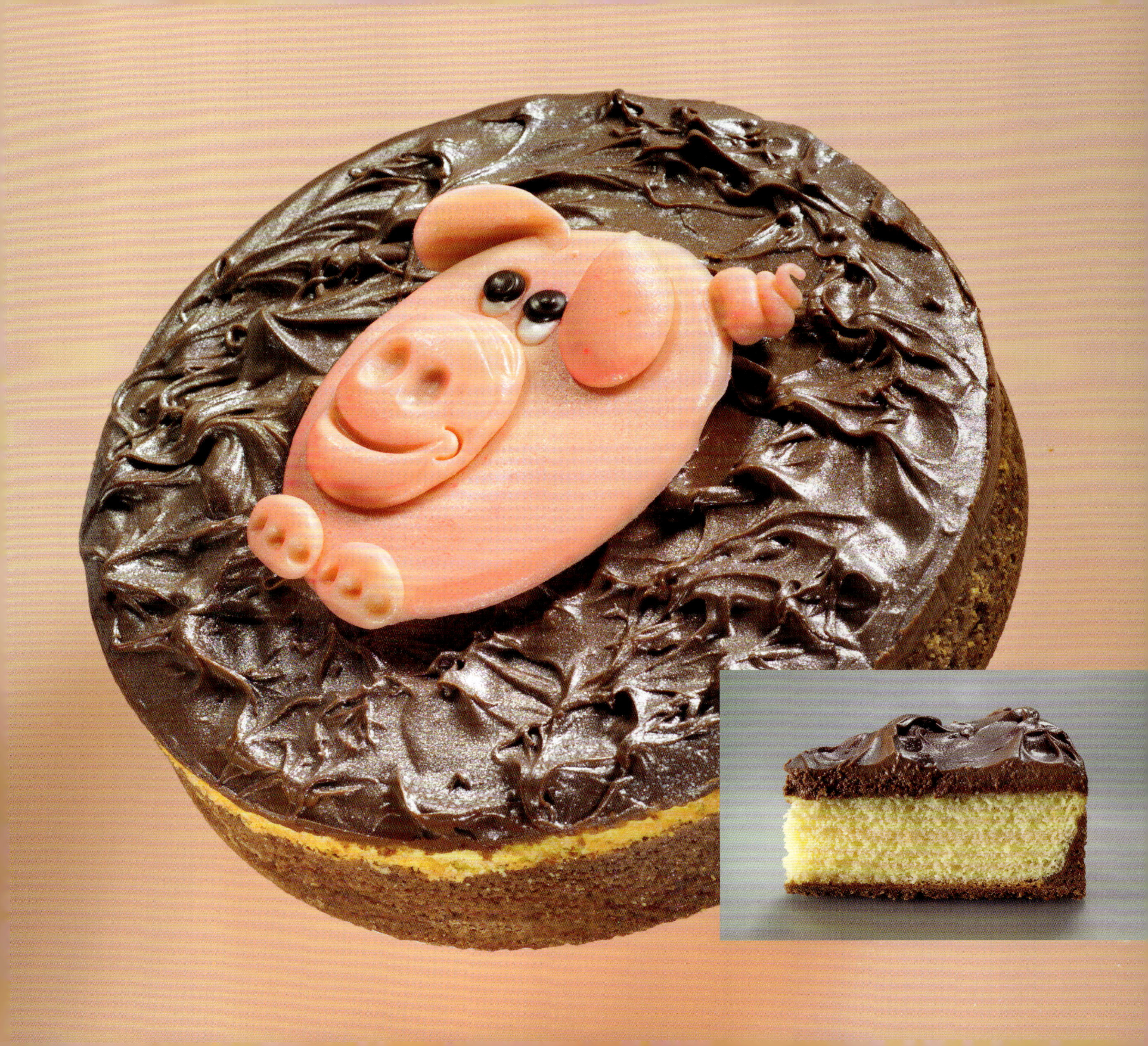

Wintertörtchen
Petite tourte hivernale

Vorbereitung
(12 Kuchenformen 20 cm ⌀, 4 cm hoch)

Mit Butter ausstreichen, Mehl einstreuen.

Amarettimasse (3070 g)

700 g	Mandeln weiss, gemahlen
120 g	Bittermandeln, gemahlen
650 g	Eiweiss *mischen und mindestens 3 Stunden quellen lassen*
1500 g	Zucker
100 g	Dextrose *beigeben und 3 Minuten mixen*

Buttermasse (6820 g)

900 g	Eigelb
900 g	Couverture dunkel, aufgelöst *im Mixer emulgieren*
1400 g	Butter *auf 80 °C erhitzen und langsam beigeben*
1000 g	Mandeln weiss, gemahlen
200 g	Vanillezucker *fein reiben*
900 g	Eiweiss
800 g	Zucker
20 g	Salz *zu Schnee schlagen*
400 g	Weizenmehl 400
300 g	Weizenstärke *daruntermischen*

Litergewicht
740 g

Einfüllgewicht je Stück

550 g	Buttermasse
250 g	Amarettimasse
50 g	Ganache (Seite 180)
30 g	Mandel-Granulat geröstet

Herstellung
Amarettimasse mit Tülle 9 mm ⌀ Spiralen auf Silikonpapier dressieren, mit Staubzucker überstreuen, über Nacht antrocknen lassen und bei 250 °C abflämmen.

Backtemperatur
Oberhitze 190 °C
Unterhitze 190 °C
absinkend

Fertigstellen
Das ausgekühlte Törtchen mit Ganache dünn einstreichen, Amarettideckel auflegen. Rand mit Mandel-Granulat einstreuen und Schneesterne aus weisser Dekormasse auflegen.

Préparation
(12 moules à gâteaux de 20 cm ⌀ et 4 cm de haut)

Badigeonner avec du beurre et chemiser avec de la farine.

Masse amaretti (3070 g)

700 g	d'amandes blanches, moulues
120 g	d'amandes amères, moulues
650 g	de blanc d'œuf *mélanger et laisser gonfler au minimum 3 heures*
1500 g	de sucre
100 g	de dextrose *ajouter et passer 3 minutes au mixeur*

Masse au beurre (6820 g)

900 g	de jaune d'œuf
900 g	de couverture foncée, fondue *émulsifier au mixeur*
1400 g	de beurre *chauffer à 80 °C et ajouter lentement*
1000 g	d'amandes blanches, moulues
200 g	de sucre vanillé *broyer finement*
900 g	de blanc d'œuf
800 g	de sucre
20 g	de sel *battre en neige*
400 g	de farine de froment 400
300 g	d'amidon de froment *incorporer*

Poids au litre
740 g

Poids de remplissage par pièce

550 g	de masse au beurre
250 g	de masse amaretti
50 g	de ganache (page 180)
30 g	de granules d'amandes rôties

Fabrication
Dresser la masse amaretti en forme de spirale avec une douille lisse de 9 mm ⌀ sur un papier silicone et saupoudrer de sucre glace. Laisser sécher une nuit, puis flamber à 250 °C.

Température de cuisson
Chaleur supérieure 190 °C
Chaleur inférieure 190 °C
retombante

Finition
Chemiser finement la petite tourte refroidie avec de la ganache et placer le disque d'amaretti. Répartir les granules d'amandes sur le bord et garnir avec des flocons de neige en masse à décor blanche.

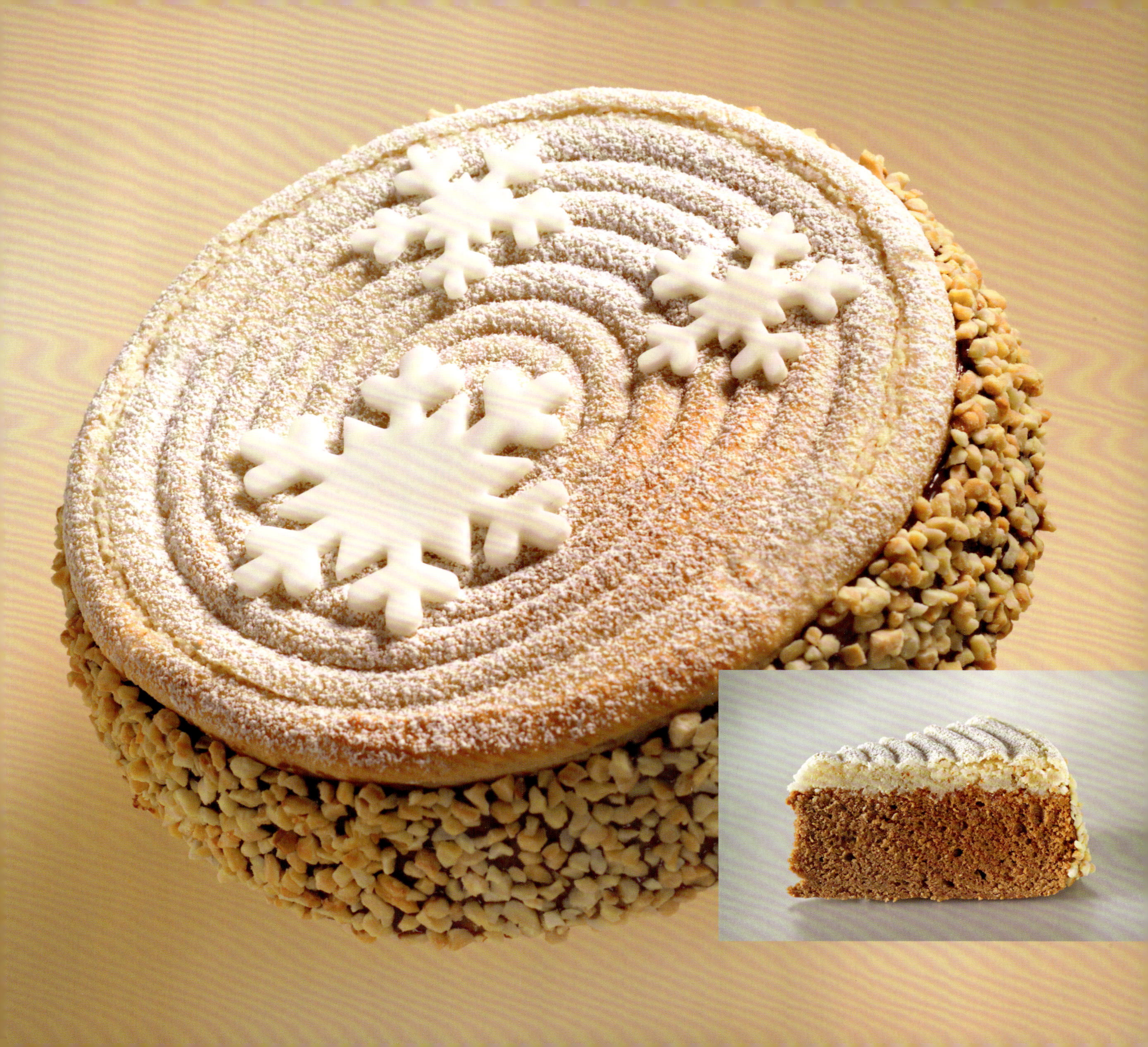

Cakes
Cakes

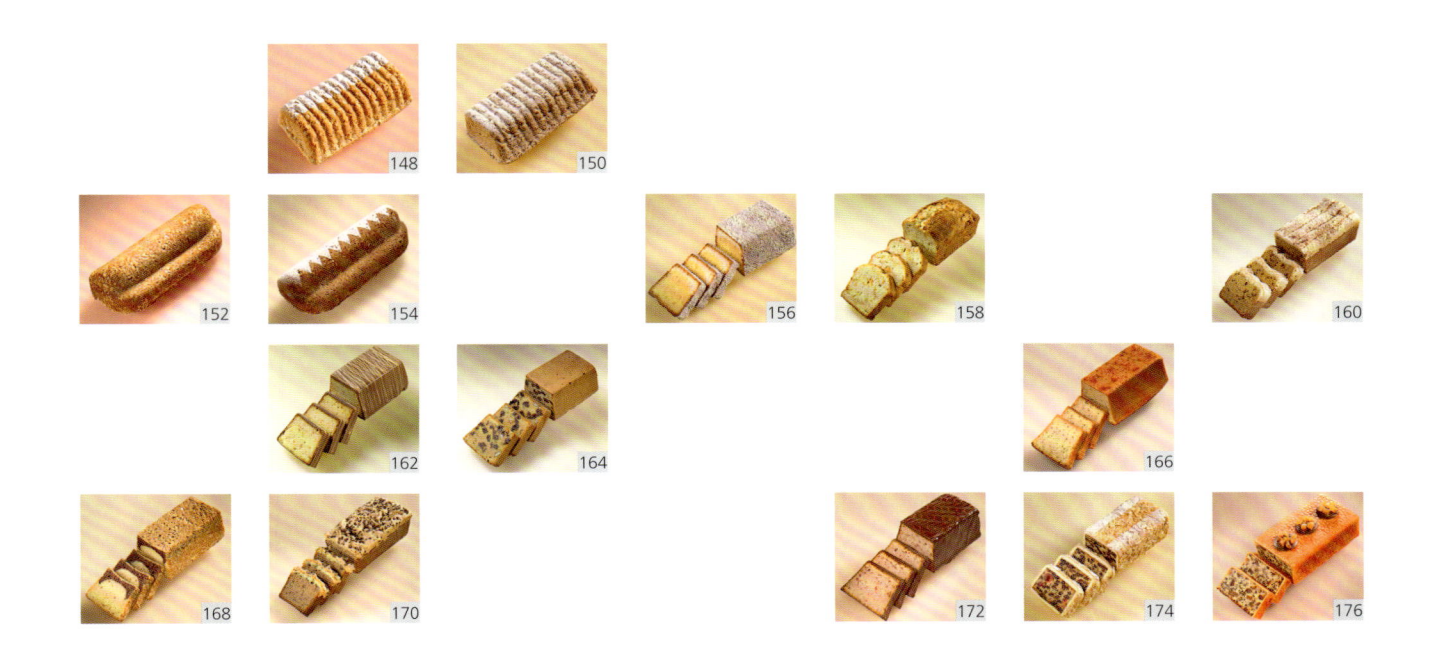

148
150
152
154
156
158
160
162
164
166
168
170
172
174
176

Financier-Cake
Cake financier

Vorbereitung
(12 Rehrückenformen
16 cm lang)
Mit Butter ausstreichen und gehobelte, ausgesiebte Mandeln einstreuen.

Schneemasse (4 500 g)
1 000 g Eiweiss
600 g Zucker
zu Schnee schlagen

1 200 g Mandeln weiss, gemahlen
600 g Zucker
500 g Weizenmehl 400
daruntermischen

600 g Butter
in der Pfanne leicht bräunen (Beurre noisette) und daruntermischen

Litergewicht
750 g

Einfüllgewicht je Stück
370 g Schneemasse

Backtemperatur
Oberhitze 180 °C
Unterhitze 180 °C
absinkend

Fertigstellen
Mit Staubzucker (Puderschnee) halbseitig stauben.

Préparation
(12 moules à financier
de 16 cm de long)
Badigeonner avec du beurre et chemiser avec des amandes effilées, tamisées.

Meringage (4 500 g)
1 000 g de blanc d'œuf
600 g de sucre
battre en neige

1 200 g d'amandes blanches, moulues
600 g de sucre
500 g de farine de froment 400
incorporer

600 g de beurre
brunir légèrement à la poêle (beurre noisette) et incorporer

Poids au litre
750 g

Poids de remplissage par pièce
370 g de meringage

Température de cuisson
Chaleur supérieure 180 °C
Chaleur inférieure 180 °C
retombante

Finition
Saupoudrer la moitié avec du sucre glace (poudre à décorer).

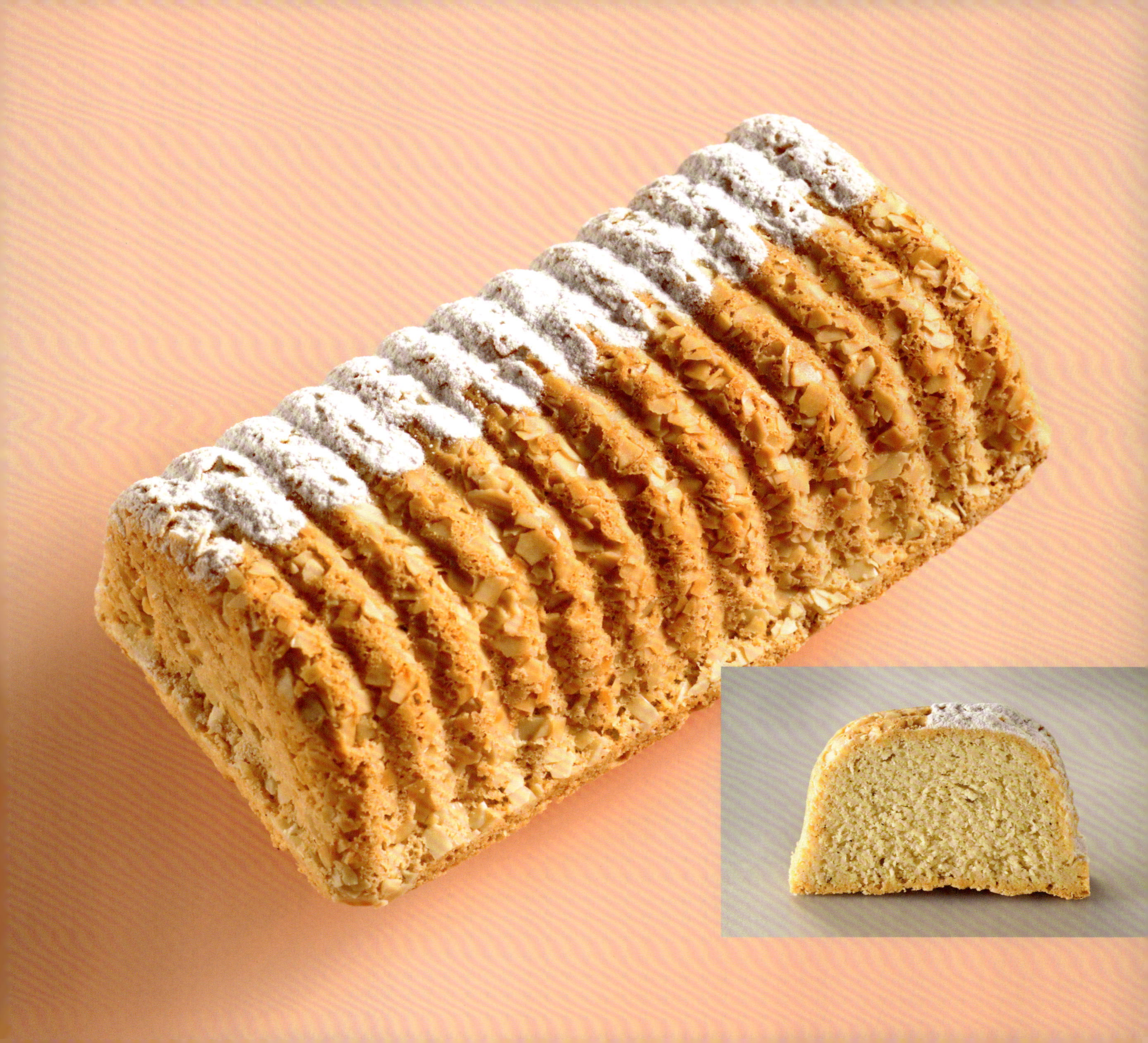

Rehrücken
Selle de chevreuil

Vorbereitung

(12 Rehrückenformen
16 cm lang)

Mit Butter ausstreichen und gehobelte, ausgesiebte Mandeln einstreuen.

600 g Kirsch-Buttercreme
(Seite 242)

Schokoladen-Japonaismasse (1560 g)

450 g Eiweiss
220 g Zucker
zu Schnee schlagen

350 g Zucker
450 g Mandeln roh, gemahlen
90 g Schokoladenpulver
daruntermischen

Mandel-Buttermasse (3085 g)

1300 g Mandelmasse
500 g Butter
schaumig rühren

800 g Eier
nach und nach beigeben

460 g Weizenmehl 400
15 g Backpulver
10 g Zitronenschale
daruntermischen

Litergewicht

860 g

Einfüllgewicht je Stück

125 g Japonaismasse
250 g Mandel-Buttermasse
50 g Kirsch-Buttercreme

Herstellung

Formen mit Japonaismasse gleichmässig ausstreichen und Mandel-Buttermasse einfüllen. Nach dem Auskühlen in der Mitte einen Keil herausschneiden, mit Kirsch-Buttercreme füllen und Keil wieder einsetzen.

Backtemperatur

Oberhitze 190 °C
Unterhitze 190 °C
absinkend

Fertigstellen

Mit Staubzucker (Puderschnee) stauben.

Préparation

(12 moules à financier
de 16 cm de long)

Badigeonner avec du beurre et chemiser avec des amandes effilées, tamisées.

600 g de crème au beurre
au kirsch
(page 242)

Masse à japonais chocolat (1560 g)

450 g de blanc d'œuf
220 g de sucre
battre en neige

350 g de sucre
450 g d'amandes brutes, moulues
90 g de chocolat en poudre
incorporer

Masse au beurre aux amandes (3085 g)

1300 g de masse aux amandes
500 g de beurre
battre en mousse

800 g d'œuf
ajouter petit à petit

460 g de farine de froment 400
15 g de poudre à lever
10 g de zeste de citron
incorporer

Poids au litre

860 g

Poids de remplissage par pièce

125 g de masse à japonais chocolat
250 g de masse au beurre aux amandes
50 g de crème au beurre au kirsch

Fabrication

Chemiser régulièrement les moules de masse à japonais et remplir de masse au beurre aux amandes. Après refroidissement, couper en V jusqu'au centre, garnir de crème au beurre au kirsch et replacer le morceau découpé.

Température de cuisson

Chaleur supérieure 190 °C
Chaleur inférieure 190 °C
retombante

Finition

Saupoudrer avec du sucre glace (poudre à décorer).

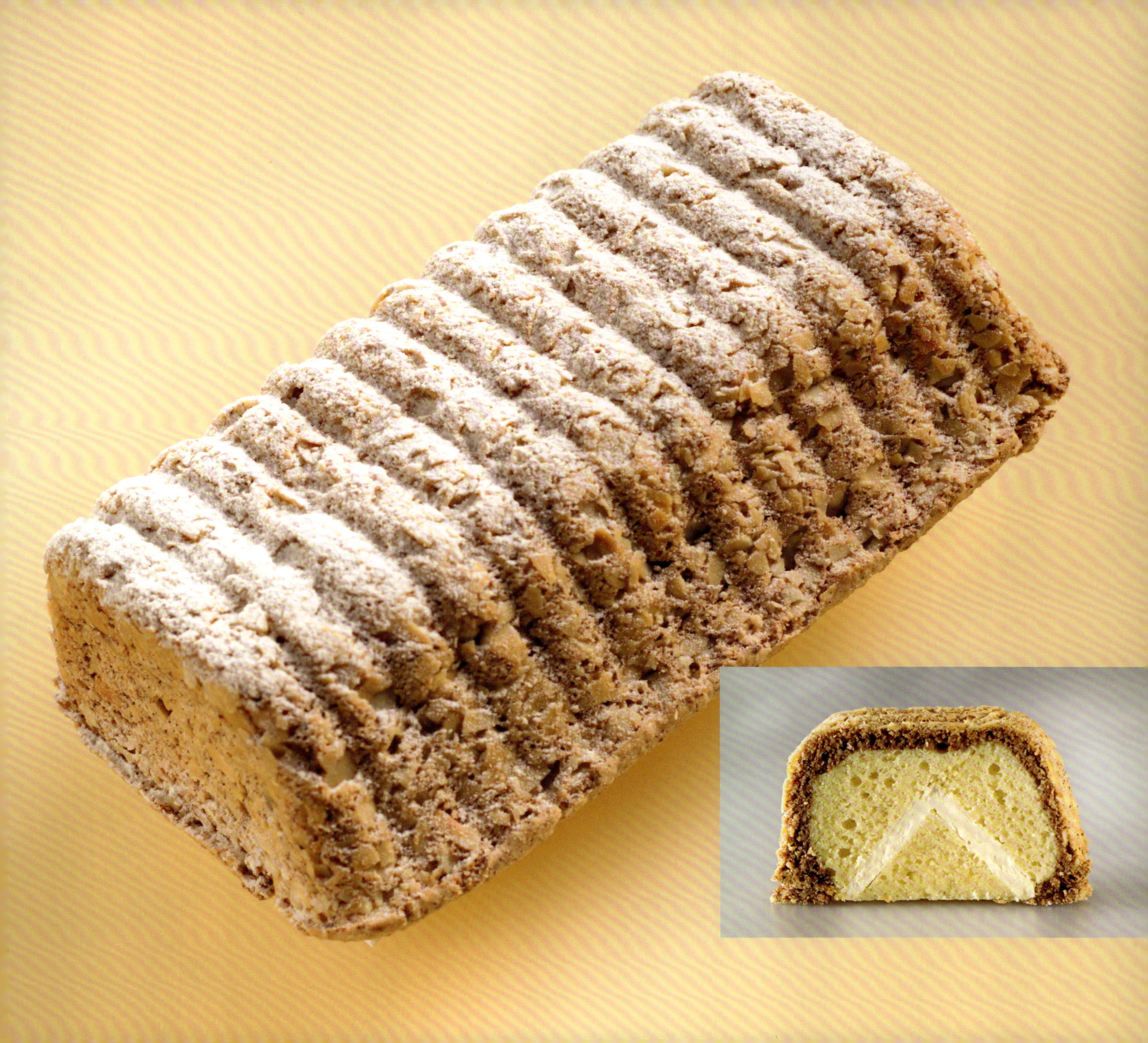

Aprikosenstollen
Stollen aux abricots

Vorbereitung

(12 Stollenformen
23 × 10 × 7 cm)

Mit Butter ausstreichen und
gehobelte, ausgesiebte Mandeln
einstreuen.

Aprikosenfüllung (1 600 g)

1 000 g Aprikosen, gedörrt*
250 g Wasseraufnahme
350 g Aprikosenkonfitüre
beigeben und mixen

Buttermasse (6 670 g)

1 600 g Mandelmasse 1:1
(Seite 234)
1 200 g Butter
550 g Zucker
15 g Salz
25 g Bittermandeln,
gemahlen
schaumig rühren

550 g Eigelb
*nach und nach
beigeben*

550 g Eiweiss
350 g Dextrose
zu Schnee schlagen

1 100 g Weizenmehl 400
700 g Mandeln weiss,
gemahlen
30 g Backpulver
daruntermischen

Litergewicht

800 g

Einfüllgewicht je Stück

550 g Buttermasse
125 g Aprikosenfüllung

Herstellung

Stollenform zur Hälfte mit
Buttermasse füllen, Aprikosenfüllung mit Tülle 15 mm ⌀
eindressieren. Form mit restlicher
Buttermasse auffüllen.

Backtemperatur

Oberhitze 190 °C
Unterhitze 190 °C
absinkend

*Aprikosen gedörrt:
5 Minuten in Wasser blanchieren
(10 % Zitronensaft beigeben).

Prépartion

(12 moules à stollen
de 23 × 10 × 7 cm)

Badigeonner avec du beurre
et chemiser avec des amandes
effilées, tamisées.

Masse aux abricots (1 600 g)

1 000 g d'abricots séchés*
250 g d'eau pour absorption
350 g de confiture d'abricots
*mélanger et passer
au mixeur*

Masse au beurre (6 670 g)

1 600 g de masse
aux amandes 1:1
(page 234)
1 200 g de beurre
550 g de sucre
15 g de sel
25 g d'amandes amères,
moulues
battre en mousse

550 g de jaune d'œuf
ajouter petit à petit

550 g de blanc d'œuf
350 g de dextrose
battre en neige

1 100 g de farine de
froment 400
700 g d'amandes blanches,
moulues
30 g de poudre à lever
incorporer

Poids au litre

800 g

**Poids de remplissage
par pièce**

550 g de masse au beurre
125 g de masse aux abricots

Fabrication

Remplir les moules à stollen
jusqu'à la moitié avec de
la masse au beurre, dresser
la masse aux abricots avec
une douille lisse de 15 mm ⌀.
Remplir les moules avec
le reste de la masse au beurre.

Température de cuisson

Chaleur supérieure 190 °C
Chaleur inférieure 190 °C
retombante

*Abricots séchés:
Blanchir 5 minutes dans
de l'eau avec une adjonction
de 10 % de jus de citron.

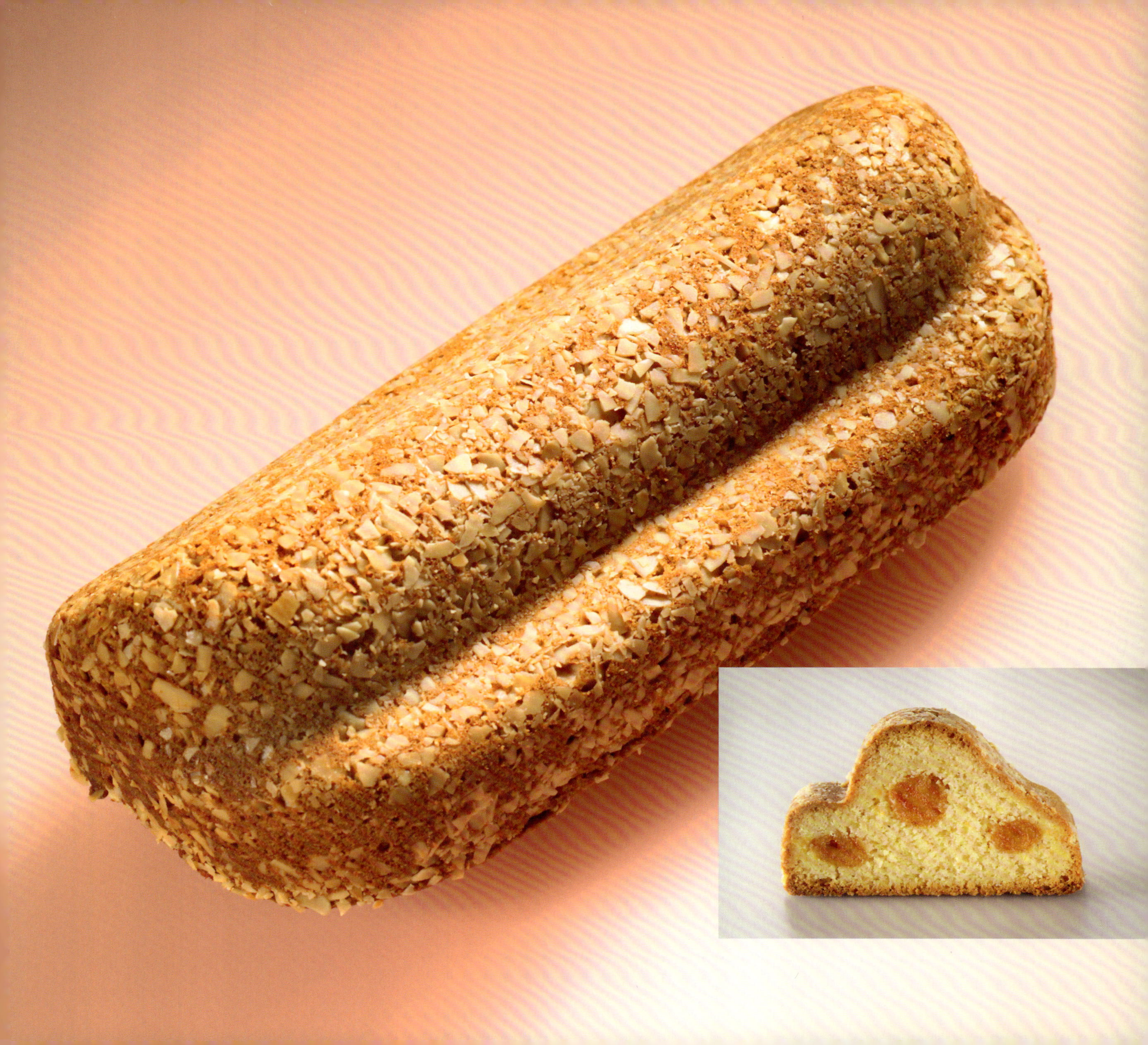

Dattel-Vollkorn-Stollen
Stollen complet aux dattes

Vorbereitung

(12 Stollenformen
23 × 10 × 7 cm)

Mit Butter ausstreichen und
Vollkornschrot einstreuen.

Buttermasse (7 400 g)

1 400 g	Butter
350 g	Dextrose
20 g	Zitronenschale
10 g	Salz
	schaumig rühren
700 g	Eigelb
	nach und nach beigeben
700 g	Eiweiss
700 g	Rohzucker
	zu Schnee schlagen
1 200 g	Weizenmehl 1 900
20 g	Backpulver
	daruntermischen
1 000 g	Datteln, gestückelt
800 g	Äpfel, grob geraffelt
500 g	Baumnüsse (Walnüsse), gehackt
	daruntermischen

Litergewicht

850 g

Einfüllgewicht je Stück

600 g Buttermasse

Backtemperatur

Oberhitze 180 °C
Unterhitze 180 °C
absinkend

Fertigstellen

Dreieck-Abstreifer auflegen und
mit Staubzucker (Puderschnee)
stauben.

Préparation

(12 moules à stollen
de 23 × 10 × 7 cm)

Badigeonner avec du beurre et
chemiser avec de la boulange
complète.

Masse au beurre (7 400 g)

1 400 g	de beurre
350 g	de dextrose
20 g	de zeste de citron
10 g	de sel
	battre en mousse
700 g	de jaune d'œuf
	ajouter petit à petit
700 g	de blanc d'œuf
700 g	de sucre brut
	battre en neige
1 200 g	de farine de froment 1 900
20 g	poudre à lever
	incorporer
1 000 g	de dattes en morceaux
800 g	de pommes, râpées grossièrement
500 g	de noix hachées
	incorporer

Poids au litre

850 g

**Poids de remplissage
par pièce**

600 g de masse au beurre

Température de cuisson

Chaleur supérieure 180 °C
Chaleur inférieure 180 °C
retombante

Finition

Poser un racloir avec une
forme dentelée sur la surface et
saupoudrer avec du sucre glace
(poudre à décorer).

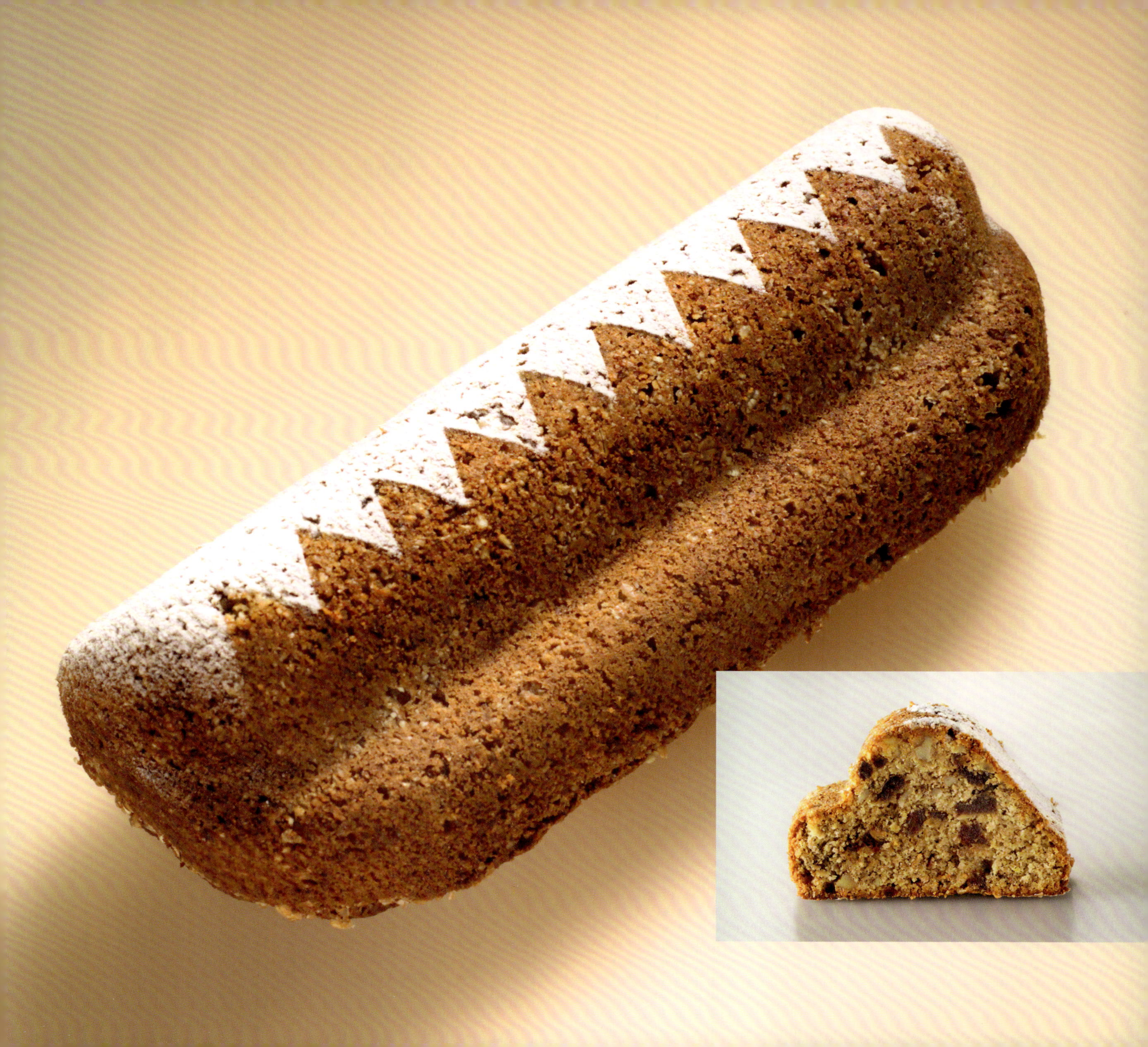

Kokos-Ananas-Cake
Cake noix de coco et ananas

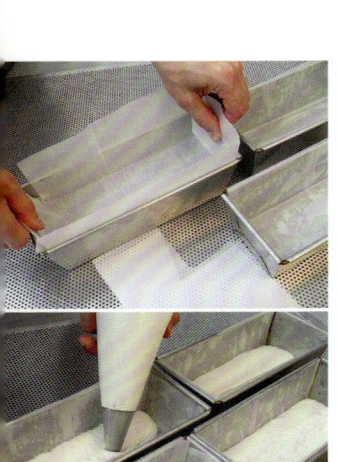

Vorbereitung
(12 Cakeformen 25 × 10 × 8 cm)
Mit Butter ausstreichen und Silikonpapier einlegen.

Holländermasse (7 560 g)
(Seite 40)

zusätzlich:
1 500 g Ananas gestückelt
400 g Mandeln weiss, gemahlen
180 g Weizenmehl 400
zusammenmischen und schonend unter die Holländermasse mischen

Kokos-Schneemasse (2 600 g)
800 g Eiweiss
400 g Zucker
zu Schnee schlagen
400 g Zucker
1 000 g Kokosraspel
daruntermischen

Einfüllgewicht je Stück
210 g Kokos-Schneemasse
800 g Ananas-Holländermasse

Backtemperatur
Oberhitze 180 °C
Unterhitze 180 °C
absinkend

Herstellung
Kokos-Schneemasse einfüllen, Ananas-Holländermasse daraufgeben und backen.

Fertigstellen
Seiten und Oberfläche mit Aprikotur anstreichen und mit Kokosraspeln einstreuen.

Préparation
(12 moules à cakes de 25 × 10 × 8 cm)
Badigeonner avec du beurre et garnir avec du papier silicone.

Masse hollandaise (7 560 g)
(Page 40)

à ajouter:
1 500 g d'ananas en morceaux
400 g d'amandes blanches, moulues
180 g de farine de froment 400
mélanger et incorporer délicatement à la masse hollandaise

Meringage à la noix de coco (2 600 g)
800 g de blanc d'œuf
400 g de sucre
battre en neige
400 g de sucre
1 000 g de noix de coco râpée
incorporer

Poids de remplissage par pièce
210 g de meringage à la noix de coco
800 g de masse hollandaise aux ananas

Température de cuisson
Chaleur supérieure 180 °C
Chaleur inférieure 180 °C
retombante

Fabrication
Remplir de meringage à la noix de coco, verser la masse hollandaise ananas par-dessus et cuire.

Finition
Badigeonner les côtés et la surface d'abricoture et garnir de noix de coco râpée.

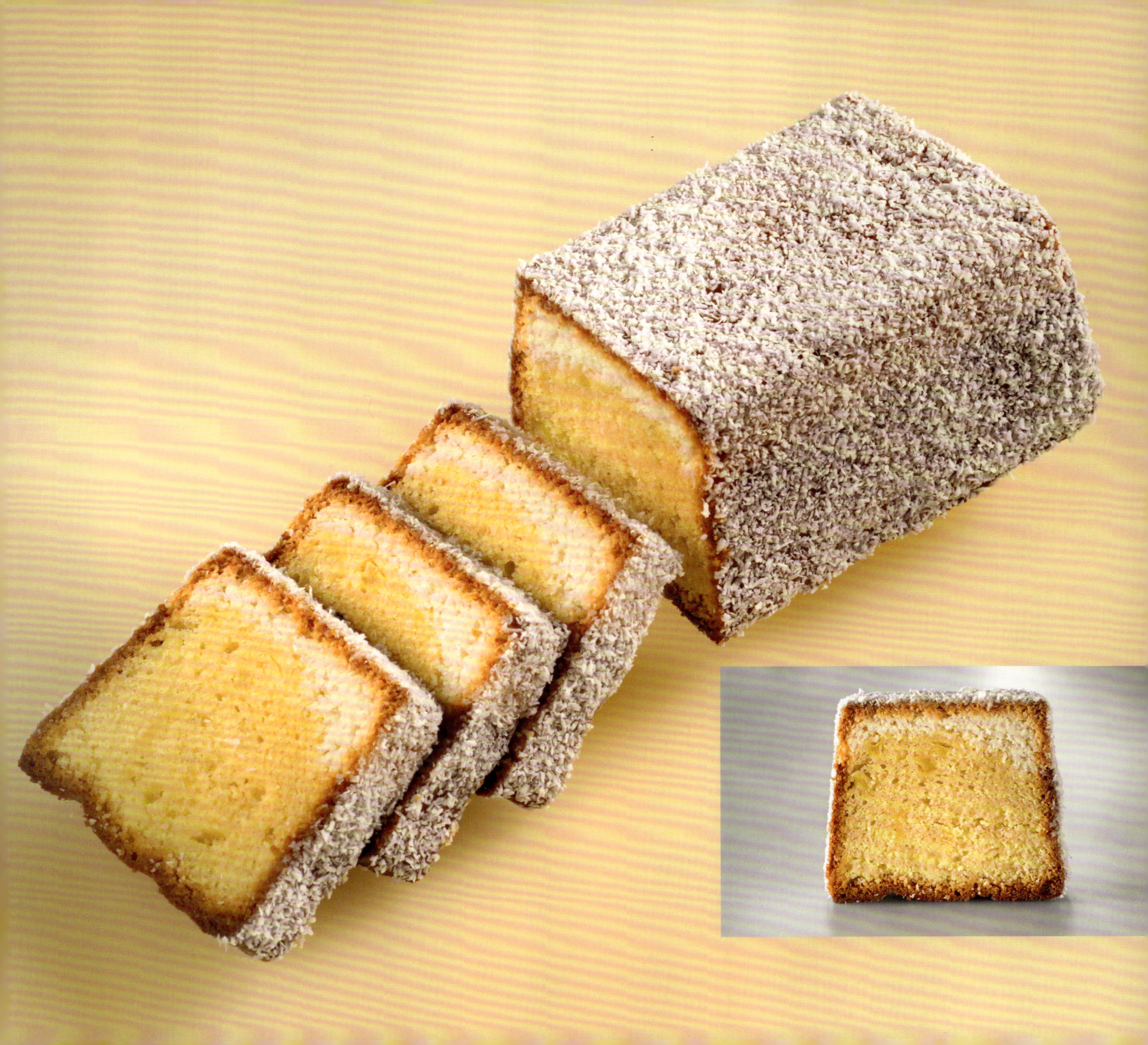

Süsskartoffel-Cake
Cake aux patates douces

Vorbereitung

(12 Cakeformen 25 × 10 × 8 cm)

Mit Butter ausstreichen,
Silikonpapier einlegen.

Süsskartoffeleinlage

3 000 g Süsskartoffeln, geschält
*grob raffeln, mit
Curry und Salz würzen,
in Bratbutter andünsten*

Buttermasse (12 760 g)

1 100 g Eigelb
 600 g Zucker
 500 g Dextrose
1 200 g Haselnüsse, gemahlen
im Mixer emulgieren

1 800 g Butter
*auf 80 °C erhitzen
und langsam beigeben*

1 000 g Vanillecreme
(Seite 242)

1 000 g Eiweiss
 800 g Zucker
  30 g Salz
zu Schnee schlagen

1 600 g Weizenmehl 400
 400 g Weizenstärke
  30 g Backpulver
*absieben und
daruntermischen*

2 700 g Süsskartoffeleinlage,
abgekühlt
daruntermischen

Litergewicht

970 g

Einfüllgewicht je Stück

1 050 g Buttermasse

Backtemperatur

Oberhitze   180 °C
Unterhitze   180 °C
absinkend

Préparation

(12 moules à cake
de 25 × 10 × 8 cm)

Badigeonner avec du beurre et
garnir avec du papier silicone.

**Préparation
des patates douces**

3 000 g de patates douces,
épluchées
*râper grossièrement,
assaisonner avec
du curry et du sel, puis
rôtir dans du beurre*

Masse au beurre (12 760 g)

1 100 g de jaune d'œuf
 600 g de sucre
 500 g de dextrose
1 200 g de noisettes moulues
émulsifier au mixeur

1 800 g de beurre
*chauffer à 80 °C et
ajouter lentement*

1 000 g de crème vanille
(page 242)

1 000 g de blanc d'œuf
 800 g de sucre
  30 g de sel
battre en neige

1 600 g de farine de
froment 400
 400 g d'amidon de froment
  30 g de poudre à lever
*tamiser ensemble et
incorporer*

2 700 g de préparation de
patates douces refroidie
incorporer

Poids au litre

970 g

**Poids de remplissage
par pièce**

1 050 g de masse au beurre

Température de cuisson

Chaleur supérieure   180 °C
Chaleur inférieure   180 °C
retombante

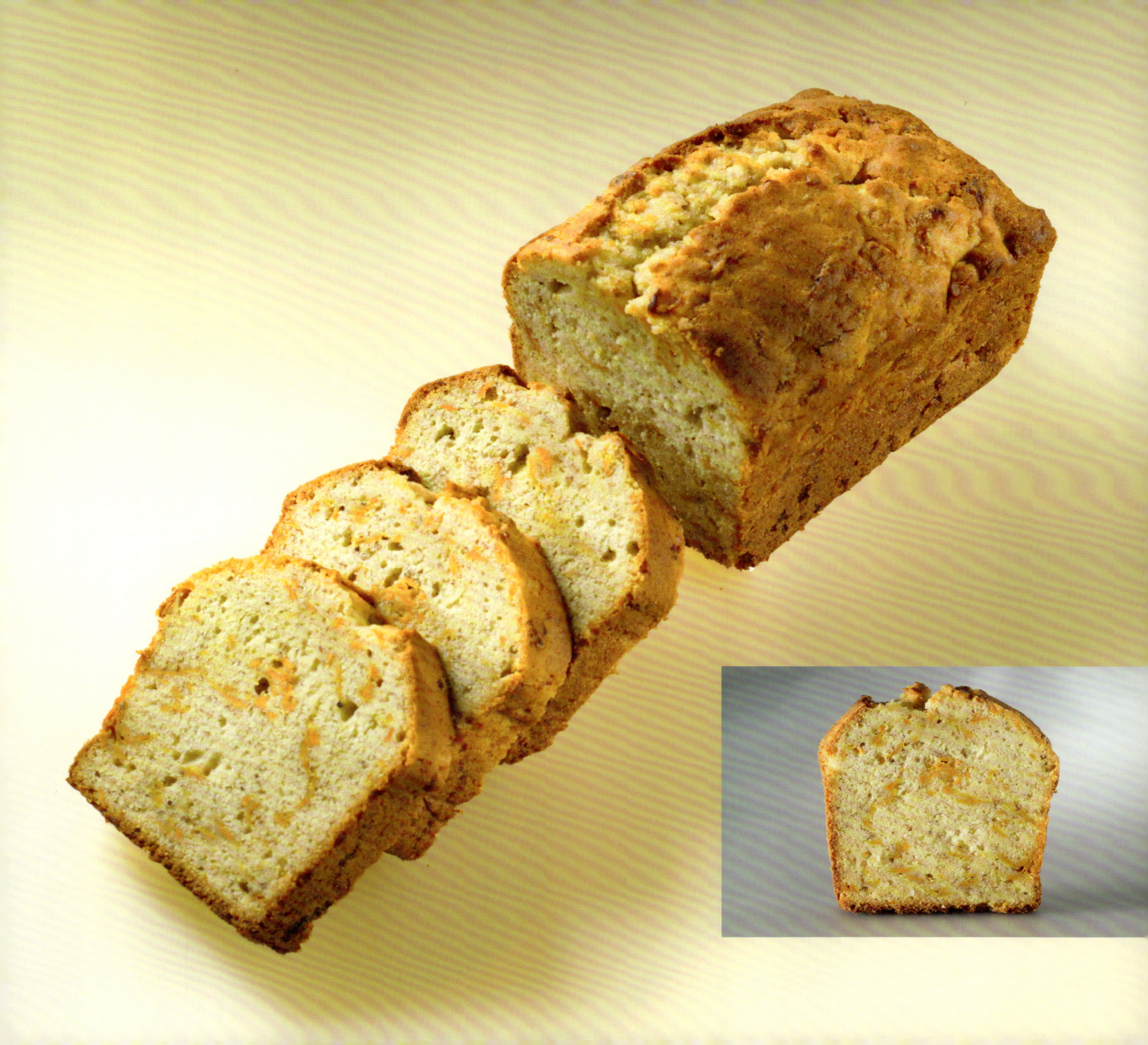

Cappuccino-Cake
Cake cappuccino

Vorbereitung

(12 Cakeformen 25 × 10 × 8 cm)

Mit Butter ausstreichen und weisse, gemahlene Mandeln einstreuen.

Holländermasse (7 560 g)

(Seite 40)

zusätzlich:

- 60 g Instant-Kaffee
- 60 g Kirsch (40 % Vol.)
- 200 g Mocca-Couleur
  während dem Schaumigrühren beigeben
- 500 g Kakao-Nibs
- 150 g Weizenmehl 400
  am Schluss daruntermischen

Mandel-Schneemasse (1 850 g)

- 600 g Eiweiss
- 300 g Zucker
  zu Schnee schlagen
- 270 g Zucker
- 30 g Vanillezucker
- 600 g Mandeln weiss, gemahlen
- 30 g Bittermandeln, gemahlen
  daruntermischen

Einfüllgewicht je Stück

- 700 g Kaffee-Holländermasse
- 150 g Mandel-Schneemasse

Herstellung

Kaffee-Holländermasse einfüllen, Mandel-Schneemasse mit Tülle 17 mm ⌀ aufdressieren, mit wenig Kakaopulver stauben und backen.

Backtemperatur

Oberhitze 180 °C
Unterhitze 180 °C
absinkend

Préparation

(12 moules à cake de 25 × 10 × 8 cm)

Badigeonner avec du beurre et chemiser avec des amandes blanches, moulues.

Masse hollandaise (7 560 g)

(Page 40)

à ajouter:

- 60 g de café lyophilisé
- 60 g de kirsch (40 % vol.)
- 200 g de couleur moka
  ajouter lors du battage
- 500 g de Nibs de cacao
- 150 g de farine de froment 400
  incorporer à la fin

Meringage aux amandes (1 850 g)

- 600 g de blanc d'œuf
- 300 g de sucre
  battre en neige
- 270 g de sucre
- 30 g de sucre vanillé
- 600 g d'amandes blanches, moulues
- 30 g d'amandes amères, moulues
  incorporer

Poids de remplissage par pièce

- 700 g de masse hollandaise au café
- 150 g de meringage aux amandes

Fabrication

Remplir de masse hollandaise au café, dresser le meringage aux amandes avec une douille lisse de 17 mm ⌀, saupoudrer légèrement de cacao en poudre et cuire.

Température de cuisson

Chaleur supérieure 180 °C
Chaleur inférieure 180 °C
retombante

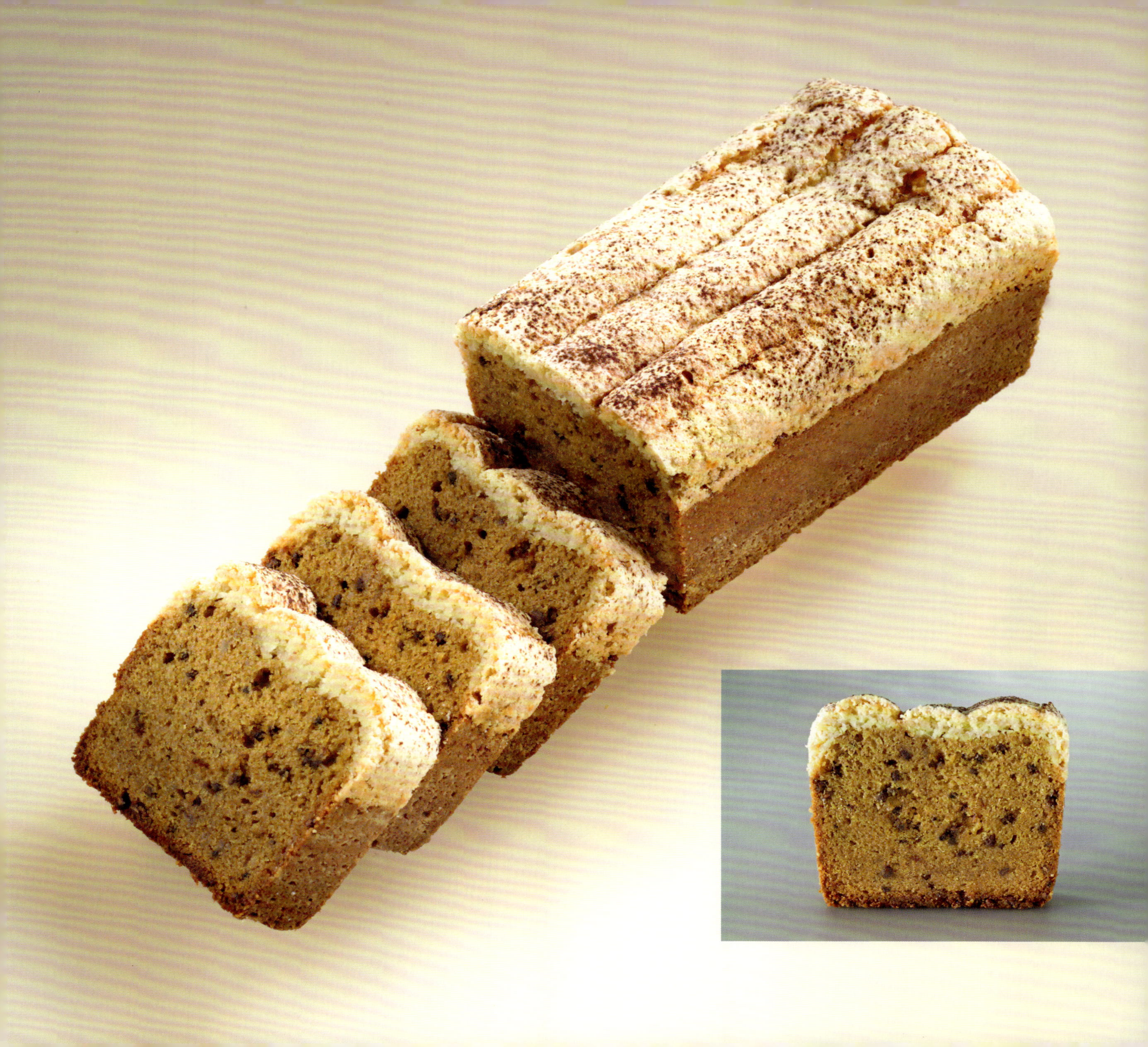

Orangen-Cake
Cake à l'orange

Vorbereitung

(12 Cakeformen 25 × 10 × 8 cm)

Mit Butter ausstreichen und Mehl einstreuen.

Orangensirup (960 g)

- 500 g Orangensaft
- 130 g Zucker
- 330 g Cointreau (60 % Vol.)
  mischen

Buttermasse (9 250 g)

- 1 400 g Marzipanrohmasse (65 % Mandeln)
- 700 g Eigelb
- 300 g Invertzucker
- 150 g Cointreau (60 % Vol.)
- 80 g Vanillezucker
- 40 g Zitronenschale
- 10 g Salz
  im Mixer emulgieren
- 1 400 g Butter
  auf 80 °C erhitzen und langsam beigeben
- 1 050 g Eiweiss
- 1 000 g Zucker
- 120 g Weizenstärke
  zu Schnee schlagen
- 1 400 g Weizenmehl 400
- 1 600 g Orangeat, gewürfelt
  daruntermischen

Litergewicht

740 g

Einfüllgewicht je Stück

760 g Buttermasse

Backtemperatur

Oberhitze 180 °C
Unterhitze 180 °C
absinkend

Fertigstellen

Oberfläche der Cakes gerade schneiden, mit je 80 g Orangensirup befeuchten und mit Couverture glatt streichen. Auf Gitter drehen, mit temperierter, heller Couverture übergiessen und oranger Überzugmasse filieren.

Préparation

(12 moules à cake de 25 × 10 × 8 cm)

Badigeonner avec du beurre et chemiser avec de la farine.

Sirop à l'orange (960 g)

- 500 g de jus d'orange
- 130 g de sucre
- 330 g de Cointreau (60 % vol.)
  mélanger

Masse au beurre (9 250 g)

- 1 400 g de massepain (65 % d'amandes)
- 700 g de jaune d'œuf
- 300 g de sucre inverti
- 150 g de Cointreau (60 % vol.)
- 80 g de sucre vanillé
- 40 g de zeste de citron
- 10 g de sel
  émulsifier au mixeur
- 1 400 g de beurre
  chauffer à 80 °C et ajouter lentement
- 1 050 g de blanc d'œuf
- 1 000 g de sucre
- 120 g d'amidon de froment
  battre en neige
- 1 400 g de farine de froment 400
- 1 600 g d'orangeat en cubes
  incorporer

Poids au litre

740 g

Poids de remplissage par pièce

760 g de masse au beurre

Température de cuisson

Chaleur supérieure 180 °C
Chaleur inférieure 180 °C
retombante

Finition

Découper la surface bien à plat, humecter avec 80 g de sirop à l'orange et lisser avec de la couverture. Retourner sur une grille, enrober de couverture claire tempérée et filer avec de la masse à glacer orange.

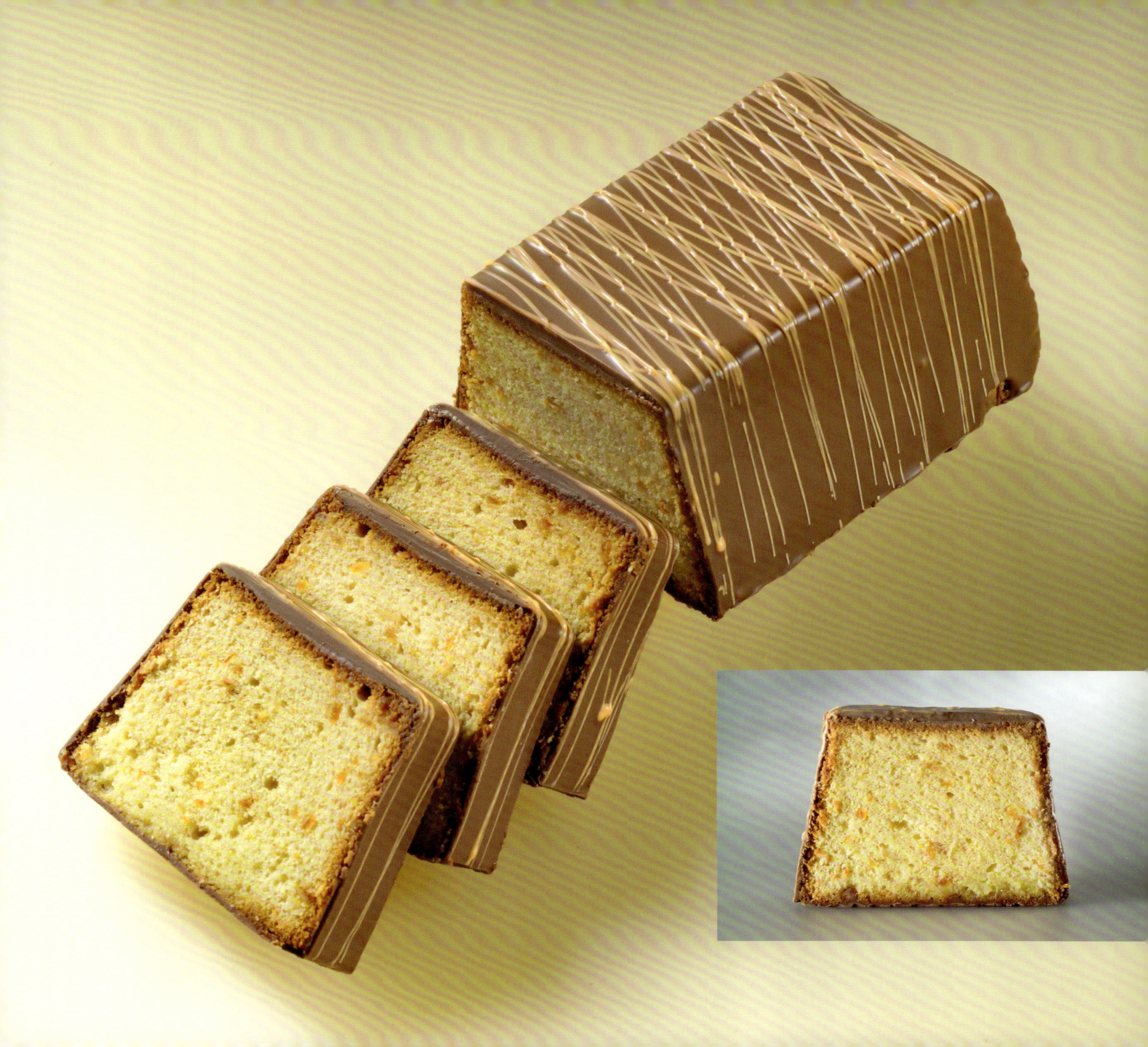

Karls Vollwert-Cake mit Rum-Pflaumen
Cake complet aux pruneaux et rhum

Vorbereitung
(12 Cakeformen 25 × 10 × 8 cm)

Mit Butter ausstreichen und Weizenmehl 1 900 einstreuen.

Rum-Pflaumen (3 100 g)

2 000 g	Dörrpflaumen
550 g	Rum (40 % Vol.)
550 g	Sirup 30 °Bé

in Einmachgläser abfüllen und mindestens 3 Tage quellen lassen

Einlage (1 150 g)

300 g	Sonnenblumenkerne, geröstet
300 g	Kürbiskerne, geröstet
300 g	Wasser, heiss *über Nacht einweichen*
250 g	Orangeat

Buttermasse (13 508 g)

900 g	Mandelmasse 1:1 (Seite 234)
900 g	Eigelb
120 g	Vanillezucker
15 g	Salz
15 g	Zitronenschale
15 g	Zimt
3 g	Kardamom

im Mixer emulgieren

2 300 g	Butter *auf 80 °C erhitzen und langsam beigeben*
1 500 g	Eiweiss
720 g	Rohzucker
720 g	Honig *zu Schnee schlagen*
2 200 g	Weizenmehl 1 900
3 000 g	Rum-Pflaumen, abgetropft
1 100 g	Einlage, abgetropft *mit wenig Mehl bestäuben und daruntermischen*

Litergewicht
950 g

Einfüllgewicht je Stück

1 100 g	Buttermasse

Backtemperatur

Oberhitze	180 °C
Unterhitze	180 °C
absinkend	

Préparation
(12 moules à cake de 25 × 10 × 8 cm)

Badigeonner avec du beurre et chemiser avec de la farine de froment 1 900.

Pruneaux au rhum (3 100 g)

2 000 g	de pruneaux secs
550 g	de rhum (40 % vol.)
550 g	de sirop 30 °Bé

placer dans des bocaux de conserve et laisser macérer au minimum trois jours

Base (1 150 g)

300 g	de graines de tournesol rôties
300 g	de graines de courge rôties
300 g	d'eau bouillante *laisser tremper une nuit*
250 g	d'orangeat

Masse au beurre (13 508 g)

900 g	de masse aux amandes 1:1 (page 234)
900 g	de jaune d'œuf
120 g	de sucre vanillé
15 g	de sel
15 g	de zeste de citron
15 g	de cannelle
3 g	de cardamome

émulsifier au mixeur

2 300 g	de beurre *chauffer à 80 °C et ajouter lentement*
1 500 g	de blanc d'œuf
720 g	de sucre brut
720 g	de miel *battre en neige*
2 200 g	de farine de froment 1 900
3 000 g	de pruneaux au rhum égouttés
1 100 g	de base égouttée *saupoudrer légèrement de farine et incorporer*

Poids au litre
950 g

Poids de remplissage par pièce

1 100 g	de masse au beurre

Température de cuisson

Chaleur supérieure	180 °C
Chaleur inférieure	180 °C
retombante	

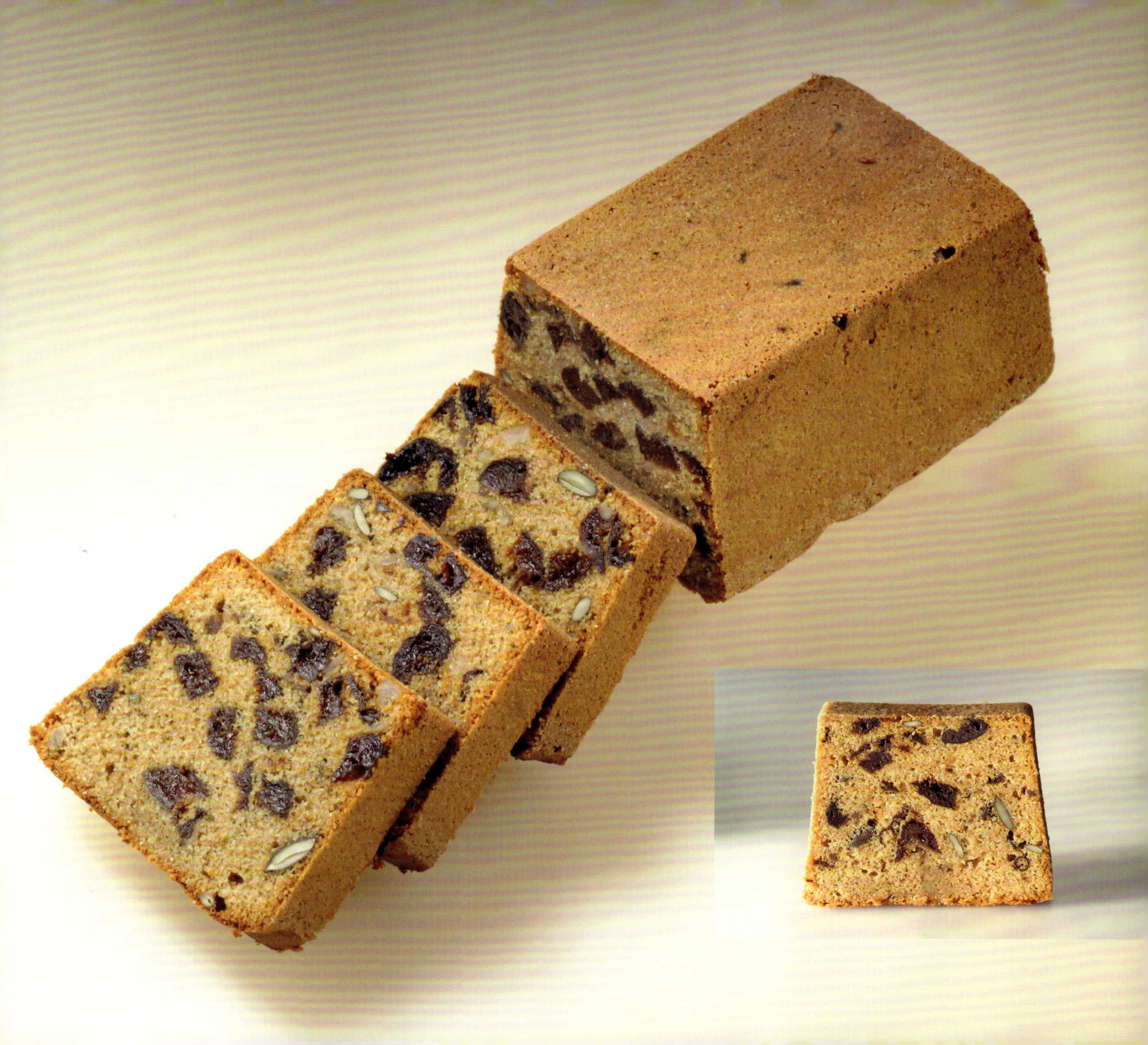

Anis-Cake
Cake à l'anis

Vorbereitung

(12 Cakeformen 25 × 10 × 8 cm)

Mit Butter ausstreichen, Sandelholzpulver und weisse, gemahlene Mandeln (mit 0,05 % Sandelholz) einstreuen.

Buttermasse (9 650 g)

1 750 g	Mandelmasse 1:1 (Seite 234)
950 g	Eigelb
100 g	Vanillezucker
50 g	Zitronenschale
20 g	Salz
	im Mixer emulgieren
1 750 g	Butter
	auf 80 °C erhitzen und langsam beigeben
1 350 g	Eiweiss
1 200 g	Zucker
430 g	Dextrose
120 g	Weizenstärke
	zu Schnee schlagen
1 750 g	Weizenmehl 400
170 g	Anis, gebrochen
	daruntermischen

Litergewicht

800 g

Einfüllgewicht je Stück

790 g Buttermasse

Backtemperatur

Oberhitze   180 °C
Unterhitze   180 °C
absinkend

Préparation

(12 moules à cakes de 25 × 10 × 8 cm)

Badigeonner avec du beurre et chemiser avec de la poudre de bois de santal et des amandes blanches, moulues (avec 0,05 % de bois de santal).

Masse au beurre (9 650 g)

1 750 g	de masse aux amandes 1:1 (page 234)
950 g	de jaune d'œuf
100 g	de sucre vanillé
50 g	de zeste de citron
20 g	de sel
	émulsifier au mixeur
1 750 g	de beurre
	chauffer à 80 °C et ajouter lentement
1 350 g	de blanc d'œuf
1 200 g	de sucre
430 g	de dextrose
120 g	d'amidon de froment
	battre en neige
1 750 g	de farine de froment 400
170 g	d'anis broyé
	incorporer

Poids au litre

800 g

Poids de remplissage par pièce

790 g de masse au beurre

Température de cuisson

Chaleur supérieure   180 °C
Chaleur inférieure   180 °C
retombante

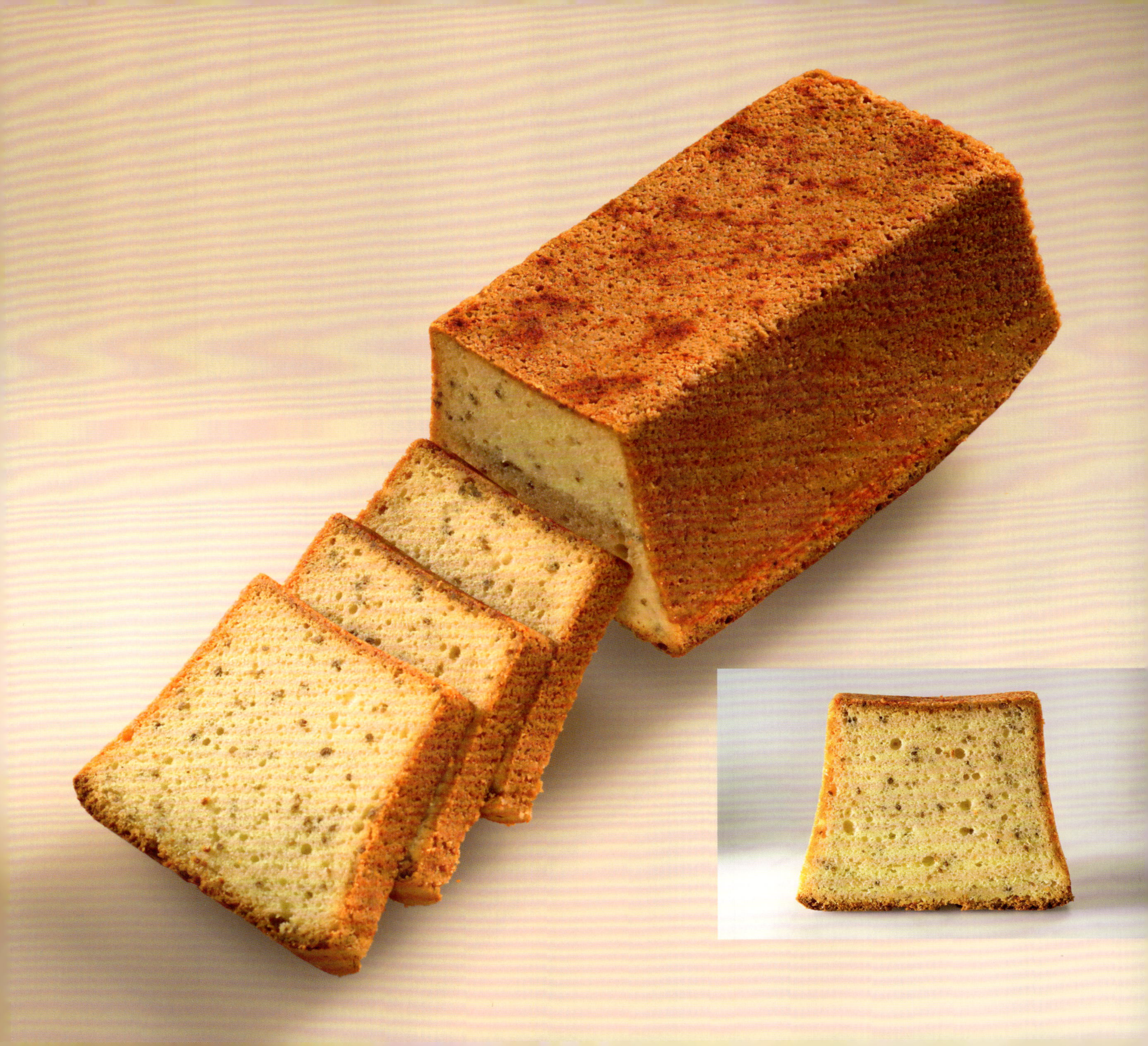

Rehrücken (neue Variante)
Selle de chevreuil (nouvelle variante)

Vorbereitung
(12 Cakeformen 25 × 10 × 8 cm)

Mit Butter ausstreichen und gehobelte, ausgesiebte Mandeln einstreuen.

Schokoladen-Japonaismasse (3 120 g)

- 900 g Eiweiss
- 700 g Zucker
  zu Schnee schlagen
- 440 g Zucker
- 900 g Mandeln roh, gemahlen
- 180 g Schokoladenpulver
  daruntermischen

Mandel-Buttermasse (7 870 g)

- 3 300 g Mandelmasse (Seite 234)
- 1 300 g Butter
  schaumig rühren
- 2 000 g Eier
  nach und nach beigeben
- 1 200 g Weizenmehl 400
- 40 g Backpulver
- 40 g Zitronenschale
  daruntermischen

Litergewicht
860 g

Einfüllgewicht je Stück
- 250 g Japonaismasse
- 650 g Mandel-Buttermasse

Herstellung
Japonaismasse in die Formen dressieren und Mandel-Buttermasse einfüllen.

Backtemperatur
Oberhitze 190 °C
Unterhitze 190 °C
absinkend

Préparation
(12 moules à cakes de 25 × 10 × 8 cm)

Badigeonner avec du beurre et chemiser avec des amandes effilées, tamisées.

Masse à japonais chocolat (3 120 g)

- 900 g de blanc d'œuf
- 700 g de sucre
  battre en neige
- 440 g de sucre
- 900 g d'amandes brutes, moulues
- 180 g de chocolat en poudre
  incorporer

Masse au beurre amandes (7 870 g)

- 3 300 g de masse aux amandes 1:1 (page 234)
- 1 300 g de beurre
  battre en mousse
- 2 000 g d'œuf
  ajouter petit à petit
- 1 200 g de farine de froment 400
- 40 g de poudre à lever
- 40 g de zeste de citron
  incorporer

Poids au litre
860 g

Poids de remplissage par pièce
- 250 g de masse à japonais chocolat
- 650 g de masse au beurre aux amandes

Fabrication
Dresser la masse à japonais dans les moules et remplir de masse au beurre aux amandes.

Température de cuisson
Chaleur supérieure 190 °C
Chaleur inférieure 190 °C
retombante

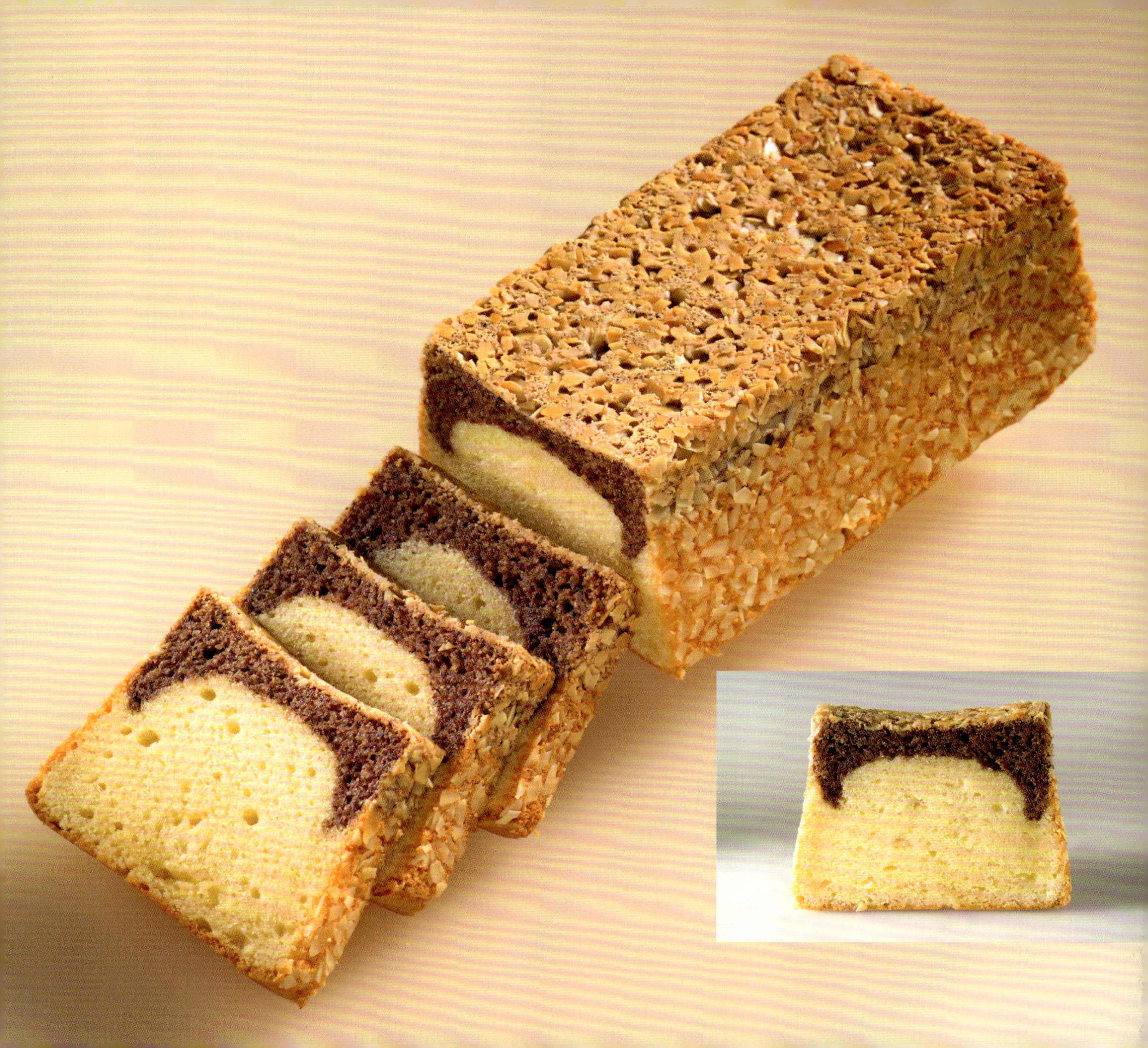

Schoko-Minze-Cake
Cake choco-menthe

Vorbereitung

(12 Cakeformen 25 × 10 × 8 cm)

Mit Butter ausstreichen und weisse, gemahlene Mandeln einstreuen.

- 120 g Couverture, geraspelt
  aufstreuen

Holländermasse (7 560 g)

(Seite 40)

zusätzlich:
- 120 g Pfefferminz-Likör (24 % Vol.)
- 50 g Pfefferminzblätter, fein geschnitten
  während dem Schaumigrühren beigeben
- 500 g Couverture dunkel, geraspelt
- 100 g Weizenmehl 400
- 50 g Kakaopulver
  am Schluss daruntermischen

Mandel-Schneemasse (1 850 g)

- 600 g Eiweiss
- 400 g Zucker
  zu Schnee schlagen
- 170 g Zucker
- 50 g Pfefferminz-Likör (24 % Vol.)
- 600 g Mandeln weiss, gemahlen
- 30 g Pfefferminzblätter, fein geschnitten
  daruntermischen

Einfüllgewicht je Stück

- 690 g Holländermasse
- 150 g Mandel-Schneemasse

Herstellung

Holländermasse einfüllen, Mandel-Schneemasse auf der Oberfläche verteilen, mit dem Spatelmesser strukturieren.

Backtemperatur

Oberhitze 180 °C
Unterhitze 180 °C
absinkend

Préparation

(12 moules à cakes de 25 × 10 × 8 cm)

Badigeonner avec du beurre et chemiser avec des amandes blanches, moulues.

- 120 g de couverture râpée
  répartir

Masse hollandaise (7 560 g)

(Page 40)

à ajouter :
- 120 g de liqueur de menthe (24 % vol.)
- 50 g de feuilles de menthe, finement ciselées
  ajouter en cours de battage
- 500 g de couverture foncée, râpée
- 100 g de farine de froment 400
- 50 g de cacao en poudre
  incorporer à la fin

Meringage aux amandes (1 850 g)

- 600 g de blanc d'œuf
- 400 g de sucre
  battre en neige
- 170 g de sucre
- 50 g de liqueur de menthe (24 % vol.)
- 600 g d'amandes blanches, moulues
- 30 g de feuilles de menthe, finement ciselées
  incorporer

Poids de remplissage par pièce

- 690 g de masse hollandaise
- 150 g de meringage aux amandes

Fabrication

Remplir de masse hollandaise, répartir le meringage aux amandes à la surface et structurer avec un couteau spatule.

Température de cuisson

Chaleur supérieure 180 °C
Chaleur inférieure 180 °C
retombante

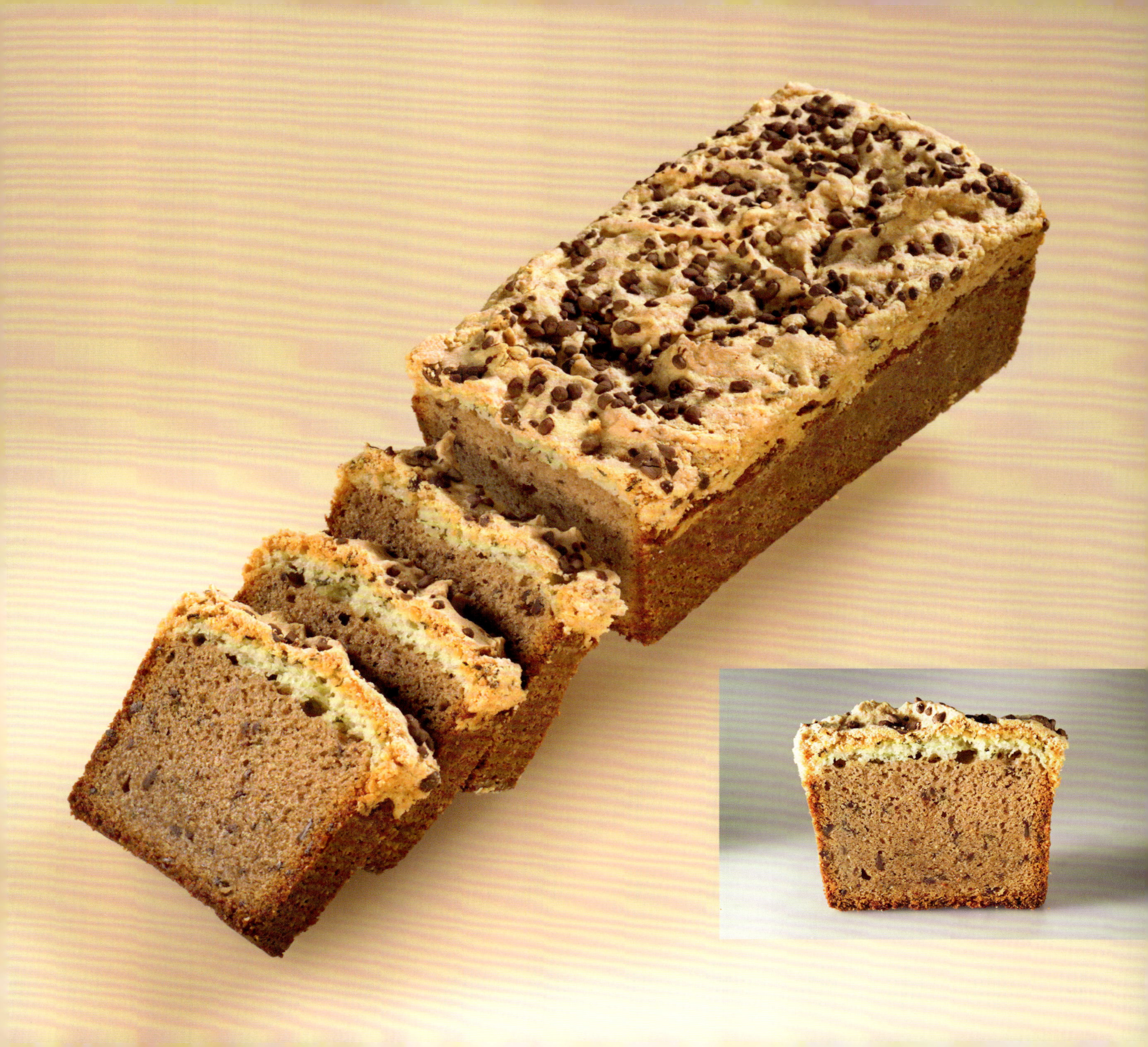

Himbeer-Cake
Cake framboise

Vorbereitung
(12 Cakeformen 25 × 10 × 8 cm)
Mit Butter ausstreichen und Mehl einstreuen.

Himbeersirup (960 g)

900 g	Himbeersirup
300 g	Wasser
	mischen

Buttermasse (10 760 g)

1 500 g	Mandelmasse 1:1 (Seite 234)
800 g	Eigelb
450 g	Dextrose
100 g	Vanillezucker
50 g	Orangenschale
10 g	Salz
	im Mixer emulgieren
1 500 g	Butter
	auf 80 °C erhitzen und langsam beigeben
1 100 g	Eiweiss
1 100 g	Zucker
450 g	Weizenstärke
	zu Schnee schlagen
1 600 g	Himbeergriess
500 g	Biscuitbrösel
	mischen und beigeben
1 600 g	Weizenmehl 400
	daruntermischen

Litergewicht
750 g

Einfüllgewicht je Stück
880 g Buttermasse

Backtemperatur
Oberhitze 180 °C
Unterhitze 180 °C
absinkend

Fertigstellen
Oberfläche der Cakes gerade schneiden, mit je 100 g Himbeersirup befeuchten und mit Couverture glatt streichen. Auf Gitter drehen, mit temperierter, dunkler Couverture und 10 % Öl übergiessen, mit roter Überzugmasse filieren und marmorieren.

Hinweis
Gefrorenes Himbeergriess kann gut verwendet werden, muss aber unbedingt aufgetaut beigegeben werden (Zimmertemperatur).

Préparation
(12 moules à cakes de 25 × 10 × 8 cm)
Badigeonner avec du beurre et chemiser avec de la farine.

Sirop framboise (960 g)

900 g	de sirop de framboise
300 g	d'eau
	mélanger

Masse au beurre (10 760 g)

1 500 g	de masse aux amandes 1:1 (page 234)
800 g	de jaune d'œuf
450 g	de dextrose
100 g	de sucre vanillé
50 g	de zeste d'orange
10 g	de sel
	émulsifier au mixeur
1 500 g	de beurre
	chauffer à 80 °C et ajouter lentement
1 100 g	de blanc d'œuf
1 100 g	de sucre
450 g	d'amidon de froment
	battre en neige
1 600 g	de grains de framboises
500 g	de brisures de biscuit
	mélanger et ajouter
1 600 g	de farine de froment 400
	incorporer

Poids au litre
750 g

Poids de remplissage par pièce
880 g de masse au beurre

Température de cuisson
Chaleur supérieure 180 °C
Chaleur inférieure 180 °C
retombante

Finition
Découper la surface bien à plat, humecter avec 100 g de sirop framboise et lisser avec de la couverture. Retourner sur une grille, enrober de couverture foncée, tempérée et 10 % d'huile, filer avec de la masse à glacer rouge et marbrer.

Conseil
Les grains de framboises s'utilisent facilement, cependant, ils doivent impérativement être décongelés avant d'être ajoutés (température ambiante).

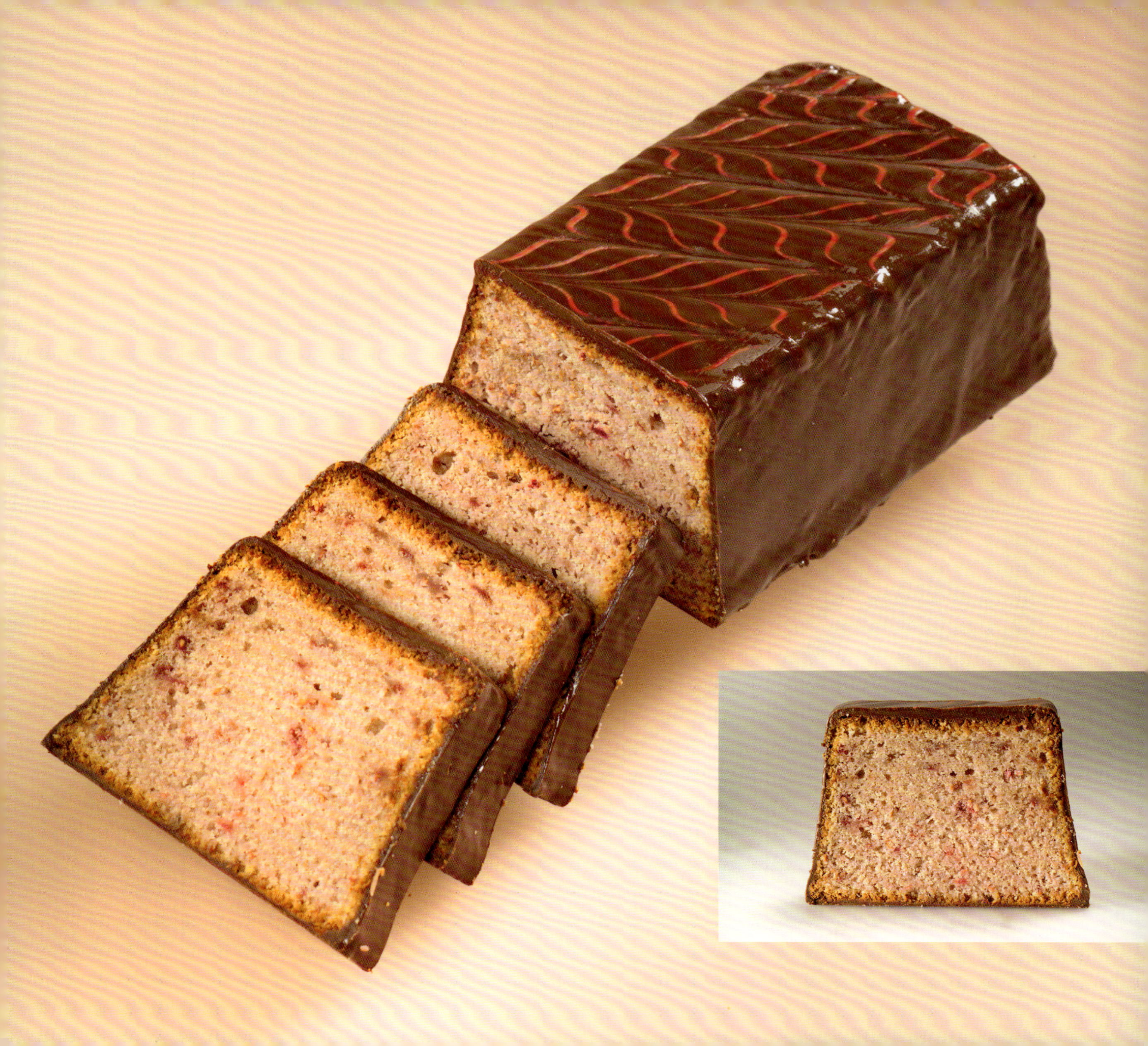

Englisch-Cake
Cake anglais

Vorbereitung

(2 Alurahmen 44 × 24 × 5 cm)

- 600 g Aprikosenkonfitüre (Seite 244)
- 800 g Rouladenbiscuit (Seite 237)

Buttermasse (4050 g)

- 950 g Butter
- 950 g Zucker
- 20 g Salz
- 30 g Zitronenschale
  schaumig rühren
- 1000 g Eier
  nach und nach beigeben
- 950 g Weizenmehl 400
- 150 g Mandeln weiss, gemahlen
  daruntermischen

Einlage (5550 g)

- 1700 g Korinthen
- 1700 g Sultaninen
- 700 g Orangeat/Zitronat
- 700 g Kirschen, confiert
- 175 g Rum (40 % Vol.)
- 175 g Sorbit, flüssig
  zusammen einweichen
- 200 g Baumnüsse (Walnüsse), gehackt
  unter die Buttermasse mischen

Einfüllgewicht je Stück

- 4750 g Buttermasse mit Einlage

Backtemperatur

Oberhitze 180 °C
Unterhitze 180 °C
absinkend

Hinweis
Auf Silikonpapier mit Kartonunterlage backen.

Fertigstellen

Ausgekühlte Cakes in 6 Stangen à 8 × 44 cm schneiden, mit Aprikosenkonfitüre bestreichen und Rouladenbiscuit einrollen. Oberfläche aprikotieren, mit gehobelten Mandeln bestreuen und Staubzucker (Puderschnee) stauben.

Préparation

(2 cadres alu de 44 × 24 × 5 cm)

- 600 g de confiture d'abricots (page 244)
- 800 g de biscuit roulade (page 237)

Masse au beurre (4050 g)

- 950 g de beurre
- 950 g de sucre
- 20 g de sel
- 30 g de zeste de citron
  battre en mousse
- 1000 g d'œuf
  ajouter petit à petit
- 950 g de farine de froment 400
- 150 g d'amandes blanches, moulues
  incorporer

Adjonction (5550 g)

- 1700 g de raisins de Corinthe
- 1700 g de raisins sultans
- 700 g d'orangeat/citronat
- 700 g de cerises confites
- 175 g de rhum (40 % vol.)
- 175 g de sorbitol liquide
  laisser macérer ensemble
- 200 g de noix hachées
  incorporer à la masse au beurre

Poids de remplissage par pièce

- 4750 g de masse au beurre avec adjonction

Température de cuisson

Chaleur supérieure 180 °C
Chaleur inférieure 180 °C
retombante

Conseil
Cuire sur du papier silicone avec une isolation en carton.

Finition

Couper le cake refroidi en 6 barres de 8 × 44 cm, chemiser avec la confiture d'abricots et emballer avec le biscuit roulade. Abricoter la surface, garnir d'amandes effilées et saupoudrer de sucre glace (poudre à décorer).

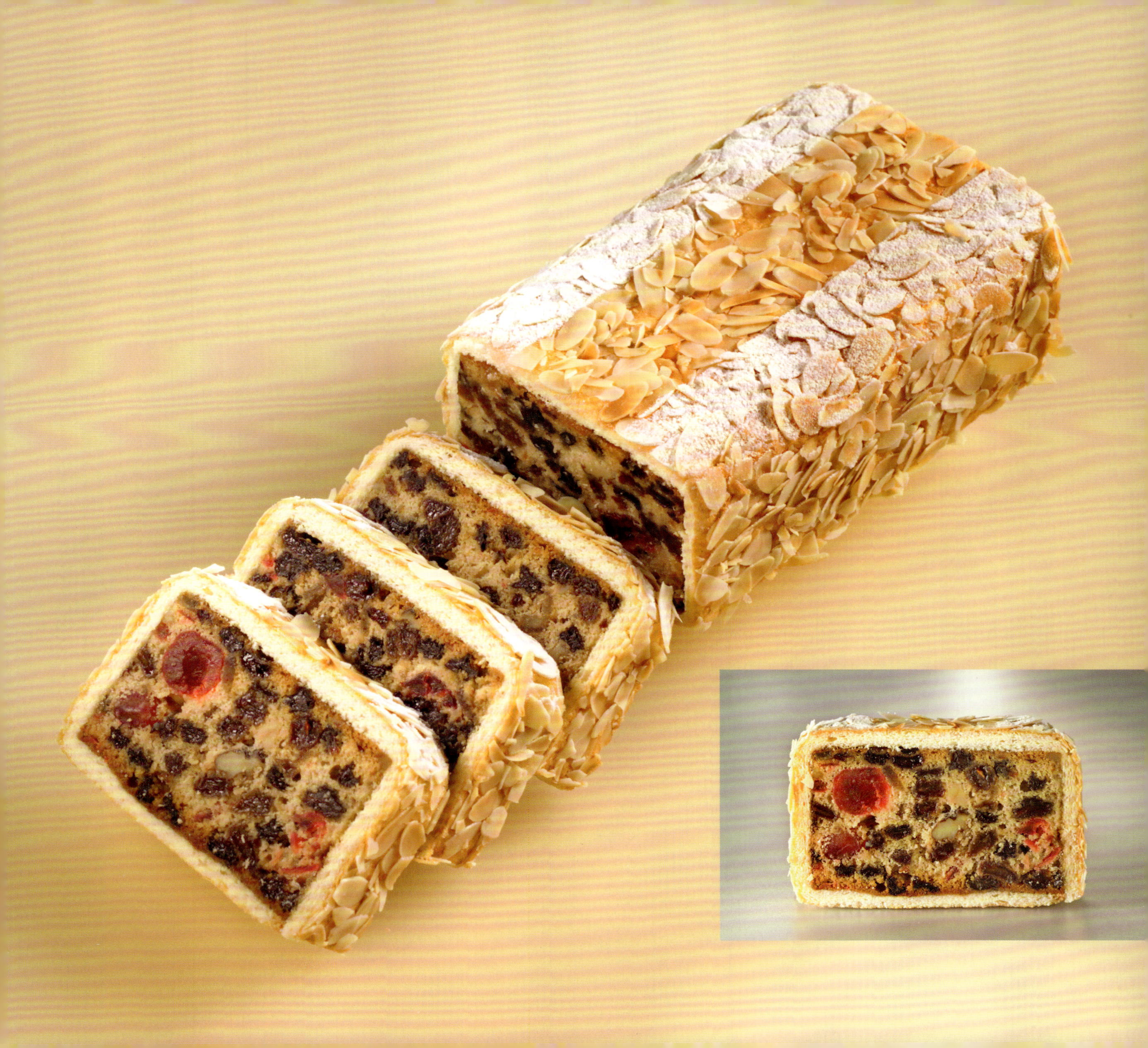

Cake Apricotine
Cake à l'abricot

Vorbereitung

(2 Alurahmen 44 × 24 × 5 cm)

- 600 g Aprikosenkonfitüre (Seite 244)
- 1500 g Marzipan, orange

Buttermasse (4050 g)

(Seite 166)

Aprikoseneinlage (5550 g)

- 3000 g Aprikosen, gedörrt, gestückelt 1 × 1 cm
- 600 g Wasser
- 600 g Sorbit, flüssig
- 200 g Zitronensaft
  20 Minuten bei 80 °C sterilisieren und abkühlen
- 150 g Mandeln weiss, gehackt, geröstet
- 1000 g Couverture (65 %), grob geraspelt, ausgesiebt
  unter die Buttermasse mischen

Einfüllgewicht je Stück

4750 g Buttermasse mit Einlage

Backtemperatur

Oberhitze 180 °C
Unterhitze 180 °C
absinkend

Hinweis
Auf Silikonpapier mit Kartonunterlage backen.

Fertigstellen

In 6 Stangen à 44 cm schneiden und mit Aprikosenkonfitüre bestreichen. Marzipan mit Strukturwalze zeichnen und Cakes damit einrollen. Mit Airbrushpistole Kontrastfarbe aufsprühen. Couverture-Tupfen mit gestückelten Aprikosen auflegen.

Préparation

(2 cadres alu de 44 × 24 × 5 cm)

- 600 g de confiture d'abricots (page 244)
- 1500 g de massepain orange

Masse au beurre (4050 g)

(Page 166)

Adjonction aux abricots (5550 g)

- 3000 g d'abricots secs, coupés en morceaux de 1 × 1 cm
- 600 g d'eau
- 600 g de sorbitol liquide
- 200 g de jus de citron
  stériliser 20 minutes à 80 °C et refroidir
- 150 g d'amandes blanches, hachées et rôties
- 1000 g de couverture (65 %), râpée grossièrement et tamisée
  incorporer à la masse au beurre

Poids de remplissage par pièce

4750 g de masse au beurre avec adjonction

Température de cuisson

Chaleur supérieure 180 °C
Chaleur inférieure 180 °C
retombante

Conseil
Cuire sur du papier silicone avec une isolation en carton.

Finition

Couper en 6 barres de 8 × 44 cm et chemiser de confiture d'abricots. Marquer le massepain avec le rouleau structuré et emballer les cakes. Gicler une couleur contraste à l'aérographe. Dresser des points de couverture et garnir de morceaux d'abricots.

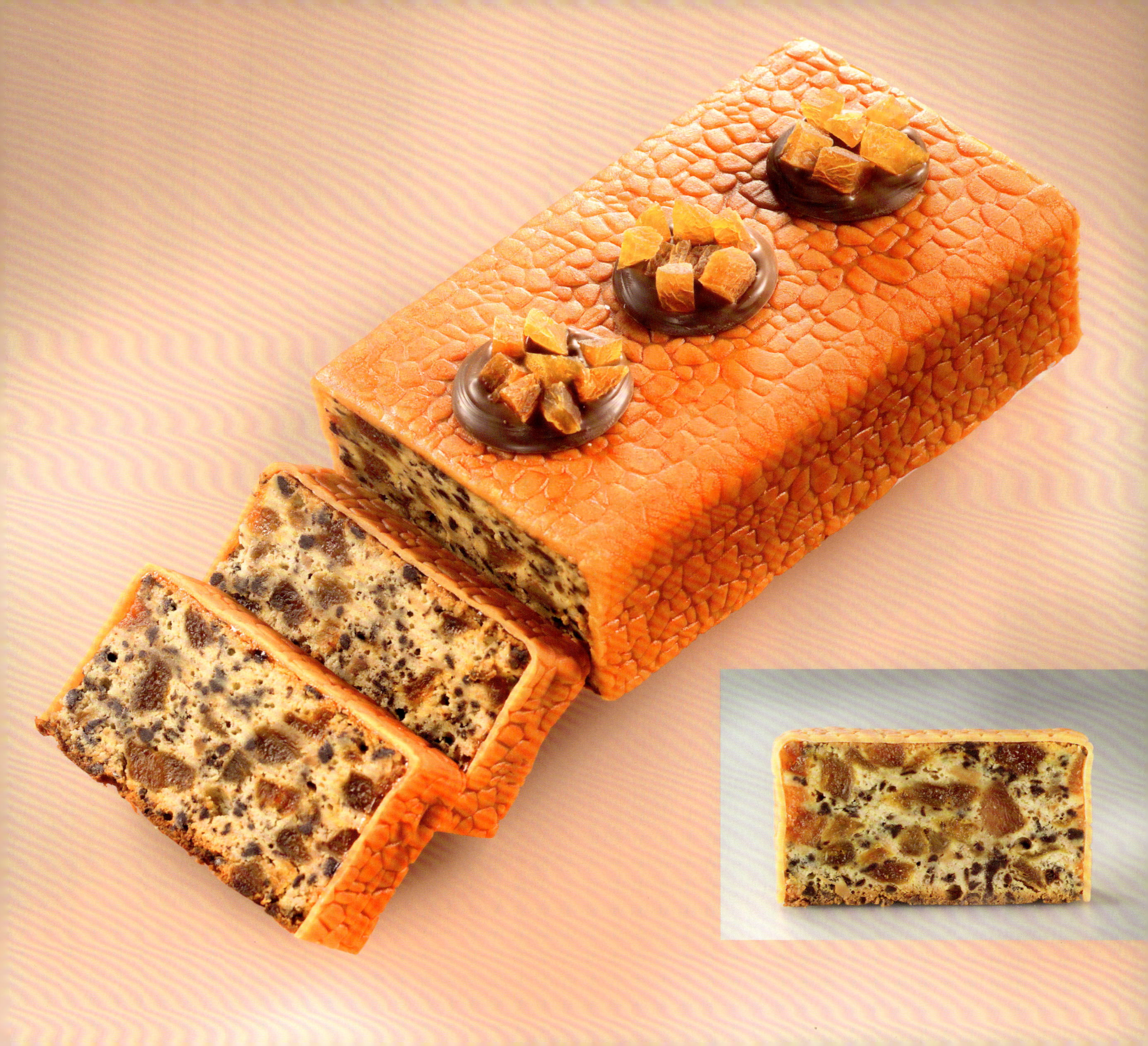

Tortencakes und Rouladen
Cakes fourrés et roulades

180

182  184

185  186

188  190

Truffes-Orangen-Cake
Cake truffe-orange

Vorbereitung

(2 Alurahmen 44 × 24 × 5 cm)
Auf Silikonpapier absetzen.

Orangenbiscuit (4 725 g)

- 800 g Butter
- 450 g Mandeln weiss, fein gemahlen
- 280 g Dextrose
- 500 g Zucker
- 600 g Eigelb
- 200 g Orangensaft
- 30 g Orangenschale
- 10 g Salz
  schaumig rühren
- 500 g Eiweiss
- 350 g Zucker
  zu Schnee schlagen
- 980 g Weizenmehl 400
- 25 g Backpulver

Litergewicht

750 g

Herstellung

Je Rahmen 2 350 g Orangenbiscuit einfüllen und backen. Nach dem Auskühlen in je 3 Lagen à 1 cm schneiden.

Backtemperatur

Oberhitze 180 °C
Unterhitze 180 °C
absinkend

Orangensirup (400 g)

- 200 g Orangensaft
- 50 g Zucker
- 150 g Grand Marnier (50 % Vo.)

Ganache (3 000 g)

- 1 000 g Rahm
  erhitzen
- 1 000 g Couverture hell
- 1 000 g Couverture dunkel
  gehackt beigeben

Einfüllgewicht je Stück

Orangenbiscuit 3 Lagen
44 × 24 × 1 cm

- 300 g Orangenkonfitüre
- 200 g Orangensirup
  (für mittleres und oberstes Biscuit)
- 400 g Ganache für Zwischenlage
- 1 100 g Ganache zum Kämmen

Fertigstellen

Cakes à 7,5 × 14,5 cm schneiden, Ränder mit weicher Ganache einstreichen, mit geraspelter, ausgesiebter Couverture einstreuen. Oberfläche mit Puderschnee und Kakaopulver stauben.

Préparation

(2 cadres alu de 44 × 24 × 5 cm)
Poser sur du papier silicone.

Biscuit orange (4 725 g)

- 800 g de beurre
- 450 g d'amandes blanches, finement moulues
- 280 g de dextrose
- 500 g de sucre
- 600 g de jaune d'œuf
- 200 g de jus d'orange
- 30 g de zeste d'orange
- 10 g de sel
  battre en mousse
- 500 g de blanc d'œuf
- 350 g de sucre
  battre en neige
- 980 g de farine de froment 400
- 25 g de poudre à lever

Poids au litre

750 g

Fabrication

Remplir chaque cadre avec 2 350 g de biscuit orange et cuire. Après refroidissement, couper en 3 couches de 1 cm.

Température de cuisson

Chaleur supérieure 180 °C
Chaleur inférieure 180 °C
retombante

Sirop orange (400 g)

- 200 g de jus d'orange
- 50 g de sucre
- 150 g de Grand Marnier (50 % vol.)

Ganache (3 000 g)

- 1 000 g de crème
  chauffer
- 1 000 g de couverture claire
- 1 000 g de couverture foncée
  hacher, puis ajouter

Poids de remplissage par pièce

3 couches de biscuit orange de 44 × 24 × 1 cm

- 300 g de confiture d'oranges
- 200 g de sirop orange
  (pour les couches de biscuit médiane et supérieure)
- 400 g de ganache pour la couche médiane
- 1 100 g de ganache pour peigner

Finition

Couper des cakes de 7,5 × 14,5 cm, badigeonner les bords avec de la ganache tendre et chemiser de couverture râpée, tamisée. Saupoudrer la surface de poudre neige et de cacao en poudre.

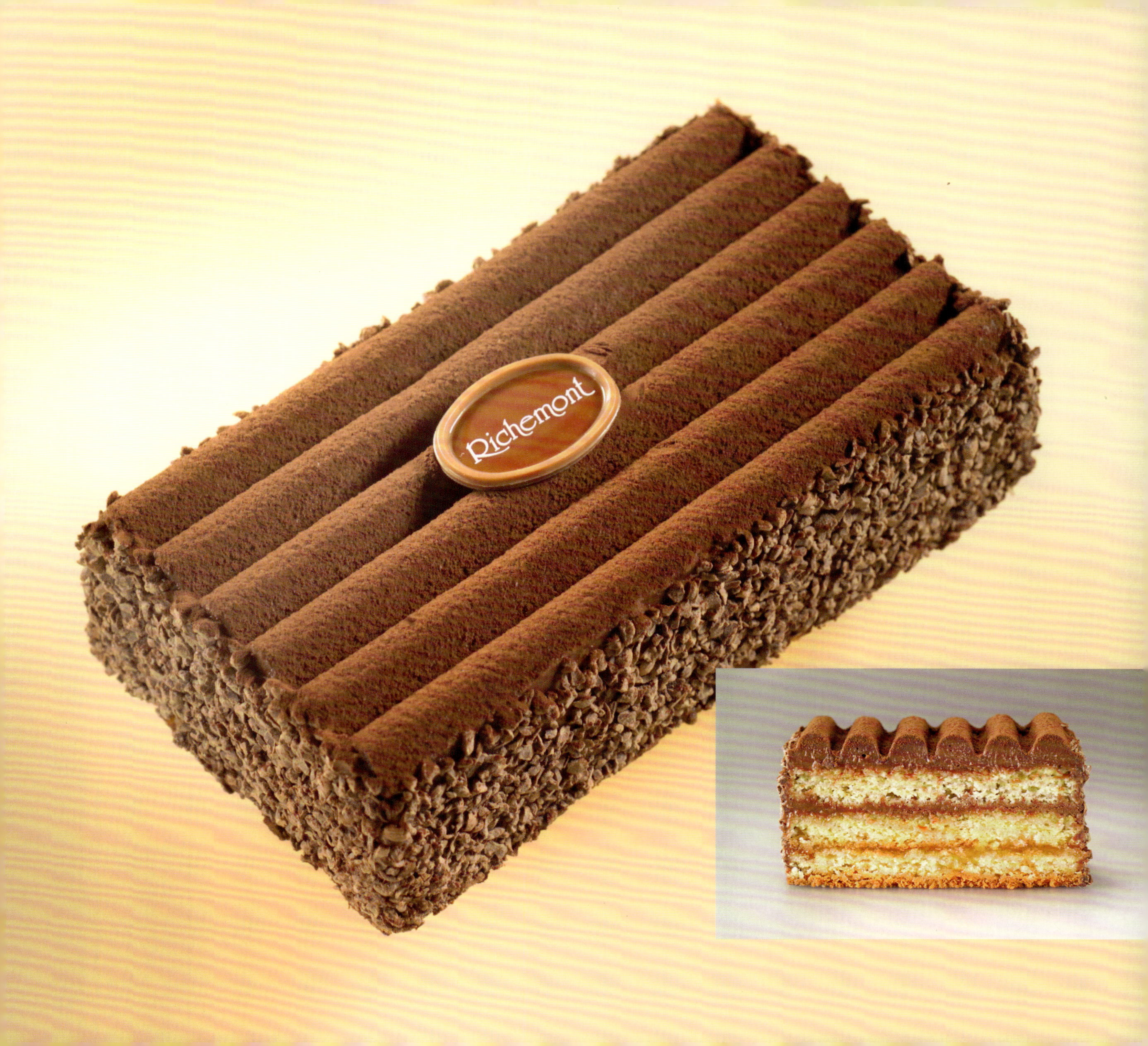
Richemont

Amaretto-Cake
Cake amaretto

Vorbereitung

(2 Alurahmen 24 × 44 × 5 cm)
Papier einlegen.

Baumnussbiscuit (2 965 g)

(Seite 236)

Amaretto-Mandelmasse (500 g)

- 330 g Mandelmasse 1:1 (Seite 234)
- 170 g Amaretto (28 % Vol.)

Amaretto-Sirup (500 g)

- 250 g Grundsirup 28°Bé (Seite 246)
- 200 g Amaretto (28 % Vol.)
- 50 g Wasser

Amaretto-Ganache (2 100 g)

- 600 g Rahm (Sahne) *erhitzen*
- 550 g Couverture dunkel
- 550 g Couverture hell *gehackt beigeben*
- 150 g Butter
- 250 g Amaretto (28 % Vol.) *daruntermischen*

Einfüllgewicht je Rahmen

- 250 g Amaretto-Mandelmasse
- 250 g Amaretto-Sirup (für mittleres und oberes Biscuit)
- 700 g Amaretto-Ganache zum Füllen
- 200 g Amaretto-Ganache für Oberfläche
- 950 g Couverture hell Überzug

Herstellung

Baumnussbiscuit in 3 Lagen schneiden, füllen und im Kühlschrank erstarren lassen. Oberfläche dünn mit Couverture bestreichen, Cakes à 7,5 × 14,5 cm schneiden.

Fertigstellen

Eingefärbte Kakaobutter auf Plastikfolie mit Schwamm auftragen, mit Couverture dunkel überstreichen, vor dem vollständigen Erstarren Rechtecke 13 × 5,5 cm schneiden und diagonal halbieren.

Préparation

(2 cadres alu de 24 × 44 × 5 cm)
Garnir de papier.

Biscuit aux noix (2 965 g)

(Page 236)

Masse aux amandes amaretto (500 g)

- 330 g de masse aux amandes 1:1 (page 234)
- 170 g d'amaretto (28 % vol.)

Sirop amaretto (500 g)

- 250 g de sirop de base 28°Bé (page 246)
- 200 g d'amaretto (28 % vol.)
- 50 g d'eau

Ganache amaretto (2 100 g)

- 600 g de crème *chauffer*
- 550 g de couverture foncée
- 550 g de couverture claire *ajouter hachée*
- 150 g de beurre
- 250 g d'amaretto (28 % vol.) *incorporer*

Poids de remplissage par cadre

- 250 g de masse aux amandes amaretto
- 250 g de sirop amaretto (pour les couches de biscuit médiane et supérieure)
- 700 g de ganache amaretto pour fourrer
- 200 g de ganache amaretto pour masquer la surface
- 950 g de couverture claire pour enrober

Fabrication

Couper le biscuit aux noix en 3 couches, fourrer, puis laisser durcir au réfrigérateur. Etendre une fine couche de couverture sur la surface, puis couper des cakes de 7,5 × 14,5 cm.

Finition

Garnir une feuille de plastique avec du beurre de cacao coloré à l'aide d'une éponge. Recouvrir de couverture foncée et, avant durcissement complet, découper des rectangles de 13 × 5,5 cm partagés par la moitié en diagonale.

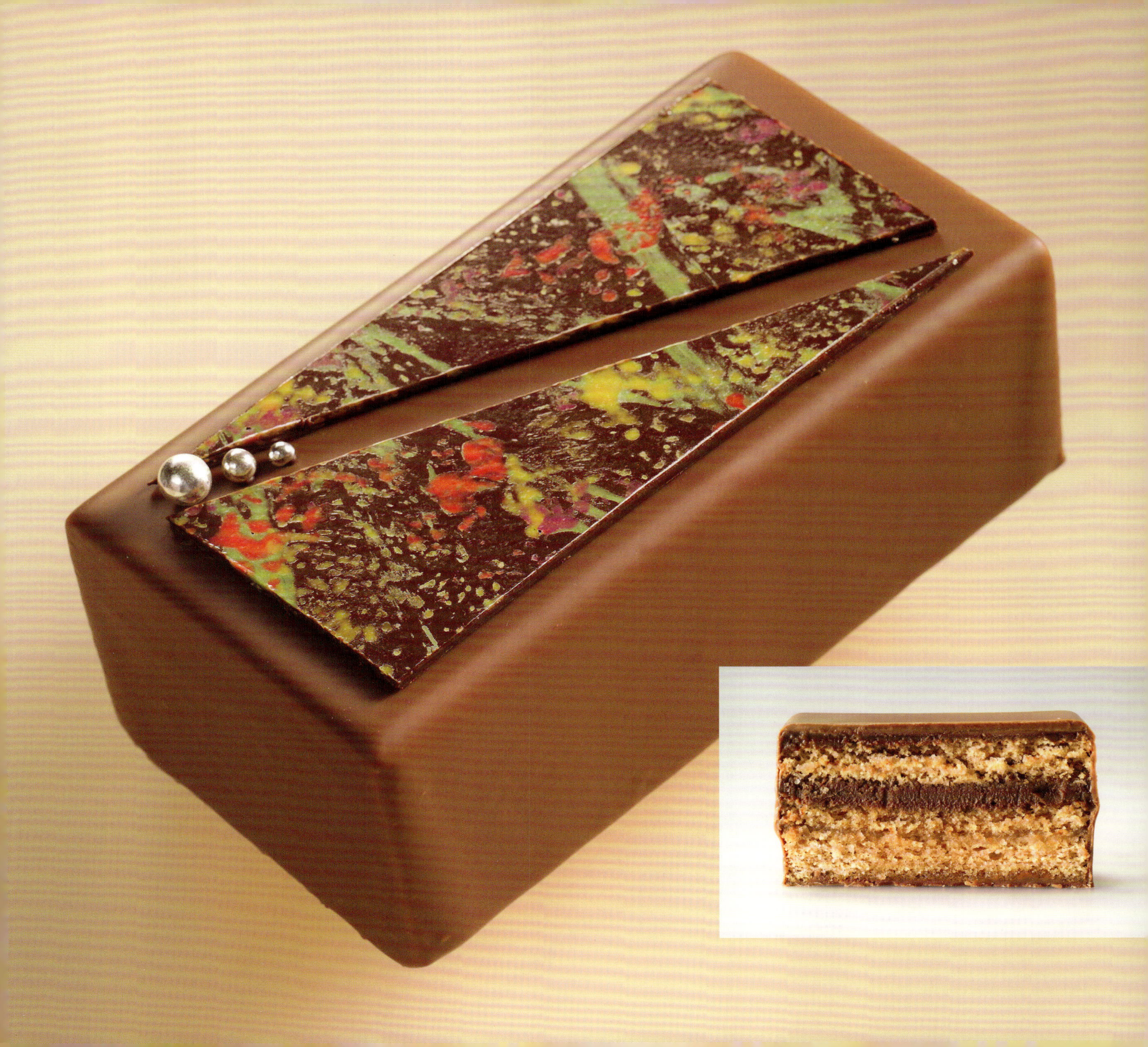

Irish-Coffee-Cake
Cake Irish-Coffee

Vorbereitung
(2 Alurahmen 24 × 44 × 5 cm)
Papier einlegen.

Baumnussbiscuit (2 965 g)
(Seite 236)

Whiskey-Ganache (2 250 g)
Ableitung von Amaretto-Ganache (Seite 182)
   550 g Couverture dunkel
   550 g Couverture hell
ersetzen durch:
1 250 g Couverture weiss

Amaretto in Mandelmasse, Ganache und Sirup ersetzen durch Whiskey (40 % Vol.).

Bei Sirup und Mandelmasse zusätzlich 2 % Instantkaffee beigeben (mit Alkohol auflösen).

Herstellung
Baumnussbiscuit in je 3 Lagen schneiden und wie auf Seite 182 füllen. 700 g Ganache auf der Oberfläche mit Spatelmesser strukturieren. Nach dem Erstarren in Cakes à 7,5 × 14,5 cm schneiden, Couverture dunkel, mit 30 % Kakaobutter verdünnt, aufsprühen. Ränder mit Ganache einstreichen und Couverture geraspelt einstreuen.

Préparation
(2 cadres alu de 24 × 44 × 5 cm)
Garnir de papier.

Biscuit aux noix (2 965 g)
(Page 236)

Ganache whiskey (2 250 g)
Dérivée de la ganache amaretto (page 182)
   550 g de couverture foncée
   550 g de couverture claire
à remplacer par :
1 250 g de couverture blanche

Remplacer l'amaretto par du whiskey (40 % vol.) dans la masse aux amandes, la ganache et le sirop.

Dans le sirop et la masse aux amandes, ajouter en plus 2 % de café lyophilisé (à diluer dans l'alcool).

Fabrication
Couper le biscuit aux noix en 3 couches et fourrer comme mentionné à la page 182. Etendre 700 g de ganache à la surface, en lui donnant une certaine structure avec une spatule. Après durcissement complet, couper des cakes de 7,5 × 14,5 cm. Gicler avec de la couverture foncée, diluée avec 30 % de beurre de cacao. Garnir le pourtour avec de la ganache et chemiser avec de la couverture râpée.

Baileys-Cake
Cake Baileys

Vorbereitung
(2 Alurahmen 24 × 44 × 5 cm)
Papier einlegen.

Baumnussbiscuit (2 965 g)
(Seite 236)

Baileys-Ganache (2 200 g)
Ableitung von Amaretto-Ganache (Seite 182)
  550 g Couverture dunkel
ersetzen durch:
  650 g Couverture hell
Amaretto in Mandelmasse, Ganache und Sirup ersetzen durch Baileys (17 % Vol.).

Herstellung
Wie bei Irish-Coffee-Cake beschrieben füllen, Oberfläche mit Ganache glatt streichen, 7,5 × 14,5 cm schneiden, Ränder einstreichen und einstreuen. Oberfläche mit Kakaopulver stauben.

Fertigstellen
Verdickte Couverture auf Streudruckfolien aufgarnieren.

Préparation
(2 cadres alu de 24 × 44 × 5 cm)
Garnir de papier.

Biscuit aux noix (2 965 g)
(Page 236)

Ganache Baileys (2 200 g)
Dérivée de la ganache amaretto (page 182)
  550 g de couverture foncée
à remplacer par:
  650 g de couverture claire
Remplacer l'amaretto par du Baileys (17 % vol.) dans la masse aux amandes, la ganache et le sirop.

Fabrication
Fourrer comme indiqué sous cake Irish-Coffee, lisser la surface avec de la ganache, couper des cakes de 7,5 × 14,5 cm. Garnir le pourtour et chemiser, puis saupoudrer la surface de cacao en poudre.

Finition
Dresser de la couverture épaissie sur des feuilles à impression.

Grand Cru-Cake
Cake « grand cru »

Vorbereitung

(4 Känelformen 49×8,5×8 cm)

Mit Butter ausstreichen und Silikonpapier einlegen.

Himbeerkonfitüre

Buttermasse (5 150 g)

(Seite 36)

zusätzlich:
- 500 g Couverture (65 %), geraspelt
  daruntermischen

Grand Cru-Ganache (1 375 g)

- 550 g Rahm (Sahne)
  aufkochen
- 700 g Couverture (65 %)
- 125 g Butter
  daruntermischen

Cognac-Sirup (150 g)

- 120 g Zuckersirup (30 °Bé)
- 15 g Cognac (40 % Vol.)
- 15 g Kakaopulver
  mischen

Einfüllgewicht je Känelform

- 1 400 g Buttermasse
- 150 g Grand Cru-Ganache
- 75 g Himbeerkonfitüre
- 35 g Cognac-Sirup
  (für mittlere und obere Schicht Buttermasse)
- 150 g Grand Cru-Ganache für Oberfläche
- 220 g Couverture dunkel/Fettglasur rosa

Herstellung

Cakes füllen und mit Ganache einstreichen. Fettglasurstreifen auf Plastikfolie auftragen, mit Couverture überstreichen und Cakes einrollen. Cakes à 16 cm schneiden, Schnittflächen mit Ganache und Couverture geraspelt abschliessen.

Préparation

(4 moules-cheneaux de 49×8,5×8 cm)

Badigeonner avec du beurre et garnir avec du papier silicone.

Confiture de framboises

Masse au beurre (5 150 g)

(Page 36)

à ajouter:
- 500 g de couverture (65 %) râpée
  incorporer

Ganache « grand cru » (1 375 g)

- 550 g de crème
  cuire
- 700 g de couverture (65 %)
- 125 g de beurre
  incorporer

Sirop cognac (150 g)

- 120 g de sirop de sucre (30 °Bé)
- 15 g de cognac (40 % vol.)
- 15 g de cacao en poudre
  mélanger

Poids de remplissage par moule

- 1 400 g de masse au beurre
- 150 g de ganache « grand cru »
- 75 g de confiture de framboises
- 35 g de sirop cognac (pour les couches médiane et supérieure de masse au beurre)
- 150 g de ganache « grand cru » pour la surface
- 220 g de couverture foncée/masse à glacer grasse rose

Fabrication

Fourrer les cakes et les chemiser avec de la ganache. Dresser des traits de masse à glacer grasse sur des feuilles de plastique. Recouvrir de couverture et y enrouler les cakes. Découper des cakes de 16 cm. Badigeonner de ganache les surfaces de coupe et garnir avec de la couverture râpée.

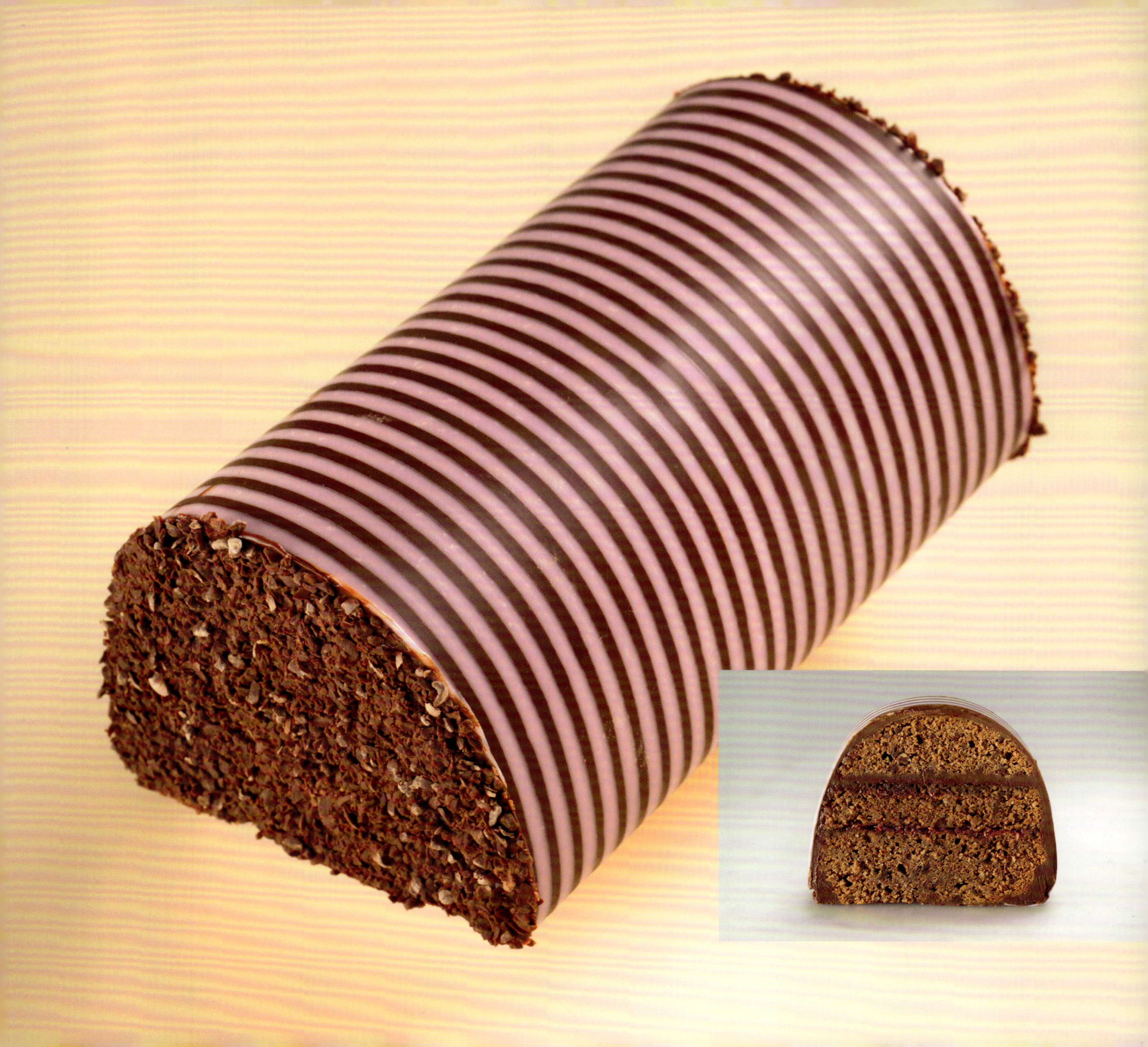

Dörrbirnen-Roulade
Roulade poires séchées

Vorbereitung

Williams-Dörrbirnen (1200 g)

- 600 g Dörrbirnen, geschnitten
- 600 g Williams (40 % Vol.)
  In Einmachglas 20 Minuten im Wasserbad bei 85 °C sterilisieren.

Rouladenmasse (2420 g)

(Seite 237)

Rezept 2
- 660 g Mandelmasse

ersetzen durch:
- 660 g Birnenfüllung (Seite 86)

3 Rouladen 60 × 44 cm

Backtemperatur

- Oberhitze   240 °C
- Unterhitze   240 °C

Williams-Ganache (1980 g)

- 400 g Rahm (Sahne)
  erhitzen
- 1250 g Couverture weiss, gehackt
  beigeben
- 150 g Butter
- 180 g Williams (40 % Vol.)
  daruntermischen

Einfüllgewicht je Stück

- 600 g Roulade gebacken
- 600 g Williams-Ganache
- 140 g Williams-Dörrbirnen
- 300 g Couverture hell

Fertigstellen

Temperierte Couverture (mit 5 % Ölbeigabe) auf zerknitterte Alufolie verteilen und gefüllte Roulade einrollen. Nach dem Erstarren im Kühlschrank Alufolie entfernen.

Préparation

Poires séchées Williams (1200 g)

- 600 g de poires séchées, coupées
- 600 g de Williams (40 % vol.)
  Stériliser dans des bocaux au bain-marie pendant 20 minutes à 85 °C.

Masse à roulade (2420 g)

(Page 237)

Recette 2
- 660 g de masse aux amandes

à remplacer par :
- 660 g de masse aux poires (page 86)

3 roulades de 60 × 44 cm

Température de cuisson

- Chaleur supérieure 240 °C
- Chaleur inférieure   240 °C

Ganache Williams (1980 g)

- 400 g de crème
  chauffer
- 1250 g de couverture blanche, hachée
  ajouter
- 150 g de beurre
- 180 g de Williams (40 % vol.)
  incorporer

Poids de remplissage par pièce

- 600 g de biscuit roulade cuit
- 600 g de ganache Williams
- 140 g de poires séchées Williams
- 300 g de couverture claire

Finition

Etendre de la couverture tempérée (avec une adjonction de 5 % d'huile) sur une feuille d'aluminium froissée et y emballer les roulades fourrées. Laisser durcir au réfrigérateur, puis retirer la feuille d'aluminum.

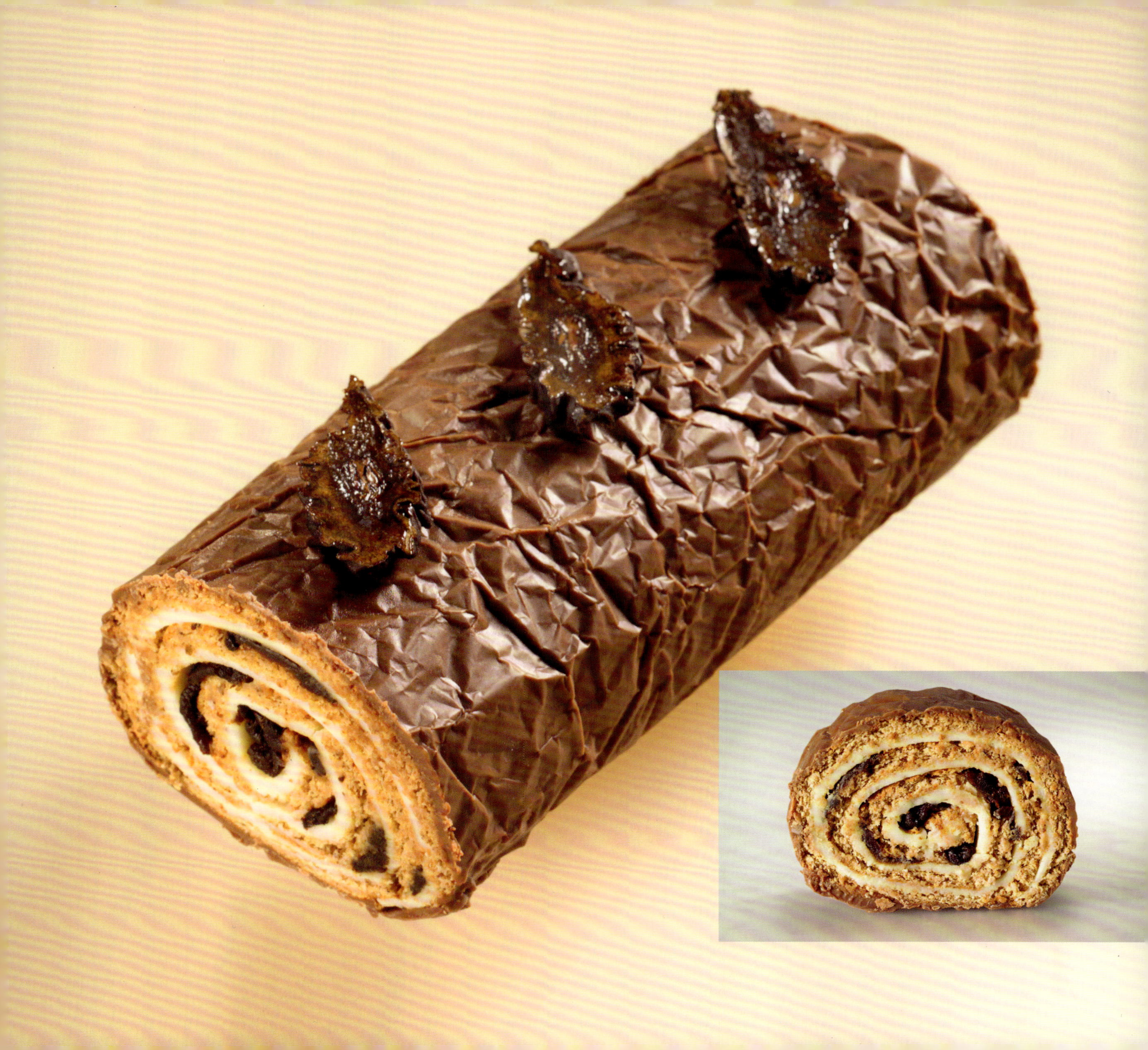

Maronen-Roulade
Roulade marrons

Vorbereitung

Preiselbeerkonfitüre

Rouladenmasse (2 420 g)

(Seite 237)

Rezept 2
  660 g Mandelmasse

ersetzen durch:
  660 g Kastanienpüree
         (Seite 235)

3 Rouladen 60 × 44 cm

Backtemperatur

Oberhitze   240 °C
Unterhitze   240 °C

Maronenfüllung (1 830 g)

  800 g Kastanienpüree
         (Seite 235)
  600 g Butter
         bei ca. 20 °C
         glatt rühren
  250 g Couverture hell
  180 g Kakaobutter
         aufgelöst (30 °C)
         daruntermischen

Einfüllgewicht je Roulade

  600 g Rouladenbiscuit
         gebacken
  600 g Maronenfüllung
  140 g Preiselbeerkonfitüre
   70 g Aprikotur
  200 g Marzipan
         für Randdekor

Herstellung

Rouladenbiscuit mit Maronenfüllung bestreichen, Freiselbeerkonfitüre am oberen Rand aufdressieren und mit Papier einrollen, Cakes à 15 cm schneiden.

Fertigstellen

Aprikotur und Marzipanrand, gerillt, ausgestochen, Kastanien aus Marzipan und Couverture auflegen.

Préparation

Confiture d'airelles

Masse à roulade (2 420 g)

(Page 237)

Recette 2
  660 g de masse aux amandes

à remplacer par:
  660 g de purée de marrons
         (page 235)

3 roulades de 60 × 44 cm

Température de cuisson

Chaleur supérieure   240 °C
Chaleur inférieure   240 °C

Masse à fourrer marrons (1 830 g)

  800 g de purée de marrons
         (page 235)
  600 g de beurre
         lisser à env. 20 °C
  250 g de couverture claire
  180 g de beurre de cacao
         incorporer fondu
         (30 °C)

Poids de remplissage par roulade

  600 g de biscuit roulade cuit
  600 g de masse à fourrer
         marrons
  140 g de confiture d'airelles
   70 g d'abricoture
  200 g de massepain
         pour le décor de
         la bordure

Fabrication

Etendre la masse à fourrer marrons sur le biscuit roulade, dresser la confiture d'airelles sur le bord supérieur et enrouler à l'aide du papier. Découper des cakes de 15 cm.

Finition

Abricoture et bordure en massepain cannelée, emportée. Décorer avec des marrons en massepain et couverture.

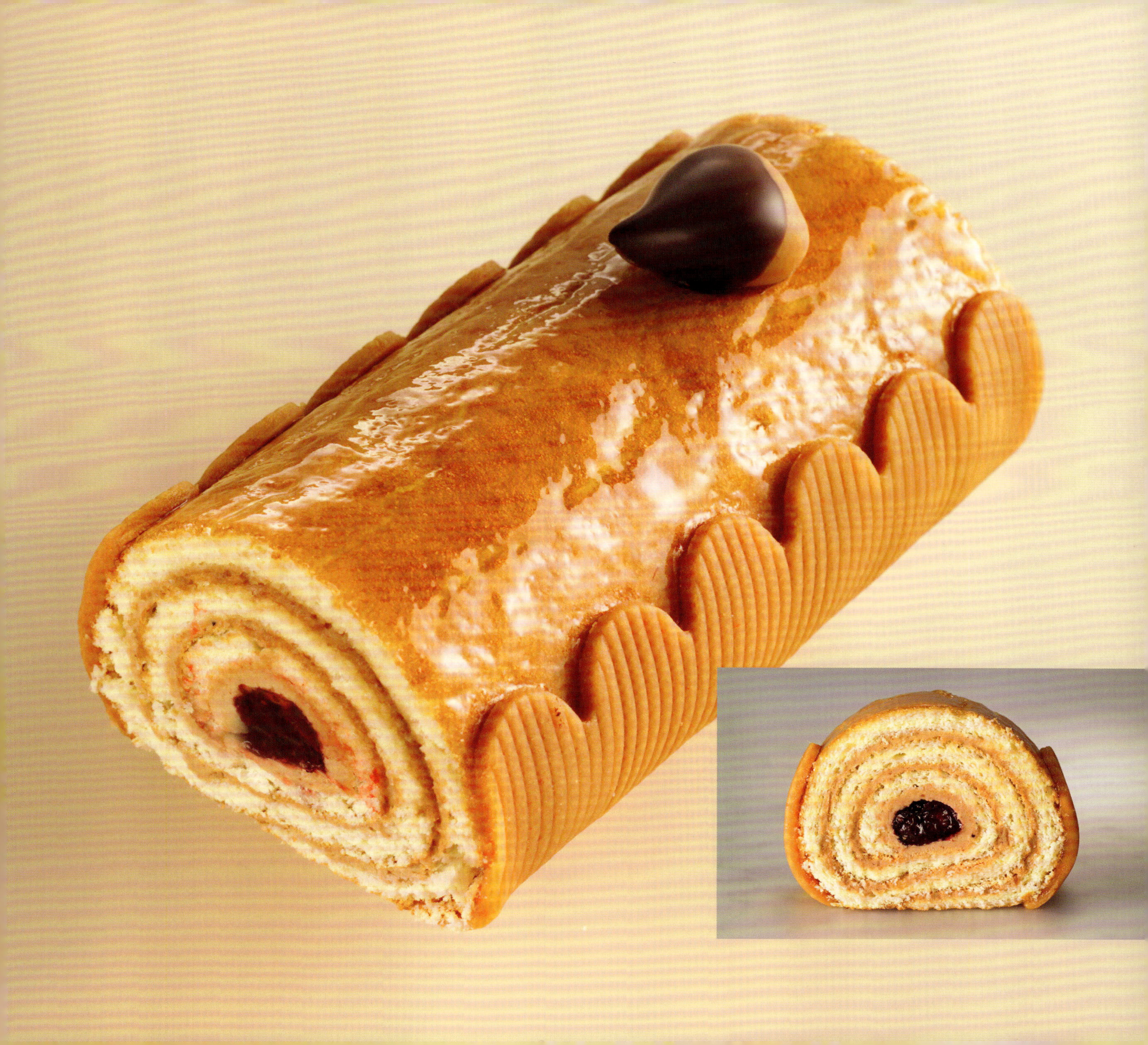

Schnitten
Tranches

194
196
197
198
199
200
202
204
206
208
210
212
214
216

Apfel-Streusel-Schnitte
Tranche pomme-frisure

Vorbereitung

(2 Alurahmen 24 × 44 cm)

Silikonpapier einlegen.

2	Mürbteigböden 24 × 44 cm, 3 mm dick (Seite 239)
2	Haselnussbiscuit 24 × 44 × 1 cm (Seite 236)
900 g	Butterstreusel (Seite 241)

Fruchtfüllung (4 200 g)

700 g	Apfelsaft
300 g	Zucker
4 g	Zimt
30 g	Zitronensaft
	aufkochen
120 g	Cremepulver
100 g	Apfelsaft
	mischen, beigeben und aufkochen
2 600 g	Äpfel, in Stücke schneiden
400 g	Sultaninen
	daruntermischen

Einfüllgewicht je Stück

350 g	Mürbteigboden
150 g	Aprikosenkonfitüre
300 g	Haselnussbiscuit
2 050 g	Fruchtfüllung
450 g	Butterstreusel

Herstellung

Butterstreusel aus dem Kühlschrank direkt mit grober Raffel auf die Oberfläche verteilen.

Backtemperatur

Oberhitze 230 °C
Unterhitze 220 °C

Fertigstellen

Nach dem Erkalten Schnitten à 7,5 × 4 cm schneiden und mit Staubzucker (Puderschnee) stauben.

Préparation

(2 cadres alu de 24 × 44 cm)

Garnir de papier silicone.

2	fonds en pâte sablée de 24 × 44 cm, 3 mm d'épaisseur (page 239)
2	biscuits aux noisettes 24 × 44 × 1 cm (page 236)
900 g	de frisure au beurre (page 241)

Masse à fourrer aux fruits (4 200 g)

700 g	de jus de pomme
300 g	de sucre
4 g	de cannelle
30 g	de jus de citron
	cuire
120 g	de poudre pour crème
100 g	de jus de pomme
	mélanger, ajouter et cuire
2 600 g	de pommes coupées en morceaux
400 g	de raisins sultans
	incorporer

Poids de remplissage par pièce

350 g	de fond en pâte sablée
150 g	de confiture d'abricots
300 g	de biscuit aux noisettes
2 050 g	de masse à fourrer aux fruits
450 g	de frisure au beurre

Fabrication

Sortir la pâte du réfrigérateur et répartir la frisure au beurre sur la surface avec une râpe grossière.

Température de cuisson

Chaleur supérieure 230 °C
Chaleur inférieure 220 °C

Finition

Après refroidissement, couper des tranches de 7,5 × 4 cm et les saupoudrer de sucre glace (poudre à décorer).

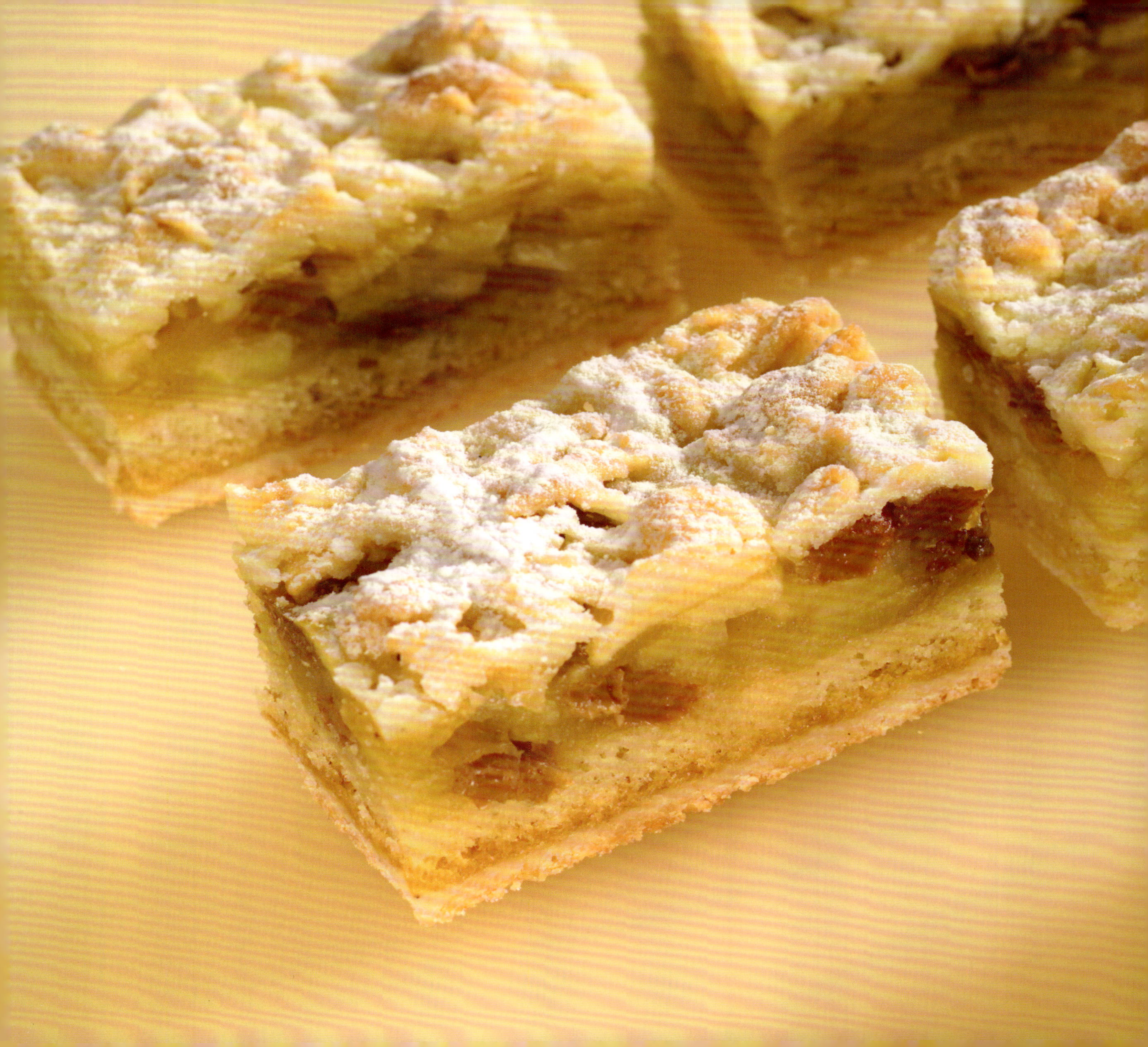

Bananen-Schokoladen-Schnitte
Tranche banane-chocolat

Vorbereitung
(2 Alurahmen 24 × 44 cm)
Silikonpapier einlegen.

Fruchtfüllung (4 340 g)

- 700 g Wasser
- 300 g Zucker
- 80 g Kakaopulver
  aufkochen
- 120 g Cremepulver
- 100 g Wasser
- 40 g Rum (40 % Vol.)
  mischen, beigeben und aufkochen
- 3 000 g Bananen, gestückelt
  kurz in Zitronensaft einlegen und daruntermischen

Einfüllgewicht je Stück

- 350 g Schokoladenstreusel-Teigboden
- 150 g Aprikosenkonfitüre
- 300 g Mandelbiscuit (Seite 236)
- 2 100 g Fruchtfüllung
- 450 g Schokoladenstreusel (Seite 241)

Backtemperatur

Oberhitze 230 °C
Unterhitze 220 °C

Fertigstellen
Nach dem Erkalten Schnitten à 7,5 × 4 cm schneiden und mit Staubzucker (Puderschnee) stauben.

Préparation
(2 cadres alu de 24 × 44 cm)
Garnir de papier silicone.

Masse à fourrer aux fruits (4 340 g)

- 700 g d'eau
- 300 g de sucre
- 80 g de cacao en poudre
  cuire
- 120 g de poudre pour crème
- 100 g d'eau
- 40 g de rhum (40 % vol.)
  mélanger, ajouter et cuire
- 3 000 g de bananes en morceaux
  tremper brièvement dans du jus de citron et incorporer

Poids de remplissage par pièce

- 350 g de fond en pâte à frisure chocolat
- 150 g de confiture d'abricots
- 300 g de biscuit aux amandes (page 236)
- 2 100 g de masse à fourrer aux fruits
- 450 g de frisure chocolat (page 241)

Température de cuisson

Chaleur supérieure 230 °C
Chaleur inférieure 220 °C

Finition
Après refroidissement, couper des tranches de 7,5 × 4 cm et saupoudrer avec du sucre glace (poudre à décorer).

Waldbeer-Streusel-Schnitte
Tranche baies des bois-frisure

Vorbereitung
(2 Alurahmen 24 × 44 cm)
Silikonpapier einlegen.

Fruchtfüllung (4 320 g)

600 g	Orangensaft
300 g	Zucker
15 g	Zitronenschale
5 g	Zimt
	aufkochen
200 g	Cremepulver
200 g	Orangensaft
	mischen, beigeben und aufkochen
3 000 g	Waldbeermischung
	daruntermischen

Einfüllgewicht je Stück

350 g	Mürbteigboden (Seite 239)
150 g	Himbeerkonfitüre
300 g	Mandelbiscuit (Seite 236)
2 100 g	Fruchtfüllung
450 g	Butterstreusel (Seite 241)

Backtemperatur
Oberhitze 230 °C
Unterhitze 220 °C

Fertigstellen
Nach dem Erkalten Schnitten à 7,5 × 4 cm schneiden und mit Staubzucker (Puderschnee) stauben.

Préparation
(2 cadres alu de 24 × 44 cm)
Garnir de papier silicone.

Masse à fourrer aux fruits (4 320 g)

600 g	de jus d'orange
300 g	de sucre
15 g	de zeste de citron
5 g	de cannelle
	cuire
200 g	de poudre pour crème
200 g	de jus d'orange
	mélanger, ajouter et cuire
3 000 g	de mélange baies des bois
	incorporer

Poids de remplissage par pièce

350 g	de fond en pâte sablée (page 239)
150 g	de confiture de framboises
300 g	de biscuit aux amandes (page 236)
2 100 g	de masse à fourrer aux fruits
450 g	de frisure au beurre (page 241)

Température de cuisson
Chaleur supérieure 230 °C
Chaleur inférieure 220 °C

Finition
Après refroidissement, couper des tranches de 7,5 × 4 cm et saupoudrer avec du sucre glace (poudre à décorer).

Pfirsich-Preiselbeer-Schnitte
Tranche pêche-airelle

Vorbereitung
(2 Alurahmen 24 × 44 cm)

Silikonpapier einlegen.

Fruchtfüllung (4 245 g)
- 800 g Pfirsichsaft
- 30 g Zitronensaft
- 15 g Zitronenschale
  aufkochen
- 200 g Cremepulver
- 200 g Pfirsichsaft
  mischen, beigeben und aufkochen
- 2 600 g Pfirsich, gewürfelt
- 400 g Preiselbeeren
  daruntermischen

Einfüllgewicht je Stück
- 350 g Mürbteigboden (Seite 239)
- 150 g Aprikosenkonfitüre
- 300 g Mandelbiscuit (Seite 236)
- 2 050 g Fruchtfüllung
- 450 g Butterstreusel (Seite 241)

Backtemperatur
Oberhitze 230 °C
Unterhitze 220 °C

Fertigstellen
Nach dem Erkalten Schnitten à 7,5 × 4 cm schneiden und mit Staubzucker (Puderschnee) stauben.

Préparation
(2 cadres alu de 24 × 44 cm)

Garnir de papier silicone.

Masse à fourrer aux fruits (4 245 g)
- 800 g de jus de pêche
- 30 g de jus de citron
- 15 g de zeste de citron
  cuire
- 200 g de poudre pour crème
- 200 g de jus de pêche
  mélanger, ajouter et cuire
- 2 600 g de pêches coupées en cubes
- 400 g d'airelles rouges
  incorporer

Poids de remplissage par pièce
- 350 g de fond en pâte sablée (page 239)
- 150 g de confiture d'abricots
- 300 g de biscuit aux amandes (page 236)
- 2 050 g de masse à fourrer aux fruits
- 450 g de frisure au beurre (page 241)

Température de cuisson
Chaleur supérieure 230 °C
Chaleur inférieure 220 °C

Finition
Après refroidissement, couper des tranches de 7,5 × 4 cm et les saupoudrer de sucre glace (poudre à décorer).

Ananas-Kokos-Schnitte
Tranche ananas-coco

Vorbereitung

(2 Alurahmen 24 × 44 cm)

Silikonpapier einlegen.

Fruchtfüllung (4 280 g)

700 g	Kokosmilch
300 g	Zucker
	aufkochen
120 g	Cremepulver
120 g	Kokosmilch
40 g	Ananassaft
	mischen, beigeben und aufkochen
3 000 g	Ananas, gestückelt
	daruntermischen

Einfüllgewicht je Stück

350 g	Mürbteigboden (Seite 239)
150 g	Aprikosenkonfitüre
300 g	Mandelbiscuit (Seite 236)
2 050 g	Fruchtfüllung
450 g	Kokosstreusel (Seite 241)

Backtemperatur

Oberhitze   230 °C
Unterhitze   220 °C

Fertigstellen

Nach dem Erkalten Schnitten à 7,5 × 4 cm schneiden und mit Staubzucker (Puderschnee) stauben.

Préparation

(2 cadres alu de 24 × 44 cm)

Garnir de papier silicone.

Masse à fourrer aux fruits (4 280 g)

700 g	de lait de coco
300 g	de sucre
	cuire
120 g	de poudre pour crème
120 g	de lait de coco
40 g	de jus d'ananas
	mélanger, ajouter et cuire
3 000 g	d'ananas coupés en morceaux
	incorporer

Poids de remplissage par pièce

350 g	de fond en pâte sablée (page 239)
150 g	de confiture d'abricots
300 g	de biscuit aux amandes (page 236)
2 050 g	de masse à fourrer aux fruits
450 g	de frisure à la noix de coco (page 241)

Température de cuisson

Chaleur supérieure   230 °C
Chaleur inférieure   220 °C

Finition

Après refroidissement, couper des tranches de 7,5 × 4 cm et les saupoudrer de sucre glace (poudre à décorer).

Zwetschgen-Schnitte
Tranche pruneau

Vorbereitung

(2 Alurahmen 24 × 44 cm)

Silikonpapier einlegen.

- 2 Mürbteigböden 24 × 44 cm, 3 mm dick (Seite 239)
- 2000 g Zwetschgen, geviertelt

Masse (2075 g)

- 375 g Zopf (vom Vortag)
- 500 g Milch
  einweichen, anschliessend mixen
- 150 g Zucker
- 300 g Haselnüsse, gemahlen
- 100 g Butter, aufgelöst
- 200 g Eigelb
  beigeben und glatt rühren
- 300 g Eiweiss
- 150 g Zucker
  zu Schnee schlagen und daruntermischen

Einfüllgewicht je Stück

- 350 g Mürbteigboden
- 150 g Himbeerkonfitüre
- 1000 g Masse
- 1000 g Zwetschgen

Backtemperatur

Oberhitze 230 °C
Unterhitze 220 °C
absinkend

Fertigstellen

Oberfläche nach dem Auskühlen gelieren, Schnitten à 7,5 × 4 cm schneiden.

Préparation

(2 cadres alu de 24 × 44 cm)

Garnir de papier silicone.

- 2 fonds en pâte sablée de 24 × 44 cm, 3 mm d'épaisseur (page 239)
- 2000 g de pruneaux en quartiers

Masse (2075 g)

- 375 g de tresse (du jour précédent)
- 500 g de lait
  laisser tremper, puis passer au mixeur
- 150 g de sucre
- 300 g de noisettes moulues
- 100 g de beurre fondu
- 200 g de jaune d'œuf
  ajouter et lisser
- 300 g de blanc d'œuf
- 150 g de sucre
  battre en neige et incorporer

Poids de remplissage par pièce

- 350 g de fond en pâte sablée
- 150 g de confiture de framboises
- 1000 g de masse
- 1000 g de pruneaux

Température de cuisson

Chaleur supérieure 230 °C
Chaleur inférieure 220 °C
retombante

Finition

Après refroidissement, garnir la surface de gelée et couper des tranches de 7,5 × 4 cm.

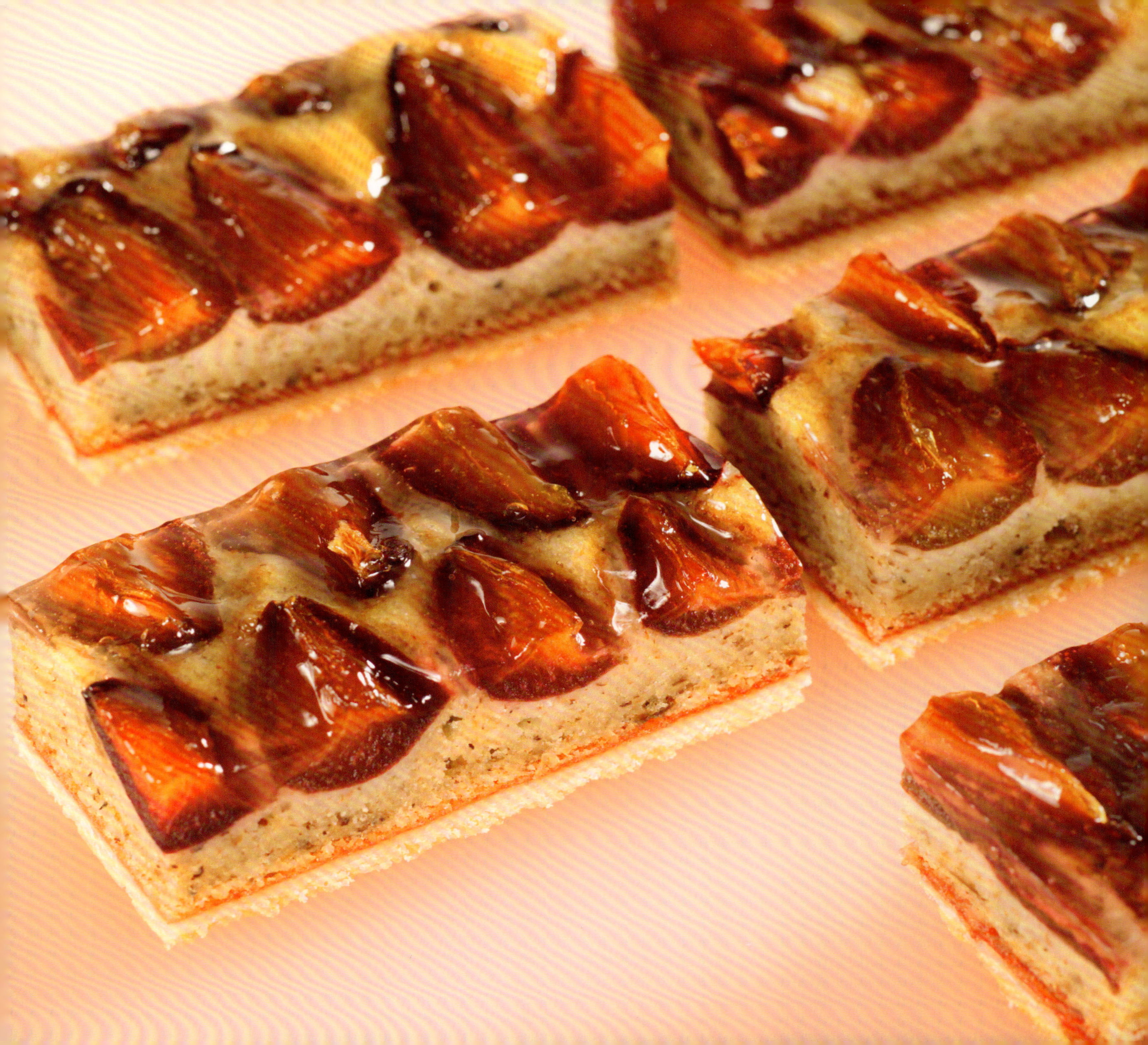

Aprikosen-Schnitte
Tranche abricot

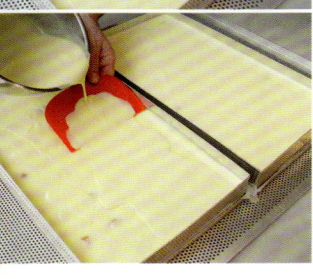

Vorbereitung

(2 Alurahmen 24 × 44 cm)

Silikonpapier einlegen.

2	Mürbteigböden 24 × 44 cm, 3 mm dick (Seite 239), hell vorgebacken
1 200 g	Aprikosen, halbiert

Sauerrahmcreme (3 815 g)

1 000 g	Milch
200 g	Zucker
2	Vanillestängel
	aufkochen
300 g	Milch
160 g	Cremepulver
	anrühren, beigeben und aufkochen
1 000 g	Sauerrahm (25 % MFG)
200 g	Magerquark
200 g	Butter
400 g	Eier
200 g	Eigelb
140 g	Maisstärke
10 g	Zitronenschale
5 g	Salz
	glatt rühren und beifügen

Guss (800 g)

400 g	Vanillecreme (Seite 242)
320 g	Rahm (Sahne), flüssig
80 g	Eigelb
	glatt rühren

Einfüllgewicht je Stück

350 g	Mürbteigboden
150 g	Aprikosenkonfitüre
1 850 g	Sauerrahmcreme
600 g	Aprikosen
400 g	Guss

Backtemperatur

Oberhitze 230 °C
Unterhitze 200 °C
absinkend

Hinweis

Schnitten auf Kartonunterlage backen, Oberhitze nach ca. 10 Minuten auf 200 °C reduzieren.

Fertigstellen

Schnitten à 7,5 × 4 cm schneiden.

Préparation

(2 cadres alu de 24 × 44 cm)

Garnir de papier silicone.

2	fonds en pâte sablée de 24 × 44 cm, 3 mm d'épaisseur (page 239), précuire clair
1 200 g	d'abricots coupés en deux

Mélange crème acidulée (3 815 g)

1 000 g	de lait
200 g	de sucre
2	gousses de vanille
	cuire
300 g	de lait
160 g	de poudre pour crème
	mélanger, ajouter et cuire
1 000 g	de crème acidulée (25 % MG)
200 g	de séré alimentaire
200 g	de beurre
400 g	d'œuf
200 g	de jaune d'œuf
140 g	d'amidon de maïs
10 g	de zeste de citron
5 g	de sel
	lisser et ajouter

Guélon (800 g)

400 g	de crème vanille (page 242)
320 g	de crème liquide
80 g	de jaune d'œuf
	lisser

Poids de remplissage par pièce

350 g	de fond en pâte sablée
150 g	de confiture d'abricots
1 850 g	de mélange crème acidulée
600 g	d'abricots
400 g	de guélon

Température de cuisson

Chaleur supérieure 230 °C
Chaleur inférieure 200 °C
retombante

Conseil

Cuire les tranches sur un support de cuisson en carton. Après 10 minutes de cuisson, réduire la chaleur supérieure à 200 °C.

Finition

Couper des tranches de 7,5 × 4 cm.

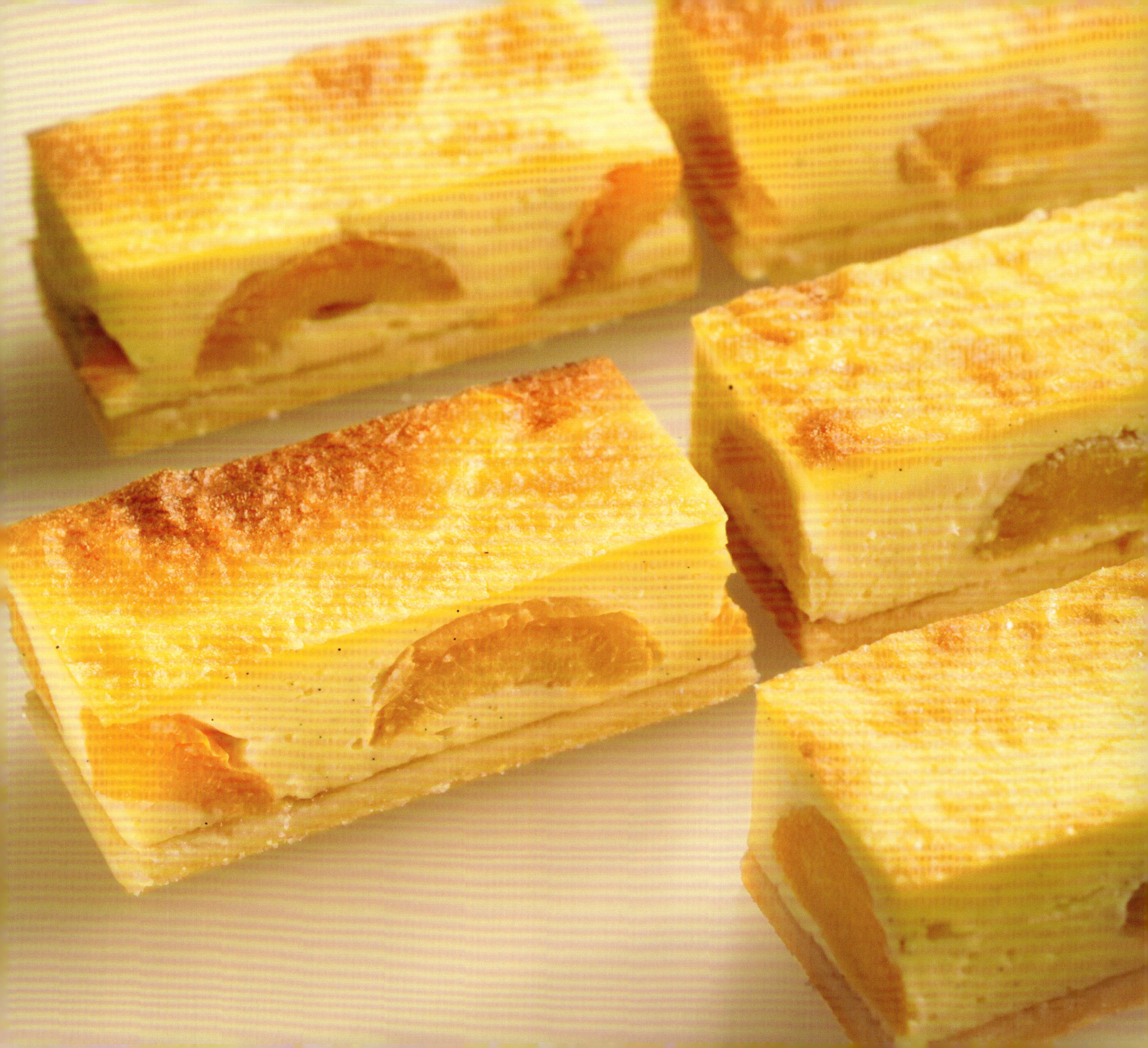

Brownies
Brownies

Vorbereitung

(2 Alurahmen 24 × 44 cm)

Silikonpapier einlegen.

Buttermasse (4000 g)

- 900 g Butter
- 300 g Couverture dunkel
- 200 g Kakaoblock
  im Wasserbad auflösen (35 °C)
- 1000 g Rohzucker
- 700 g Eier
- 90 g Vanillezucker
- 10 g Salz
  schaumig rühren und Couverture-Buttermischung beigeben
- 400 g Baumnüsse (Walnüsse), gehackt
- 400 g Weizenmehl 400
  daruntermischen

Einfüllgewicht je Stück

2000 g Buttermasse

Backtemperatur

Oberhitze 200 °C
Unterhitze 200 °C
absinkend

Fertigstellen

Nach dem Backen auf Tuch drehen und erkalten lassen. Schnitten à 7,5 × 4 cm schneiden.

Préparation

(2 cadres alu de 24 × 44 cm)

Garnir de papier silicone.

Masse au beurre (4000 g)

- 900 g de beurre
- 300 g de couverture foncée
- 200 g de cacao en bloc
  faire fondre au bain-marie (35 °C)
- 1000 g de sucre brut
- 700 g d'œuf
- 90 g de sucre vanillé
- 10 g de sel
  battre en mousse et ajouter au mélange couverture-beurre
- 400 g de noix hachées
- 400 g de farine de froment 400
  incorporer

Poids de remplissage par pièce

2000 g de masse au beurre

Température de cuisson

Chaleur supérieure 200 °C
Chaleur inférieure 200 °C
retombante

Finition

Après cuisson, retourner sur une toile et laisser refroidir. Couper des tranches de 7,5 × 4 cm.

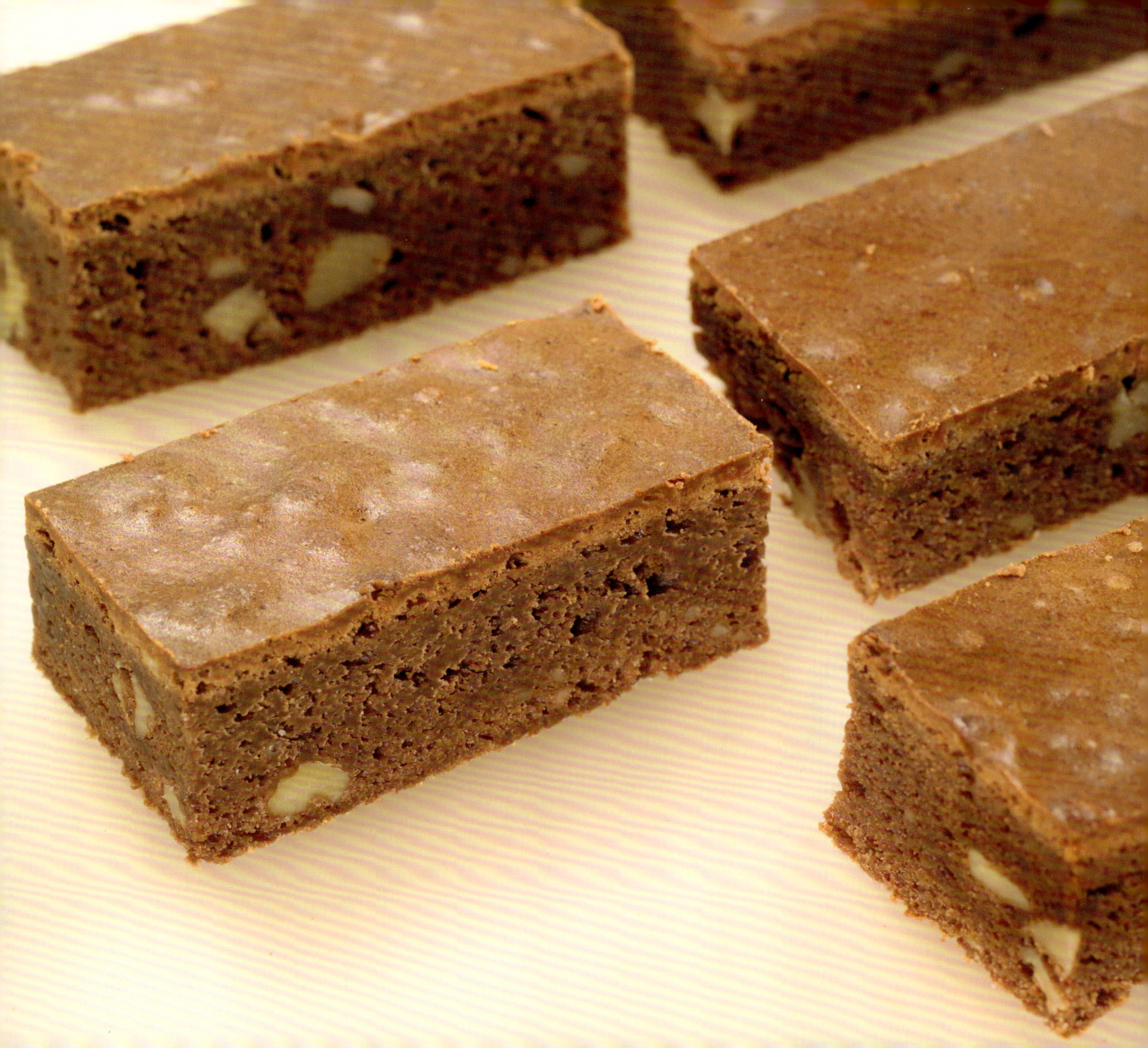

Schokoladen-Schnitte
Tranche chocolat

Vorbereitung

(2 Alurahmen 24 × 44 cm)

Silikonpapier einlegen.

- 2 Mürbteigböden 24 × 44 cm, 3 mm dick (Seite 239)
- 300 g Himbeerkonfitüre
- 300 g Aprikotur
- 700 g Schokoladen-Fondant
- 100 g Moretti (Schokoladenkrokant)

Masse (3 550 g)

- 1000 g Cremeprodukte gefroren*
- 400 g Haselnüsse, gemahlen
- 500 g Zucker
- 200 g Dextrose
  glatt rühren
- 150 g Eier
- 10 g Salz
- 20 g Vanillezucker
- 20 g Triebsalz
- 750 g Milch
  auflösen
- 370 g Weizenmehl 400
- 30 g Schokoladenpulver
- 100 g Butter, flüssig
  daruntermischen

Einfüllgewicht je Stück

- 350 g Mürbteigboden
- 150 g Himbeerkonfitüre
- 1750 g Masse
- 150 g Aprikotur
- 350 g Schokoladen-Fondant
- 50 g Moretti

Backtemperatur

Oberhitze 210 °C
Unterhitze 200 °C absinkend

Herstellung

Schnitten nach dem Backen auf Tuch drehen und erkalten lassen.

Fertigstellen

Oberfläche aprikotieren, mit Schokoladen-Fondant (ca. 60 °C) glasieren und Morett aufstreuen. Schnitten à 7,5 × 4 cm schneiden.

*Cremeprodukte gefroren: Verschiedene gefüllte Abschnitte von Cremeschnitten, Rahmtorten, usw., lassen sich im vorliegenden Rezept verarbeiten. Damit die Backfähigkeit nicht nachlässt, muss etwa die Hälfte der Abschnitte aus Gebäckanteil bestehen. Ist der Rahmanteil höher, kann durch eine Reduktion der Milchbeigabe oder Erhöhung des Haselnussanteils die Backfähigkeit korrigiert werden.

Préparation

(2 cadres alu de 24 × 44 cm)

Garnir de papier silicone.

- 2 fonds en pâte sablée de 24 × 44 cm, 3 mm d'épaisseur (page 239)
- 300 g de confiture de framboises
- 300 g d'abricoture
- 700 g de fondant chocolat
- 100 g de Moretti (croquant chocolat)

Masse (3 550 g)

- 1000 g de chutes congelées*
- 400 g de noisettes moulues
- 500 g de sucre
- 200 g de dextrose
  lisser
- 150 g d'œuf
- 10 g de sel
- 20 g de sucre vanillé
- 20 g de carbonate d'ammoniaque
- 750 g de lait
  diluer
- 370 g de farine de froment 400
- 30 g de chocolat en poudre
- 100 g de beurre liquide
  incorporer

Poids de remplissage par pièce

- 350 g de fond en pâte sablée
- 150 g de confiture de framboises
- 1750 g de masse
- 150 g d'abricoture
- 350 g de fondant chocolat
- 50 g de Moretti

Température de cuisson

Chaleur supérieure 210 °C
Chaleur inférieure 200 °C retombante

Fabrication

Après cuisson, retourner les tranches sur une toile et laisser refroidir.

Finition

Abricoter la surface, glacer avec du fondant chocolat (env. 60 °C) et garnir de Moretti. Couper en tranches de 7,5 × 4 cm.

*Chutes congelées : Diverses chutes de produits fourrés, comme les millefeuilles, les tourtes à la crème, etc., conviennent parfaitement pour cette recette. Afin de ne pas influencer la structure lors de la cuisson, ces chutes doivent être composées au moins pour moitié de produits secs. Si la part de crème est plus élevée, il est nécessaire de la compenser par une réduction du liquide ou par une augmentation de la quantité de noisettes afin de garantir la stabilité.

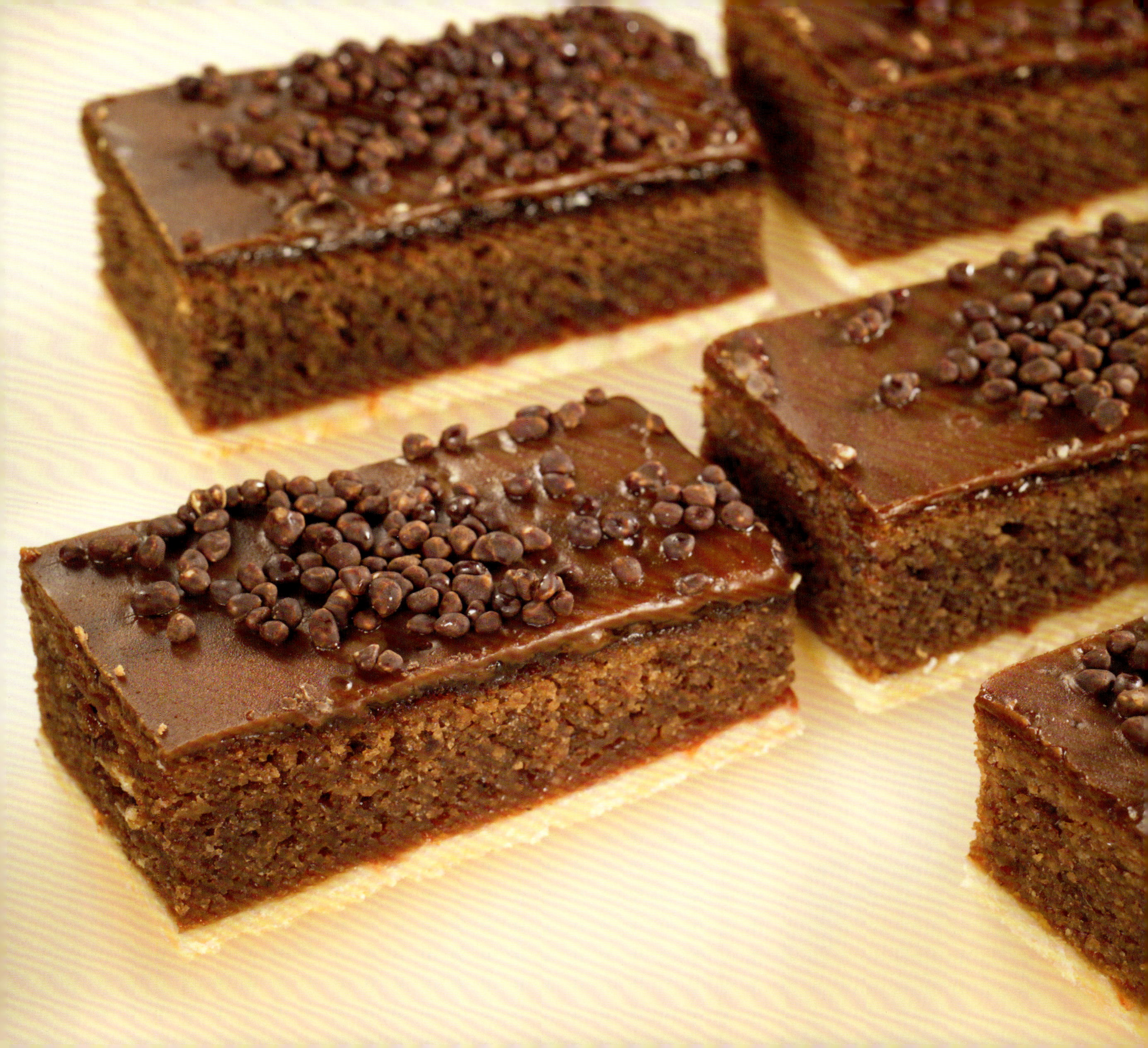

Orangen-Schnitte
Tranche orange

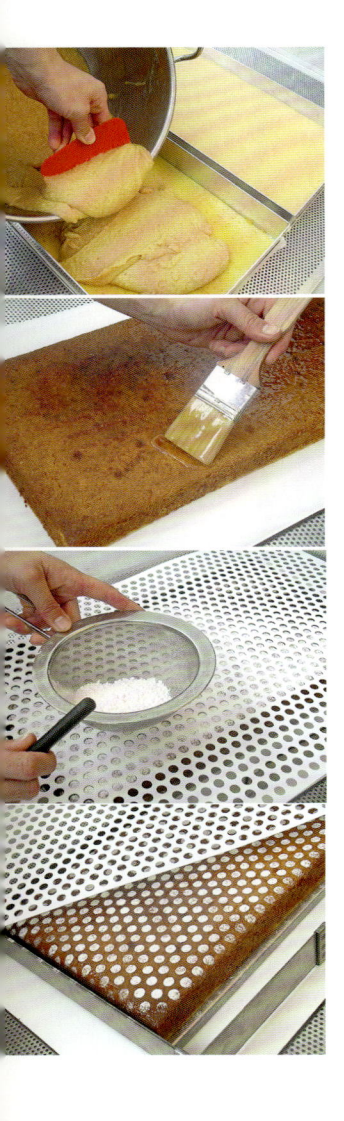

Vorbereitung

(2 Alurahmen 24 × 44 cm)

Silikonpapier einlegen.

2	Mürbteigböden 24 × 44 cm, 3 mm dick (Seite 239)
300 g	Orangenkonfitüre
300 g	Aprikotur

Masse (3 690 g)

1 000 g	Cremeprodukte gefroren*
600 g	Mandeln weiss, gemahlen
500 g	Zucker
200 g	Dextrose
10 g	Salz
	glatt rühren
200 g	Eier
400 g	Orangensaft
20 g	Orangenschale
40 g	Zitronensaft
20 g	Triebsalz
200 g	Milch
400 g	Weizenmehl 400
100 g	Butter, flüssig
	daruntermischen

Einfüllgewicht je Stück

350 g	Mürbteigboden
150 g	Orangenkonfitüre
1 800 g	Masse
150 g	Aprikotur

Backtemperatur

Oberhitze 210 °C
Unterhitze 200 °C
absinkend

Herstellung

Schnitten nach dem Backen auf Tuch drehen und erkalten lassen.

Fertigstellen

Oberfläche aprikotieren, Schablone auflegen und mit Staubzucker (Puderschnee) stauben. Schnitten à 7,5 × 4 cm schneiden.

*Cremeprodukte gefroren (siehe Seite 206)

Préparation

(2 cadres alu de 24 × 44 cm)

Garnir de papier silicone.

2	fonds en pâte sablée de 24 × 44 cm, 3 mm d'épaisseur (page 239)
300 g	de confiture d'oranges
300 g	d'abricoture

Masse (3 690 g)

1 000 g	de chutes congelées*
600 g	d'amandes blanches, moulues
500 g	de sucre
200 g	de dextrose
10 g	de sel
	lisser
200 g	d'œuf
400 g	de jus d'orange
20 g	de zeste d'orange
40 g	de jus de citron
20 g	de carbonate d'ammoniaque
200 g	de lait
400 g	de farine de froment 400
100 g	de beurre liquide
	incorporer

Poids de remplissage par pièce

350 g	de fond en pâte sablée
150 g	de confiture d'oranges
1 800 g	de masse
150 g	d'abricoture

Température de cuisson

Chaleur supérieure 210 °C
Chaleur inférieure 200 °C
retombante

Fabrication

Après cuisson, retourner les tranches sur une toile et laisser refroidir.

Finition

Abricoter la surface, poser un chablon et saupoudrer de sucre glace (poudre à décorer). Couper en tranches de 7,5 × 4 cm.

*Chutes congelées (voir page 206)

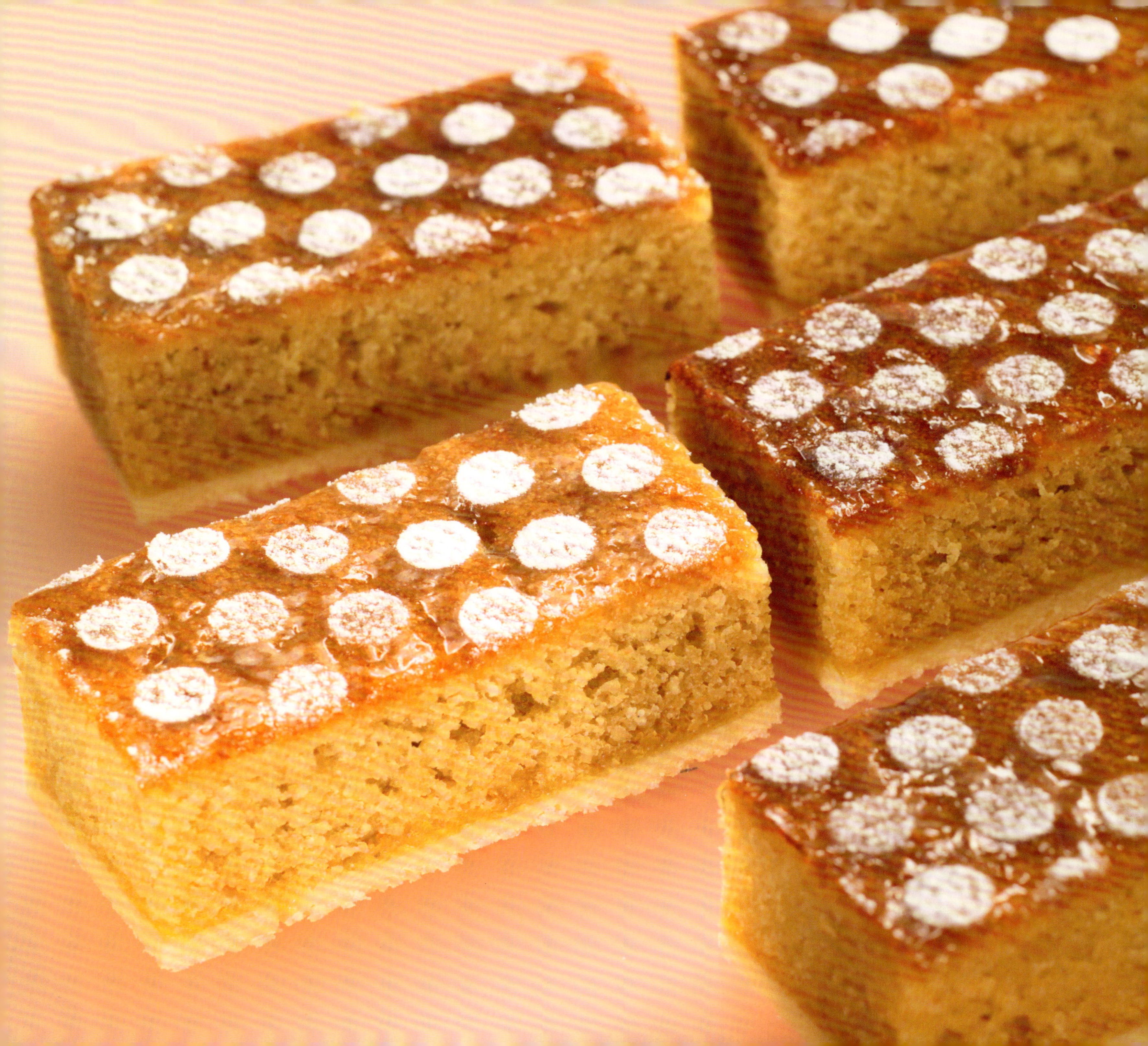

Birnen-Schnitte
Tranche poire

Vorbereitung
(2 Alurahmen 24 × 44 cm)

Silikonpapier einlegen.

2	Blätterteigböden 24 × 44 cm, 1,5 mm dick (Seite 238), vorbacken
1 200 g	Birnenfüllung (Seite 86)
120 g	Baumnüsse (Walnüsse), gehackt
1 200 g	Kompottbirnen

Guss (2 800 g)

1 800 g	Rahm (Sahne), heiss
360 g	Eier
275 g	Eigelb
360 g	Zucker
5 g	Salz

zusammenmischen und auf 75 °C erhitzen

Einfüllgewicht je Stück

250 g	Blätterteigboden gebacken
600 g	Birnenfüllung
60 g	Baumnüsse, gehackt
1 400 g	Guss
600 g	Birnen

Herstellung

Birnenfüllung möglichst kompakt bis an den Rand streichen, damit der Guss nicht auslaufen kann.

Hinweis

Formen auf Kartonunterlage absetzen, mit der Birnenfüllung ca. 10 Minuten im Ofen vorwärmen, dann Guss daraufgiessen und backen.

Backtemperatur

Oberhitze 230 °C
Unterhitze 200 °C
absinkend

Fertigstellen

Kompottbirnen in feine Fächer schneiden, mit 50 g Puderzucker stauben, mit Bunsenbrenner abflämmen und mit Klarglanzgelee gelieren. Schnitten à 7,5 × 4 cm schneiden.

Préparation
(2 cadres alu de 24 × 44 cm)

Garnir de papier silicone.

2	fonds en pâte feuilletée de 24 × 44 cm et 1,5 mm d'épaisseur (page 238), précuire
1 200 g	de masse à fourrer aux poires (page 86)
120 g	de noix hachées
1 200 g	de poires en conserve

Guélon (2 800 g)

1 800 g	de crème bouillante
360 g	d'œuf
275 g	de jaune d'œuf
360 g	de sucre
5 g	de sel

mélanger ensemble et chauffer le tout à 75 °C

Poids de remplissage par pièce

250 g	de fond en pâte feuilletée cuite
600 g	de masse à fourrer aux poires
60 g	de noix hachées
1 400 g	de guélon
600 g	de poires

Fabrication

Etendre la masse à fourrer aux poires avec noix le plus près possible du bord, afin que le guélon ne coule pas dessous.

Conseil

Poser les moules sur des supports de cuisson en carton, cuire env. 10 minutes avec la masse à fourrer aux poires, puis verser le guélon et terminer la cuisson.

Température de cuisson

Chaleur supérieure 230 °C
Chaleur inférieure 200 °C
retombante

Finition

Couper finement les poires en éventail, saupoudrer avec 50 g de sucre glace, flamber au chalumeau et garnir avec de la gelée claire. Couper des tranches de 7,5 × 4 cm.

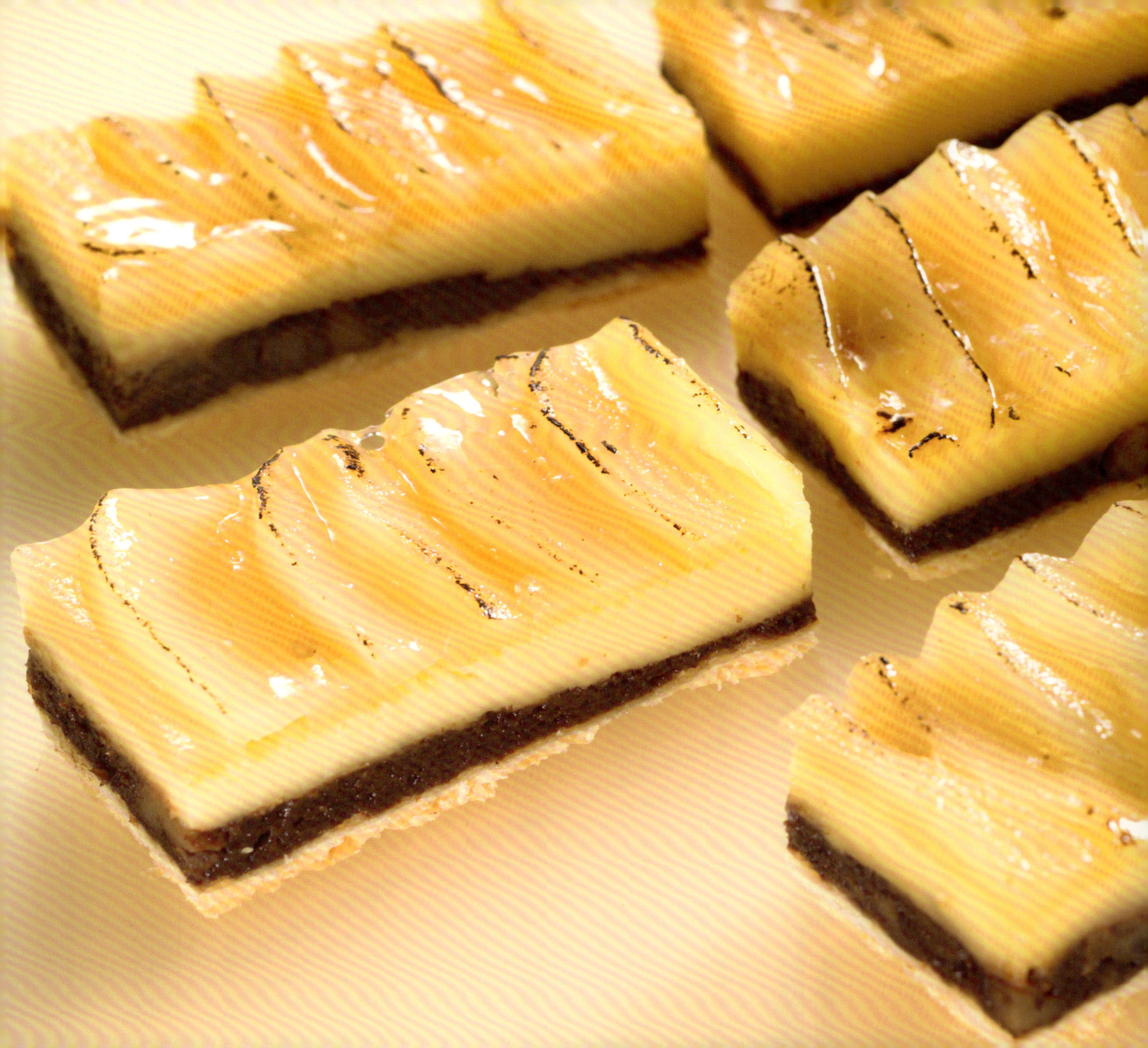

«Torta di Pane»-Schnitte
Tranche « Torta di pane »

Vorbereitung
(2 Alurahmen 24 × 44 cm)
Silikonpapier einlegen.
  160 g Pinienkerne

Masse (4970 g)
  800 g Brot ohne Kruste
           (z. B. Bauernbrot)
2070 g Milch
  400 g Amaretti
          über Nacht ein-
          weichen und mixen

  140 g Orangeat
  140 g Zitronat
  400 g Sultaninen
  250 g Grappa (40 % Vol.)
          einweichen

  100 g Kakaopulver
    50 g Vanillezucker
  300 g Zucker
     4 g Zimt
    15 g Zitronenschale
     1 g Muskat
  300 g Eier
          alle Zutaten mischen

Einfüllgewicht je Stück
2450 g Masse
   80 g Pinienkerne

Herstellung
Masse einfüllen und Pinienkerne aufstreuen.

Backtemperatur
Oberhitze   190 °C
Unterhitze 190 °C
absinkend

Fertigstellen
Schnitten à 7,5 × 4 cm schneiden.

Prépartion
(2 cadres alu de 24 × 44 cm)
Garnir de papier silicone.
  160 g de pignons

Masse (4970 g)
  800 g de pain sans croûte
          (par ex. pain paysan)
2070 g de lait
  400 g d'amaretti
          laisser tremper
          une nuit, puis passer
          au mixeur

  140 g d'orangeat
  140 g de citronat
  400 g de raisins sultans
  250 g de grappa (40 % vol.)
          macérer

  100 g de cacao en poudre
    50 g de sucre vanillé
  300 g de sucre
     4 g de cannelle
    15 g de zeste de citron
     1 g de muscade
  300 g d'œuf
          mélanger ensemble

Poids de remplissage par pièce
2450 g de masse
   80 g de pignons

Fabrication
Remplir de masse et répartir les pignons à la surface.

Température de cuisson
Chaleur supérieure 190 °C
Chaleur inférieure   190 °C
retombante

Finition
Couper des tranches de 7,5 × 4 cm.

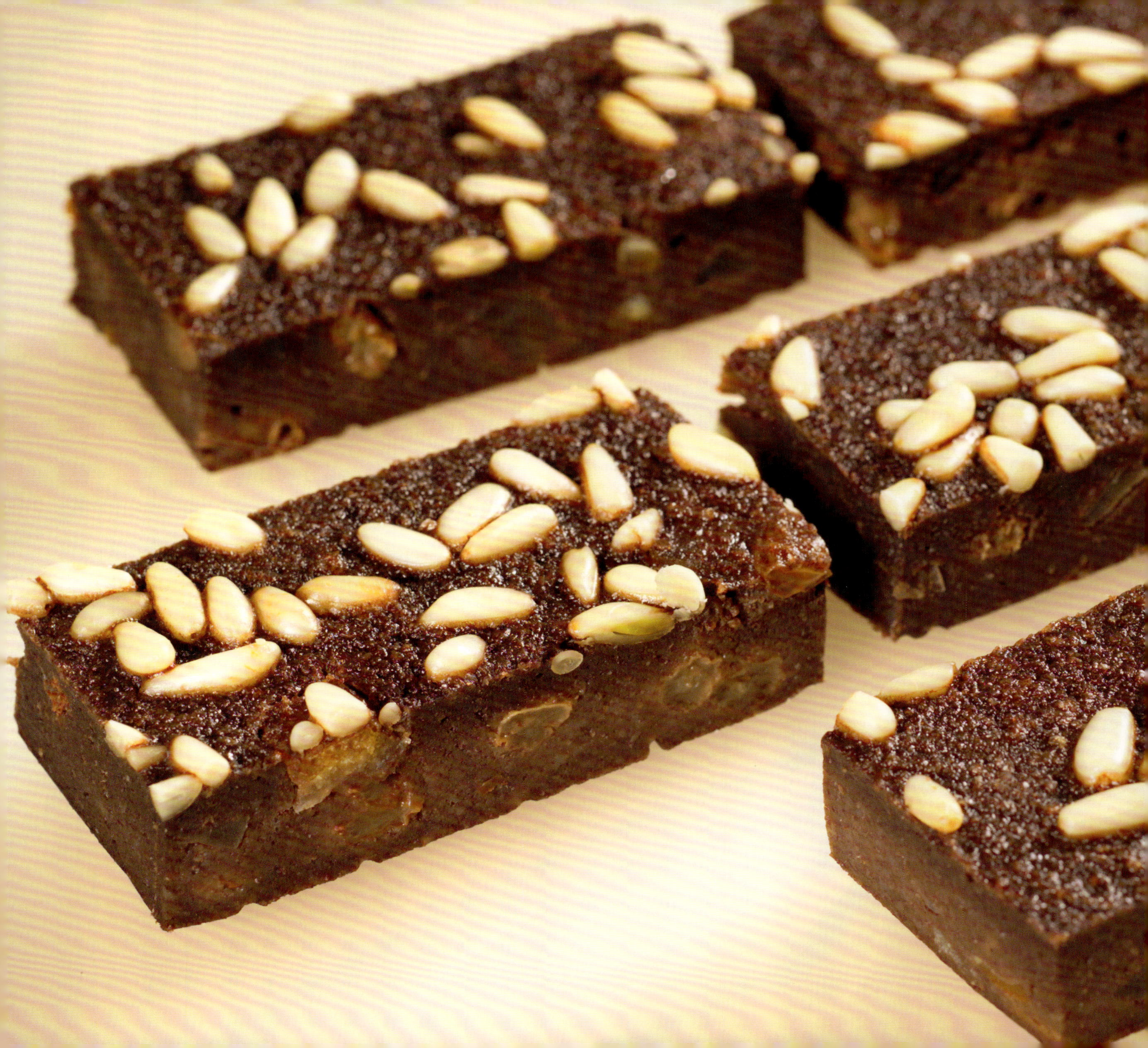

Schokolade-Orangen-Schnitte
Tranche chocolat-orange

Vorbereitung

(2 Alurahmen 24 × 44 cm)

Silikonpapier einlegen.

2	Mürbteigböden 24 × 44 cm, 3 mm dick (Seite 239)
400 g	Orangenkonfitüre
800 g	Couverture hell (mit 5 % Speiseöl)

Orangen-Schneemasse (2810 g)

700 g	Eiweiss
400 g	Zucker *zu Schnee schlagen*
700 g	Mandeln weiss, gemahlen
200 g	Zucker
200 g	Dextrose
300 g	Orangeat, fein gehackt
200 g	Couverture dunkel, geraspelt
100 g	Cremepulver
4 g	Salz
6 g	Orangenschale *daruntermischen*

Einfüllgewicht je Stück

350 g	Mürbteigboden
200 g	Orangenkonfitüre
1400 g	Orangen-Schneemasse
400 g	Couverture

Backtemperatur

Oberhitze 210 °C
Unterhitze 200 °C
absinkend

Herstellung

Mürbteigböden mit Orangenkonfitüre bestreichen. Orangen-Schneemasse einfüllen und backen. Nach dem Backen den Rand mit einem Messer lösen und auf ein Tuch stürzen.

Fertigstellen

Temperierte Couverture auf strukturierte Silikonmatte verteilen, ausgekühlte Orangenschnitte auflegen, nach dem Erstarren mit warmem Messer Schnitten à 7,5 × 4 cm schneiden.

Préparation

(2 cadres alu de 24 × 44 cm)

Garnir de papier silicone.

2	fond en pâte sablée de 24 × 44 cm, 3 mm d'épaisseur (page 239)
400 g	de confiture d'oranges
800 g	de couverture claire (avec 5 % d'huile)

Meringage orange (2810 g)

700 g	de blanc d'œuf
400 g	de sucre *battre en neige*
700 g	d'amandes blanches, moulues
200 g	de sucre
200 g	de dextrose
300 g	d'orangeat, finement haché
200 g	de couverture foncée, râpée
100 g	de poudre pour crème
4 g	de sel
6 g	de zeste d'orange *incorporer*

Poids de remplissage par pièce

350 g	de fond en pâte sablée
200 g	de confiture d'oranges
1400 g	de meringage orange
400 g	de couverture claire

Température de cuisson

Chaleur supérieure 210 °C
Chaleur inférieure 200 °C
retombante

Fabrication

Badigeonner les fonds en pâte sablée avec la confiture d'oranges. Remplir de meringage orange et cuire. Après cuisson, dégager les bords avec un petit couteau et retourner sur une toile.

Finition

Répartir la couverture tempérée sur une natte en silicone structurée, placer les tranches orange refroidies. Après durcissement de la couverture, couper des tranches de 7,5 × 4 cm avec un couteau chaud.

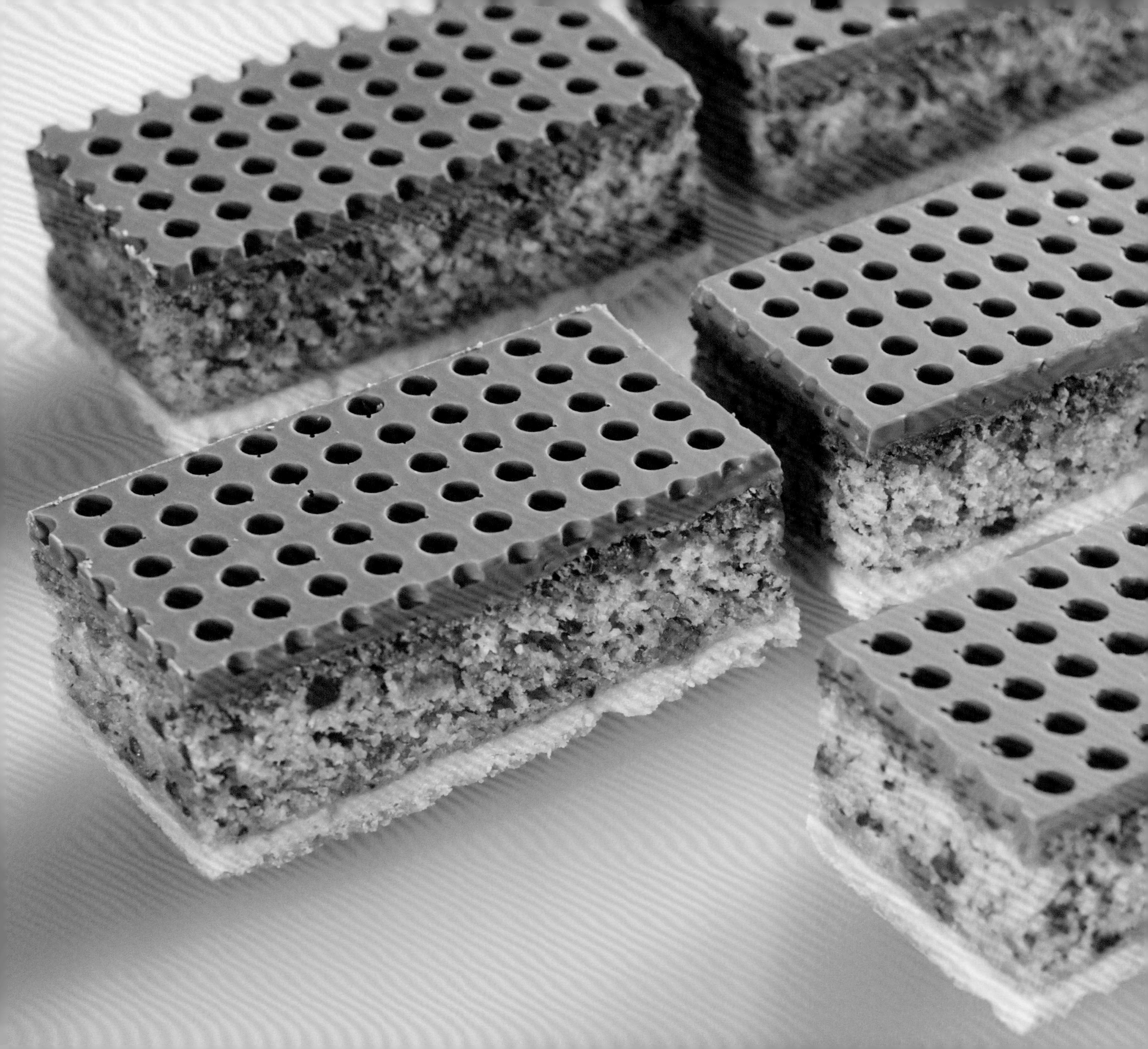

Zitronen-Erdbeer-Schnitte
Tranche citron-fraise

Vorbereitung
(2 Alurahmen 24 × 44 cm)
Silikonpapier einlegen.

- 2 Blätterteigböden 24 × 44 cm, 1,5 mm dick (Seite 238), vorgebacken und caramelisiert
- 1 000 g Vanillecreme (Seite 242)

Zitronencreme (3 250 g)

- 400 g Eier
- 150 g Eigelb
- 400 g Zucker
- 250 g Zitronensaft
- 50 g Zitronenschale
- 1 000 g Butter
  zusammen aufkochen, passieren
- 1 000 g Vanillecreme, warm *daruntermischen*

Erdbeer-Meringuage (1 330 g)

- 400 g Eiweiss
- 200 g Erdbeermark
- 30 g Zitronensaft
- 700 g Zucker
  auf 40 °C erwärmen und zu Schnee schlagen

Einfüllgewicht je Stück

- 250 g Blätterte gboden gebacken
- 1 500 g Zitronencreme
- 550 g Erdbeer-Meringuage

Herstellung
Zitronencreme einfüllen, kühl stellen, mit dem Kamm Erdbeer-Meringuage aufstreichen.

Backtemperatur
Oberhitze 250 °C
Unterhitze 200 °C

Fertigstellen
Mit dem Bunsenbrenner oder im Ofen abflämmen. Nach dem Auskühen Schnitten à 7,5 × 4 cm schneiden.

Hinweis
Die Rezeptmenge der Erdbeer-Meringuage wurde bewusst eher gross gewählt, damit beim Kämmen genügend Masse vorhanden ist.

Préparation
(2 cadres alu de 24 × 44 cm)
Garnir de papier silicone.

- 2 fonds en pâte feuilletée de 24 × 44 cm et 1,5 mm d'épaisseur (page 238), précuire et caraméliser
- 1 000 g de crème vanille (page 242)

Crème citron (3 250 g)

- 400 g d'œuf
- 150 g de jaune d'œuf
- 400 g de sucre
- 250 g de jus de citron
- 50 g de zeste de citron
- 1 000 g de beurre
  cuire ensemble et passer au tamis
- 1 000 g de crème vanille chaude *incorporer*

Meringage fraise (1 330 g)

- 400 g de blanc d'œuf
- 200 g de purée de fraises
- 30 g de jus de citron
- 700 g de sucre
  chauffer à 40 °C et battre en neige

Poids de remplissage par pièce

- 250 g de fond en pâte feuilletée cuite
- 1 500 g de crème citron
- 550 g de meringage fraise

Fabrication
Garnir les fonds de crème citron et les placer au froid. Etendre le meringage fraise à la surface avec un peigne.

Température de cuisson
Chaleur supérieure 250 °C
Chaleur inférieure 200 °C

Finition
Flamber au four ou au chalumeau. Après refroidissement, couper en tranches de 7,5 × 4 cm.

Conseil
Le volume de la recette du meringage fraise est délibérément plus important afin de garantir suffisamment de masse pour la structure au peigne.

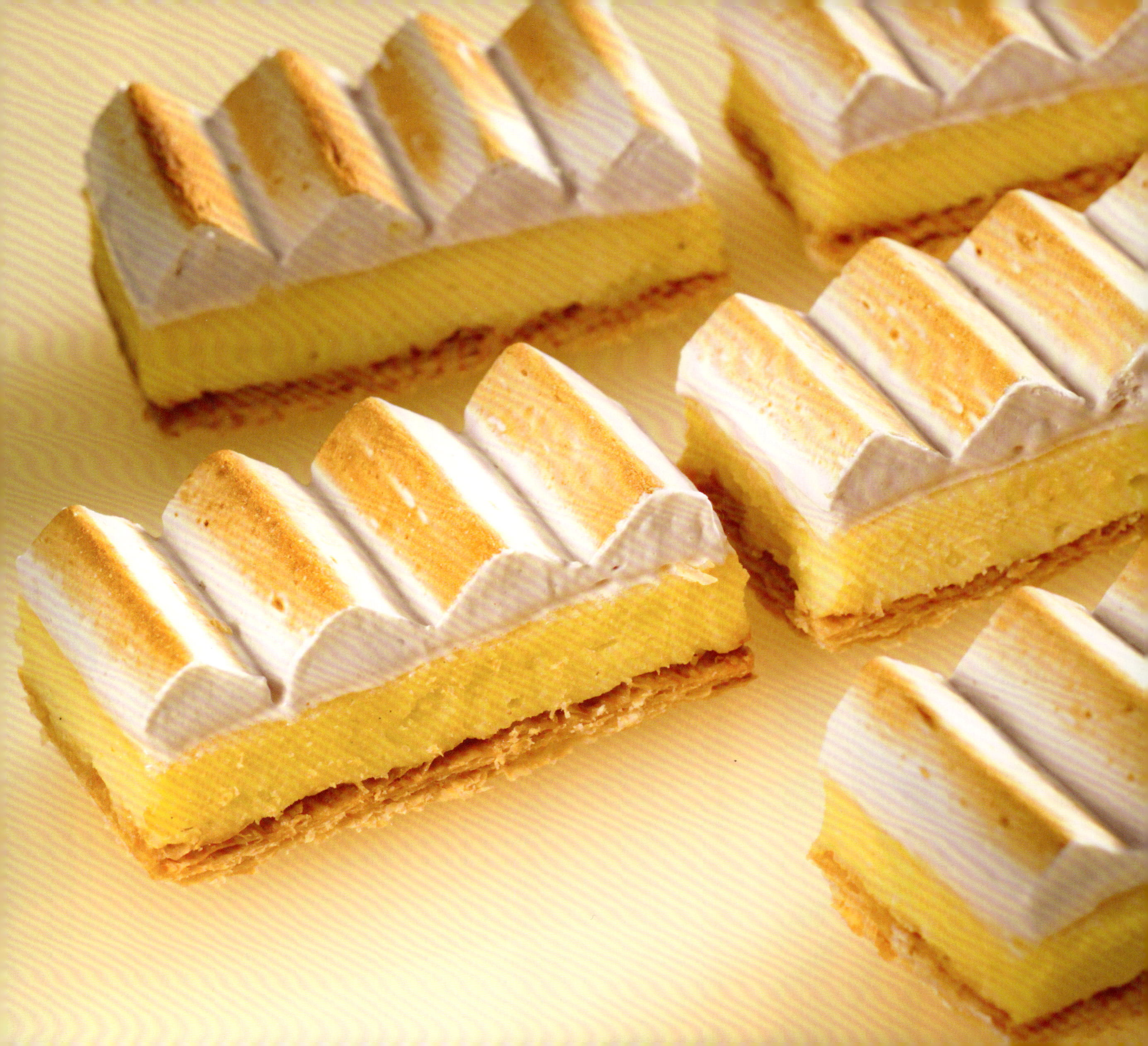

# Minicakes
Mini-cakes

219

Muffins
Muffins

Vorbereitung

(96 Muffins-Papierkapseln 7 cm ⌀)

Grundmasse (5 077 g)

1 100 g	Zucker
80 g	Vanillezucker
200 g	Dextrose
50 g	Zitronenschale
60 g	Backpulver
12 g	Natron
25 g	Salz
1 750 g	Weizenmehl 400

Zutaten sehr gut mischen (kann in grösseren Mengen auf Vorrat hergestellt werden, verschlossen lagern)

550 g	Eier
200 g	Milch
600 g	Orangensaft

beigeben, 3 Minuten zäh rühren

450 g	Butter, flüssig

daruntermischen

Apfel-Johannisbeer-Muffins (9 000 g)

5 050 g	Grundmasse
1 100 g	Äpfel (Maigold), grob geraffelt
1 100 g	Johannisbeeren
1 750 g	Baumnüsse (Walnüsse), gehackt

daruntermischen

Einfüllgewicht je Stück

90 g

Herstellung

Masse mit Glacelöffel oder Dressiersack in Kapseln portionieren.

Backtemperatur

Oberhitze 230 °C
Unterhitze 210 °C
Dampfabzug geschlossen, nach 10 Minuten öffnen.

Fertigstellen

Oberfläche mit Staubzucker (Puderschnee) stauben und Johannisbeeren auflegen.

Préparation

(96 capsules en papier pour muffins, 7 cm ⌀)

Masse de base (5 077 g)

1 100 g	de sucre
80 g	de sucre vanillé
200 g	de dextrose
50 g	de zeste de citron
60 g	de poudre à lever
12 g	de bicarbonate de soude
25 g	de sel
1 750 g	de farine de froment 400

bien mélanger ces ingrédients (peut être fabriquée en grande quantité, en réserve à l'avance et stockée dans des récipients fermés)

550 g	d'œuf
200 g	de lait
600 g	de jus d'orange

ajouter et battre 3 minutes jusqu'à ce que la masse devienne coriace

450 g	de beurre liquide

incorporer

Muffins pomme-groseille rouge (9 000 g)

5 050 g	de masse de base
1 100 g	de pommes (Maigold) grossièrement râpées
1 100 g	de groseilles rouges
1 750 g	de noix hachées

incorporer

Poids de remplissage par pièce

90 g

Fabrication

Répartir la masse dans les capsules à l'aide d'une cuillère à glace ou d'un sac à dresser.

Température de cuisson

Chaleur supérieure 230 °C
Chaleur inférieure 210 °C
Avec le soupirail fermé. Ouvrir le soupirail après 10 minutes.

Finition

Saupoudrer la surface de sucre glace (poudre à décorer) et garnir avec des groseilles rouges.

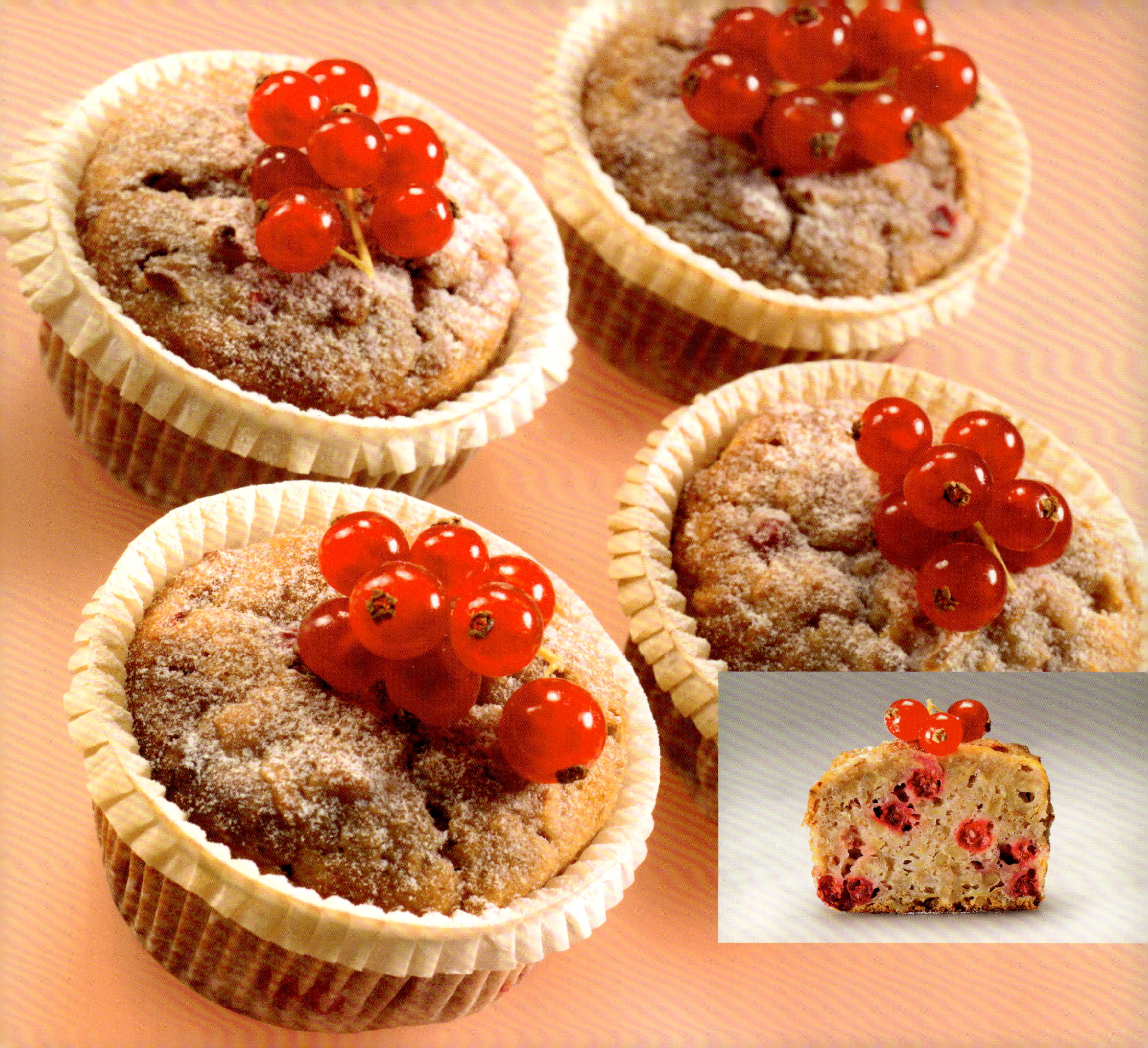

Schokoladen-Bananen-Muffins
Muffins chocolat-banane

Vorbereitung
(96 Muffins-Papierkapseln 7 cm ⌀)

Grundmasse (5 077 g)
(Seite 220)

zusätzlich:
2 500 g Bananen, gestückelt
1 000 g Makadamianüsse, gehackt, geröstet
  450 g Couverture dunkel, geraspelt
daruntermischen

Fertigstellen
Schokoladenglasur (Seite 92) und Schokoladenflocken.

Préparation
(96 capsules en papier pour muffins, 7 cm ⌀)

Masse de base (5 077 g)
(Page 220)

à ajouter:
2 500 g de bananes en morceaux
1 000 g de noix de macadamia hachées, rôties
  450 g de couverture foncée, hachée
incorporer

Finition
Glaçure chocolat (page 92) et copeaux de chocolat.

Karotten-Haselnuss-Muffins
Muffins carotte-noisette

Vorbereitung
(96 Muffins-Papierkapseln 7 cm ⌀)

Grundmasse (5 077 g)
(Seite 220)

zusätzlich:
2 300 g Karotten, geraffelt
1 500 g Haselnüsse, gemahlen, geröstet
  150 g Milch
         daruntermischen

Fertigstellen
Oberfläche mit Staubzucker (Puderschnee) stauben.
200 g Karottenstreifen mit 200 g Aprikotur heiss mischen und auflegen.

Préparation
(96 capsules en papier pour muffins, 7 cm ⌀)

Masse de base (5 077 g)
(Page 220)

à ajouter:
2 300 g de carottes râpées
1 500 g de noisettes moulues, rôties
  150 g de lait
         incorporer

Finition
Saupoudrer la surface de sucre glace (poudre à décorer).
Mélanger 200 g de carottes, coupées en lanières, avec 200 g d'abricoture très chaude et garnir.

Pfeffer-Zitronen-Minicake
Mini-cake poivre-citron

Vorbereitung
(100 Minicake-Aluformen
9 × 5 × 3,5 cm)

Buttermasse (9070 g)

1900 g	Butter
1500 g	Zucker
300 g	Dextrose
20 g	Salz
40 g	Zitronenschale

schaumig rühren

1800 g	Eier
90 g	Pfeffer, frisch gemahlen

beigeben

1500 g	Weizenmehl 400
300 g	Weizenstärke
20 g	Backpulver

absieben

1600 g Couverture dunkel, gehackt oder Tropfen
daruntermischen

Litergewicht
980 g

Einfüllgewicht je Stück
90 g Buttermasse

Backtemperatur
Oberhitze 210 °C
Unterhitze 200 °C
absinkend

Zitronensirup (1000 g)
500 g Zitronensaft
500 g Staubzucker
mischen

Fertigstellen
Oberfläche mit je 10 g Zitronensirup befeuchten, aprikotieren, Zitronenschalen halbkonfiert auflegen und wenig Pfeffer aufstreuen.

Préparation
(100 moules en aluminium pour mini-cakes de 9 × 5 × 3,5 cm)

Masse au beurre (9070 g)

1900 g	de beurre
1500 g	de sucre
300 g	de dextrose
20 g	de sel
40 g	de zeste de citron

battre en mousse

1800 g	d'œuf
90 g	de poivre fraîchement moulu

ajouter

1500 g	de farine de froment 400
300 g	d'amidon de froment
20 g	de poudre à lever

tamiser

1600 g de couverture foncée, hachée ou en gouttes
incorporer

Poids au litre
980 g

Poids de remplissage par pièce
90 g de masse au beurre

Température de cuisson
Chaleur supérieure 210 °C
Chaleur inférieure 200 °C
retombante

Sirop citron (1000 g)
500 g de jus de citron
500 g de sucre glace
mélanger

Finition
Humecter la surface de chaque mini-cake avec 10 g de sirop citron, abricoter, garnir avec des zestes de citron semi-confits et saupoudrer légèrement de poivre.

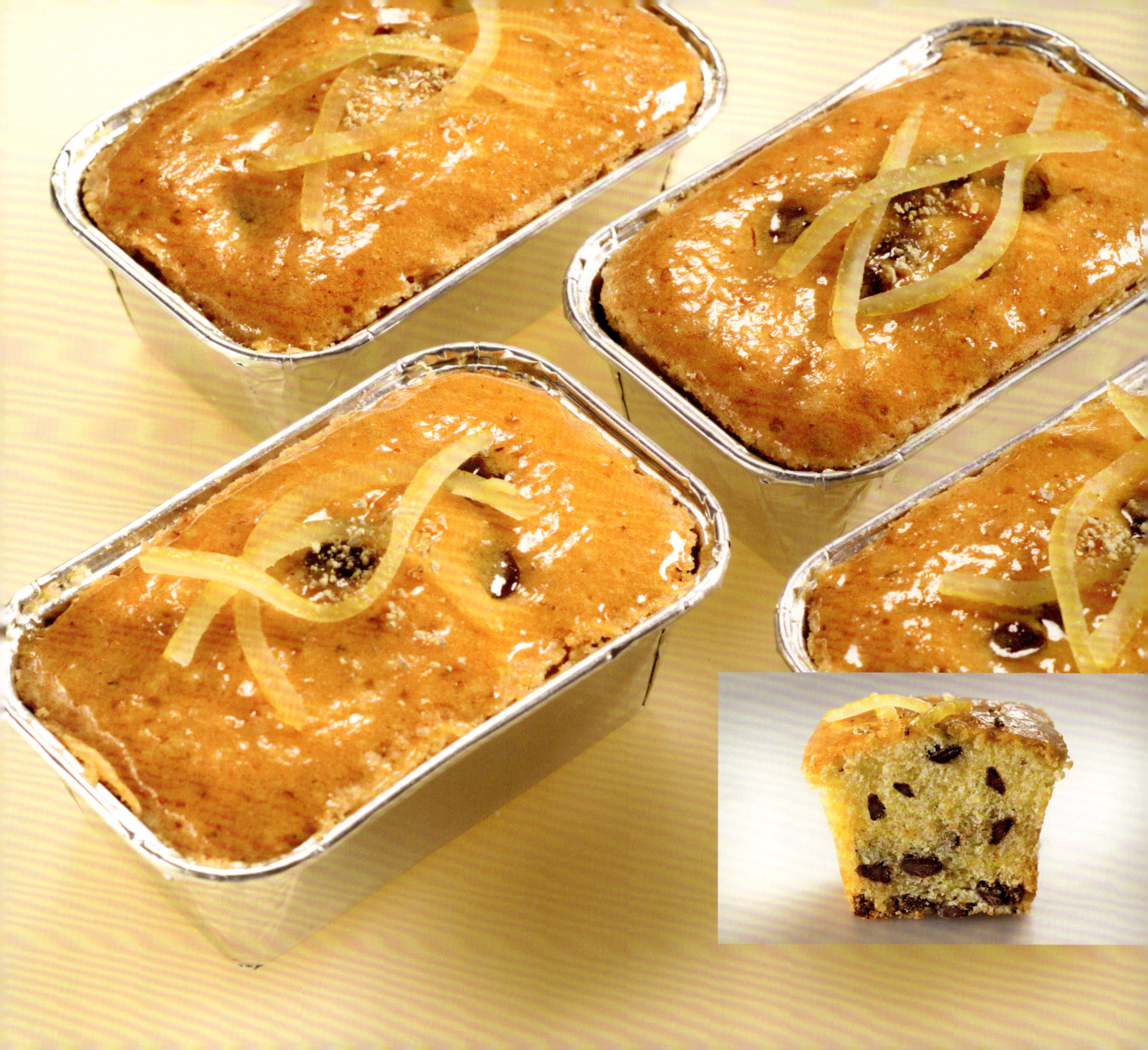

Ingwer-Kokos-Minicake
Mini-cake gingembre-coco

Vorbereitung
(100 Minicake-Aluformen
9 × 5 × 3,5 cm)

Buttermasse (9 070 g)
(Seite 224)
   90 g Pfeffer
ersetzen durch:
  300 g Ingwer, geraffelt

1 600 g Couverture
ersetzen durch:
1 100 g Kokosraspel
  500 g Kokosmilch

Fertigstellen
Oberfläche aprikotieren, Stab auflegen und Kokosraspel aufstreuen.

Préparation
(100 moules en aluminium pour mini-cakes de 9 × 5 × 3,5 cm)

Masse au beurre (9 070 g)
(Page 224)
   90 g de poivre
à remplacer par :
  300 g de gingembre râpé

1 600 g de couverture
à remplacer par :
1 100 g de noix de coco râpée
  500 g de lait de coco

Finition
Abricoter la surface, poser une barre et saupoudrer de noix de coco râpée.

Lebkuchen-Erdnuss-Minicake
Mini-cake pain d'épices-cacahuète

Vorbereitung
(100 Minicake-Aluformen
9 × 5 × 3,5 cm)

Buttermasse (9070 g)
(Seite 224)
   90 g Pfeffer
ersetzen durch:
  150 g Lebkuchengewürz

1600 g Couverture
ersetzen durch:
1600 g Erdnüsse, gehackt

Fertigstellen
Oberfläche aprikotieren und mit Ausstecher 3,5 cm ⌀ Erdnüsse gehackt aufstreuen.

Préparation
(100 moules en aluminium pour mini-cakes de 9 × 5 × 3,5 cm)

Masse au beurre (9070 g)
(Page 224)
   90 g de poivre
à remplacer par :
  150 g d'épices
            pour pain d'épices

1600 g de couverture
à remplacer par :
1600 g de cacahuètes hachées

Finition
Abricoter et garnir la surface avec des cacahuètes hachées à l'aide d'un emporte-pièce de 3,5 cm ⌀.

Mandel-Himbeer-Konfekt
Petits-fours amande-framboise

Vorbereitung
(9 Flexipanformen à 50 Nutzen, 4 cm ⌀, 2 cm hoch)

Masse (8 080 g)

700 g	Mandeln weiss, gemahlen
1 000 g	Zucker *zusammen fein reiben oder mixen*
600 g	Himbeermark
1 600 g	Eiweiss
1 600 g	Staubzucker *beigeben und im Kupferkessel aufkochen*
1 200 g	Butter, heiss
500 g	Couverture weiss, aufgelöst
30 g	Zitronenschale
850 g	Weizenmehl 400 *beigeben*

Einfüllgewicht je Stück
18 g

Herstellung
Die heisse Masse mit Dressiersack und Handschuhen in Flexipanformen einfüllen.

Backtemperatur
Oberhitze 180 °C
Unterhitze 180 °C
Ofen ca. 5 Minuten eingeschaltet lassen, dann Temperatur zurückstellen.

Hinweis
Zum Ausformen kurz tiefkühlen.

Préparation
(9 moules Flexipan à 50 pièces de 4 cm ⌀ et 2 cm de haut)

Masse (8 080 g)

700 g	d'amandes blanches, moulues
1 000 g	de sucre *broyer finement ensemble ou passer au mixeur*
600 g	de purée de framboises
1 600 g	de blanc d'œuf
1 600 g	de sucre glace *ajouter et cuire dans une bassine en cuivre*
1 200 g	de beurre très chaud
500 g	de couverture blanche, liquide
30 g	de zeste de citron
850 g	de farine de froment 400 *ajouter*

Poids de remplissage par pièce
18 g

Fabrication
Dresser la masse chaude avec une poche et remplir les moules Flexipan, en se protégeant avec des gants.

Température de cuisson
Chaleur supérieure 180 °C
Chaleur inférieure 180 °C
Laisser le four encore enclenché pendant env. 5 minutes, puis réduire la température.

Conseil
Pour démouler plus aisément, congeler brièvement.

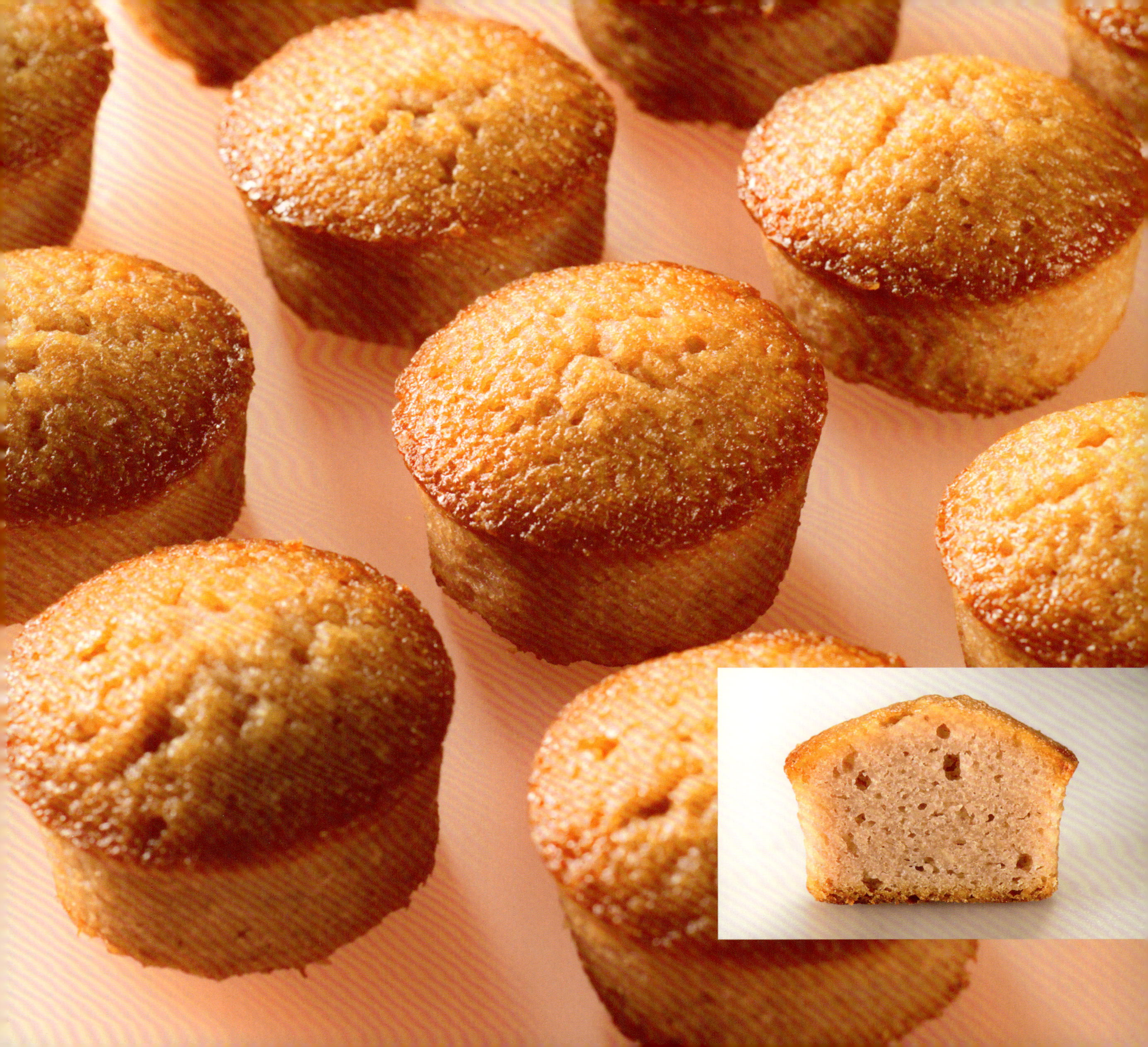

Haselnuss-Konfekt
Petits-fours aux noisettes

Vorbereitung
(9 Flexipanformen à 50 Nutzen, 4 cm ⌀, 2 cm hoch)

Masse (8 040 g)

1 000 g	Haselnüsse, gemahlen
1 000 g	Zucker *zusammen fein reiben oder mixen*
1 680 g	Eiweiss
1 680 g	Staubzucker *beigeben und im Kupferkessel aufkochen*
2 000 g	Butter, heiss
680 g	Weizenmehl 400 *daruntermischen*

Einfüllgewicht je Stück
18 g

Herstellung
Die heisse Masse mit Dressiersack und Handschuhen in Flexipanformen einfüllen.

Backtemperatur
Oberhitze   180 °C
Unterhitze   180 °C
Ofen ca. 5 Minuten eingeschaltet lassen, dann Temperatur zurückstellen.

Hinweis
Zum Ausformen kurz tiefkühlen.

Préparation
(9 moules Flexipan à 50 pièces de 4 cm ⌀ et 2 cm de haut)

Masse (8 040 g)

1 000 g	de noisettes moulues
1 000 g	de sucre *broyer finement ensemble ou passer au mixeur*
1 680 g	de blanc d'œuf
1 680 g	de sucre glace *ajouter et cuire dans une bassine en cuivre*
2 000 g	de beurre très chaud
680 g	de farine de froment 400 *incorporer*

Poids de remplissage par pièce
18 g

Fabrication
Dresser la masse chaude avec une poche et remplir les moules Flexipan, en se protégeant avec des gants.

Température de cuisson
Chaleur supérieure   180 °C
Chaleur inférieure   180 °C
Laisser le four encore enclenché pendant env. 5 minutes, puis réduire la température.

Conseil
Pour démouler plus aisément, congeler brièvement.

Baumnuss-Konfekt
Petits-fours aux noix

Vorbereitung
(9 Flexipanformen à 50 Nutzen, 4 cm ⌀, 2 cm hoch)

Masse (8 040 g)
(Seite 230)
1 000 g Haselnüsse, gemahlen
ersetzen durch:
  500 g Baumnüsse (Walnüsse)
  500 g Mandeln weiss, gemahlen

Einfüllgewicht je Stück
18 g

Herstellung
Die heisse Masse mit Dressiersack und Handschuhen in Flexipanformen einfüllen.

Backtemperatur
Oberhitze   180 °C
Unterhitze   180 °C
Ofen ca. 5 Minuten eingeschaltet lassen, dann Temperatur zurückstellen.

Hinweis
Zum Ausformen kurz tiefkühlen.

Préparation
(9 moules Flexipan à 50 pièces de 4 cm ⌀ et 2 cm de haut)

Masse (8 040 g)
(Page 230)
1 000 g de noisettes moulues
à remplacer par:
  500 g de noix moulues
  500 g d'amandes blanches, moulues

Poids de remplissage par pièce
18 g

Fabrication
Dresser la masse chaude avec une poche et remplir les moules Flexipan, en se protégeant avec des gants.

Température de cuisson
Chaleur supérieure   180 °C
Chaleur inférieure   180 °C
Laisser le four encore enclenché pendant env. 5 minutes, puis réduire la température.

Conseil
Pour démouler plus aisément, congeler brièvement.

231

Basisrezepte
Recettes de base

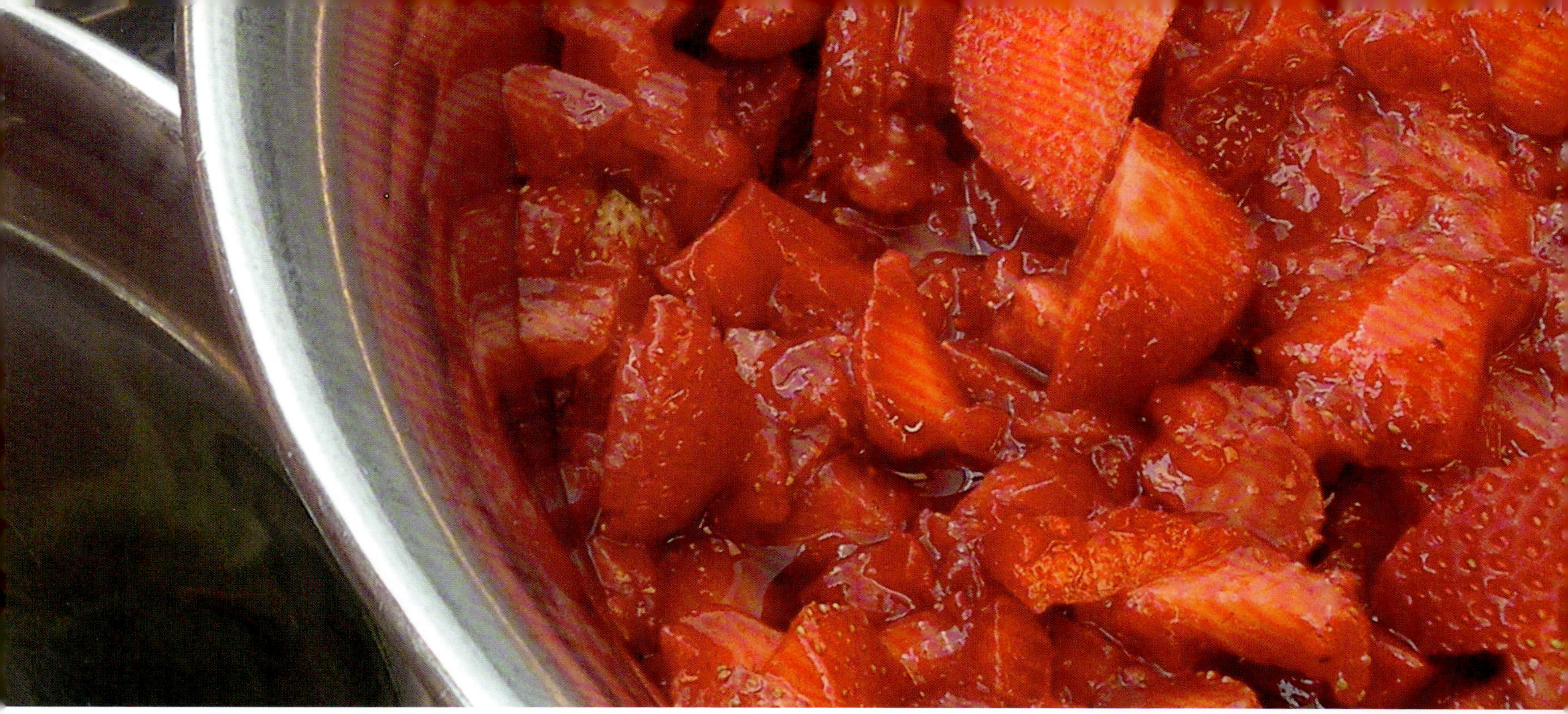

Mandelmasse 1:1
Masse aux amandes 1:1

**Variante A –
in der Reibmaschine**

Vorbereitung

5000 g Mandeln weiss
in mindestens
5000 g kaltem Wasser
8–10 Stunden einweichen, Restwasser abgiessen, Wasseraufnahme 30 %

Mandelmasse (11 500 g)

6500 g Mandeln eingeweicht
(inkl. 1500 g Wasser)
4000 g Zucker
1000 g Dextrose
*beigeben und
in der Reibmaschine
in ca. 5–6 Stufen
fein reiben*

Haselnussmasse 1:1

5000 g Mandeln
ersetzen durch:
5000 g Haselnüsse
(evtl. geröstet)

Baumnussmasse 1:1

5000 g Mandeln
ersetzen durch:
5000 g Baumnüsse (Walnüsse)

Pinienmasse 1:1

5000 g Mandeln
ersetzen durch:
5000 g Pinienkerne

**Variante B –
im Mixer (Stephan)**

Nebenstehendes Rezept mixen anstatt reiben.

Vorteil der Variante B

Im Mixer werden die Kerne nicht gequetscht, sondern geschnitten, somit kann die Gefahr des Öligwerdens vermieden werden. Die Konsistenz der Mandelmasse kann durch die verschiedenen Herstellungsmethoden leicht unterschiedlich sein.

1 Kerne einweichen

Beim Einweichen werden die Zellwände weich. Die Masse wird weniger ölig.

2 Mixen oder reiben

Im Mixer kann die Masse rationell hergestellt werden. Ohne Mixer alle Zutaten mischen und mit der Walze reiben.

3 Portionieren

Benötigte Rezeptmenge portionieren und einfrieren.

4 Lagerung

Auf Vorrat herstellen und in Mehrweggebinde mit Deckel bei 5 °C lagern.

**Variante A –
à la broyeuse**

Préparation

5000 g d'amandes blanches
dans au moins
5000 g d'eau froide
*laisser tremper pendant
8 à 10 heures, verser
l'eau superflue; absorption en eau : 30 %*

**Masse aux amandes
(11 500 g)**

6500 g d'amandes trempées
(y compris
1 500 g d'eau)
4000 g de sucre
1000 g de dextrose
*ajouter et passer
à la broyeuse en 5 à
6 étapes pour obtenir
une masse fine*

Masse aux noisettes 1:1

5000 g d'amandes
à remplacer par :
5000 g de noisettes
(évent. rôties)

Masse aux noix 1:1

5000 g d'amandes
à remplacer par :
5000 g de noix

Masse aux pignons 1:1

5000 g d'amandes
à remplacer par :
5000 g de pignons

**Variante B –
au mixeur (Stephan)**

Passer la recette ci-contre au mixeur au lieu de la broyer.

Avantage de la variante B

Dans le mixeur, les fruits à coque ne sont pas écrasés, mais coupés. Ceci permet d'éviter que la masse devienne huileuse. Selon la méthode de fabrication, la consistance de la masse aux amandes peut présenter de légères différences.

**1 Trempage des fruits
à coque**

Lors du trempage, la paroi des cellules se ramollit. La masse devient moins huileuse.

2 Mixeur ou broyeuse

Dans le mixeur, la fabrication de la masse est plus rationnelle. Sans mixeur, mélanger tous les ingrédients et les broyer.

3 Diviser en portions

Diviser en portions selon les indications des recettes et congeler.

4 Stockage

Fabriquer en réserve, conserver dans des bidons à usages multiples avec un couvercle et stocker à 5 °C.

Kastanienpüree
Purée de marrons

Kastanienpüree (6 610 g)

2 500 g	Maronen tiefgekühlt
3 000 g	Wasser heiss

Nach dem Garen bis zu einem Gewicht von 3 050 g im Sieb abtropfen lassen, 2 Stunden in den Kühlschrank stellen.

350 g	Staubzucker
25 g	Vanillezucker
10 g	Salz
	fein mixen (im Stephan) oder walzen
300 g	Zuckersirup (30 °Bé)
150 g	Kirsch (40 % Vol.)
50 g	Sorbit flüssig
	Flüssigkeit in 2 Etappen beigeben
225 g	Butter, geschmeidig
	daruntermischen

1 Steamer oder Ofen

Mit heissem Wasser auffüllen und Alufolie abdecken.
Ofen: Temperatur ca. 200 °C.
Steamer: 100 °C / 100 % Luftfeuchtigkeit.
Garzeit ca. 50 Minuten.

2 Kontrolle Wassergehalt

Während dem Garprozess nicht umrühren, sonst nehmen sie zuviel Wasser auf. Damit der Wassergehalt (= Konsistenz) immer gleich ist, kontrollieren wir das Gewicht.

3 Beigaben

Sorbit kann weggelassen werden, wenn die Verkaufsvitrine genügend Feuchtigkeit hat. Butter ergibt einen feineren Schmelz.

4 Portionieren

In Vakuumbeuteln oder anderen Gebinde. Mit Produktname und Datum beschriften.

Purée de marrons (6 610 g)

2 500 g	de marrons congelés
3 000 g	d'eau bouillante

Après cuisson, laisser égoutter dans une passoire jusqu'à 3 050 g, puis placer au réfrigérateur pendant deux heures.

350 g	de sucre glace
25 g	de sucre vanillé
10 g	de sel
	broyer finement au mixeur (Stephan) ou passer à la broyeuse
300 g	de sirop de sucre (30 °Bé)
150 g	de kirsch (40 % vol.)
50 g	de sorbitol liquide
	ajouter le liquide en deux étapes
225 g	de beurre mou
	incorporer

1 Steamer ou four

Verser l'eau bouillante et recouvrir avec une feuille d'aluminium.
Four: température env. 200 °C.
Steamer: 100 °C / 100 % d'humidité.
Durée de cuisson: env. 50 minutes.

2 Contrôle de la teneur en eau

Ne pas brasser les marrons pendant le processus de cuisson, sinon ils absorbent trop d'eau. Afin de garantir toujours la même teneur en eau (consistance), il suffit de contrôler le poids.

3 Adjonctions

Il est possible de renoncer au sorbitol, si le taux d'humidité est suffisamment élevé dans la vitrine de présentation. Le beurre confère un fondant plus onctueux.

4 Diviser en portions

Conserver dans des sachets sous vide d'air ou d'autres contenants. Inscrire le nom du produit et la date de fabrication.

Biscuitmassen
Masses à biscuit

Mandelbiscuit (5 930 g)

1 050 g	Mandelmasse 1:1 (Seite 234)
650 g	Eigelb

zusammen glatt rühren

1 100 g	Zucker
1 700 g	Eier
15 g	Salz
15 g	Zitronenschale

beigeben und ca. 9 Minuten schaumig rühren

900 g	Weizenmehl 400
200 g	Weizenstärke

absieben und daruntermischen

300 g	Butter, aufgelöst

daruntermischen

Baumnussbiscuit (5 930 g)

1 050 g Mandelmasse 1:1

ersetzen durch:

1 050 g Baumnussmasse 1:1 (Seite 234)

Schokoladenbiscuit (5 930 g)

900 g Weizenmehl 400

ersetzen durch:

820 g	Weizenmehl 400
80 g	Kakaopulver

Haselnussbiscuit (5 930 g)

1 050 g Mandelmasse 1:1

ersetzen durch:

1 050 g Haselnussmasse 1:1 (Seite 234)

1 Glatt rühren

Mandelmasse und Eigelb separat glatt rühren, verhindert die Knollenbildung.

2 Aufschlagen

Die Aufschlagzeit richtet sich nach der Rezeptgrösse und dem Maschinentyp (Eischaum Litergewicht 450 g).

3 Mehl beigeben

Mehl und Stärke absieben und einmelieren.

4 Butterbeigabe

Butter flüssig am Schluss vorsichtig daruntermischen (fertige Biscuitmasse Litergewicht 540 g)

Backtemperatur

Oberhitze 200 °C
Unterhitze 200 °C
absinkend

Biscuit aux amandes (5 930 g)

1 050 g	de masse aux amandes 1:1 (page 234)
650 g	de jaune d'œuf

lisser ensemble

1 100 g	de sucre
1 700 g	d'œuf
15 g	de sel
15 g	de zeste de citron

ajouter et battre en mousse pendant env. 9 minutes

900 g	de farine de froment 400
200 g	d'amidon de froment

tamiser et incorporer

300 g	de beurre fondu

incorporer

Biscuit aux noix (5 930 g)

1 050 g de masse aux amandes 1:1

à remplacer par :

1 050 g de masse aux noix 1:1 (page 234)

Biscuit chocolat (5 930 g)

900 g de farine de froment 400

à remplacer par :

820 g	de farine de froment 400
80 g	de cacao en poudre

Biscuit aux noisettes (5 930 g)

1 050 g de masse aux amandes 1:1

à remplacer par :

1 050 g de masse aux noisettes 1:1 (page 234)

1 Lisser

Lisser séparément la masse aux amandes avec le jaune d'œuf permet d'éviter la formation de grumeaux.

2 Battre en mousse

La durée de battage dépend du volume de la recette et du type de la batteuse (poids au litre de la masse : 450 g).

3 Adjonction de farine

Tamiser la farine et l'amidon ensemble et incorporer.

4 Adjonction de beurre

Incorporer délicatement le beurre liquide à la fin du processus (poids au litre de la masse finie : 540 g).

Température de cuisson

Chaleur supérieure 200 °C
Chaleur inférieure 200 °C
retombante

Rouladen
Roulades

Rezept 1

Warm-Kalt-Verfahren (1 100 g)

500 g	Eier
300 g	Zucker
50 g	Sorbit, flüssig
	erwärmen und schaumig rühren
250 g	Weizenmehl 400
	absieben und daruntermischen

Rezept 2

Kalt-Verfahren (1 210 g)

330 g	Mandelmasse 1:1 (Seite 234)
200 g	Eigelb
100 g	Zucker
50 g	Sorbit, flüssig
	schaumig rühren
200 g	Eiweiss
150 g	Zucker
	zu Schnee schlagen und beigeben
180 g	Weizenmehl 400
	absieben und daruntermischen

Hinweis
Diese Techniken können auf Silikonpapier oder Backmatten ausgeführt werden.

1 Aufstreichen
Rouladenmasse mit Aufstreichapparat in der gewünschten Dicke auftragen.

2 Backen
Die Rouladen werden heiss bei 230 °C bis 240 °C gebacken.

3 Nach dem Backen
Oberfläche mit Kristallzucker überstreuen. Papier auflegen und auf dem heissen Blech wenden. Nach 3 Minuten (Hautbildung) abschieben.

4 Lagern
Die Rouladen können mit Plastik eingepackt und auf Vorrat im Kühlschrank gelagert werden.

Recette 1

Procédé chaud-froid (1 100 g)

500 g	d'œuf
300 g	de sucre
50 g	de sorbitol liquide
	chauffer et battre en mousse
250 g	de farine de froment 400
	tamiser et incorporer

Recette 2

Procédé à froid (1 210 g)

330 g	de masse aux amandes 1:1 (page 234)
200 g	de jaune d'œuf
100 g	de sucre
50 g	de sorbitol liquide
	battre en mousse
200 g	de blanc d'œuf
150 g	de sucre
	battre en neige et ajouter
180 g	de farine de froment 400
	tamiser et incorporer

Conseil
Ces techniques peuvent être réalisées sur du papier silicone ou des nattes de cuisson.

1 Etendre
Etendre la masse à roulade à l'aide de l'appareil spécifique à l'épaisseur désirée.

2 Cuire
Les roulades sont cuites dans un four très chaud entre 230 °C et 240 °C.

3 Après la cuisson
Saupoudrer la surface de sucre cristallisé. Recouvrir d'une feuille de papier et retourner sur une plaque chaude. Transférer sur un support après 3 minutes (formation d'une peau).

4 Stockage
Les roulades peuvent être emballées dans du plastique et gardées en réserve au réfrigérateur.

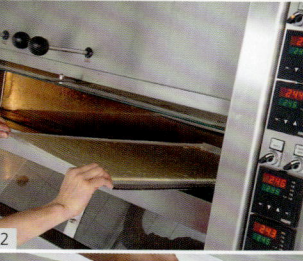

Blätterteig, geriebener Teig
Pâte feuilletée, pâte brisée

Butter-Blätterteig (20 715 g)

- 9 000 g Weizenmehl 400
- 4 500 g Wasser, kalt
- 225 g Salz
- 90 g Malz, flüssig
  auflösen
- 900 g Butter
  beigeben,
  Teig auskneten
- 6 000 g Butterplatten (6 Stück)
  zum Eintourieren

Herstellung

Vorteig auskneten bis er sich dünn ausziehen lässt. In 6 Portionen à 2 450 g teilen und kühl stellen. Teige je auf 65 × 38 cm ausrollen. Je 1 Maxi-Butterplatte einschlagen. 1. und 2. doppelte Tour geben, dazwischen ca. 1 Stunde kühl stellen (kühlen oder tiefkühlen). Mit 3. und 4. doppelter Tour tourieren. Vor dem Weiterverarbeiten mindestens 1 Stunde kühl stellen.

Geriebener Teig (7 660 g)

- 4 000 g Weizenmehl 400
- 2 000 g Butter
  zusammenreiben
- 80 g Salz
- 80 g Zucker oder Flüssigmalz
- 1 500 g Wasser
  auflösen und beigeben

1 Vorteig
Zutaten gut mischen und plastisch kneten.

2 Einschlagen
Den Teig 65 × 38 cm (5 mm) ausrollen und die Butter einschlagen.

3 Konsistenz
Die Butter und der Teig sollten die gleiche Festigkeit haben.

4 Geriebener Teig
Mehl und Butter zusammenreiben, Wasser beigeben, kurz mischen.

Pâte feuilletée au beurre (20 715 g)

- 9 000 g de farine de froment 400
- 4 500 g d'eau froide
- 225 g de sel
- 90 g de malt liquide
  diluer
- 900 g de beurre
  ajouter, pétrir la pâte
- 6 000 g de beurre en plaque (6 pièces)
  pour tourer

Fabrication

Pétrir la détrempe jusqu'à ce que l'on puisse l'étirer régulièrement. Diviser en 6 portions de 2 450 g et les déposer au réfrigérateur. Abaisser chaque pâton aux dimensions de 65 × 38 cm. Enchâsser une plaque de beurre Maxi par pâton et donner deux tours doubles. Placer les pâtons une heure au froid (réfrigérateur ou congélateur) avant de leur donner les deux derniers tours doubles (4 au total). Laisser reposer au minimum une heure au froid avant d'utiliser la pâte.

Pâte brisée (7 660 g)

- 4 000 g de farine de froment 400
- 2 000 g de beurre
  fraser ensemble
- 80 g de sel
- 80 g de sucre ou de malt liquide
- 1 500 g d'eau
  diluer et ajouter

1 Détrempe
Bien mélanger les ingrédients et pétrir en une pâte souple.

2 Enchâsser
Abaisser la pâte aux dimensions de 65 × 38 cm (5 mm) et enchâsser le beurre.

3 Consistance
Le beurre et la pâte doivent présenter une consistance identique.

4 Pâte brisée
Fraser la farine et le beurre, ajouter l'eau et mélanger brièvement.

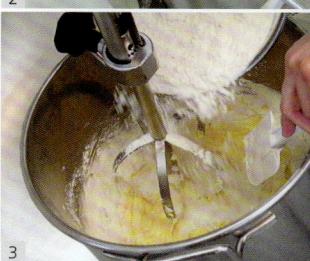

Diverse Butterteige
Diverses pâtes au beurre

Mürbteig (2 180 g)

- 600 g Butter
- 400 g Zucker
- 15 g Vanillezucker
- 5 g Salz
- 160 g Eier
  mischen
- 1 000 g Weizenmehl 400
  daruntermischen

Zuckerteig (2 260 g)

- 650 g Zucker
- 350 g Butter
- 5 g Salz
- 15 g Zitronenschale
- 240 g Eier
  mischen
- 800 g Weizenmehl 400
- 200 g Weizenstärke
  daruntermischen

Schokoladen-Mailänderteig (2 225 g)

- 500 g Butter
- 500 g Zucker
- 20 g Vanillezucker
- 5 g Salz
- 200 g Eier
  mischen
- 920 g Weizenmehl 400
- 80 g Kakaopulver
  daruntermischen

1 Butter und Zucker

Butter bei Raumtemperatur mit Zucker mischen, nicht schaumig rühren.

2 Eier beigeben

Eier mit Raumtemperatur langsam beigeben. Die Masse soll nicht grenieren.

3 Mehlbeigabe

Teig glatt mischen. So wenig wie möglich, damit er nicht zäh wird.

4 Vorrat

Mit Plastik abgedeckt verlangsamt das Austrocknen.

Pâte sablée (2 180 g)

- 600 g de beurre
- 400 g de sucre
- 15 g de sucre vanillé
- 5 g de sel
- 160 g d'œuf
  mélanger
- 1 000 g de farine de froment 400
  incorporer

Pâte sucrée (2 260 g)

- 650 g de sucre
- 350 g de beurre
- 5 g de sel
- 15 g de zeste de citron
- 240 g d'œuf
  mélanger
- 800 g de farine de froment 400
- 200 g d'amidon de froment
  incorporer

Pâte à Milans chocolat (2 225 g)

- 500 g de beurre
- 500 g de sucre
- 20 g de sucre vanillé
- 5 g de sel
- 200 g d'œuf
  mélanger
- 920 g de farine de froment 400
- 80 g de cacao en poudre
  incorporer

1 Beurre et sucre

Mélanger le sucre avec le beurre à température ambiante. Ne pas battre en mousse.

2 Adjonction d'œuf

Ajouter lentement les œufs à température ambiante. La masse ne doit pas grener.

3 Adjonction de farine

Mélanger à la pâte jusqu'à ce qu'elle soit lisse. Pétrir le moins possible afin de ne pas la rendre coriace.

4 Conditionnement

Emballer la pâte dans du plastique permet de retarder le dessèchement.

Diverse Butterteige
Diverses pâtes au beurre

Linzerteig (3 702 g)

- 900 g Butter
- 500 g Zucker
- 200 g Eier
- 80 g Eigelb
  mischen
- 500 g Mandeln roh, gemahlen
- 20 g Zitronenschale
- 2 g Zimt
- 1 Prise Nelkenpulver
  beigeben
- 1 500 g Weizenmehl 400
  daruntermischen

Brösel-Mürbteig (5 660 g)

- 1 600 g Butter
- 750 g Zucker
- 200 g Eier
- 250 g Wasser
  zusammenmischen
- 2 250 g Weizenmehl 400
- 600 g Kuchenbrösel
- 10 g Zimt
  daruntermischen

Mandel-Mürbteig (2 660 g)

- 500 g Butter
- 900 g Mandelmasse 1:1 (Seite 234)
- 10 g Zitronenschale
- 5 g Bittermandeln, gemahlen
- 5 g Salz
  mischen

- 180 g Eigelb frisch
  beigeben
- 260 g Weizenstärke
- 800 g Weizenmehl 400
  daruntermischen

1 Linzerteig
Für einen klassischen Linzerteig werden gemahlene Haselnüsse und Zimt verwendet, evtl. Zitronenraps.

2 Bröselteig
Als Brösel eignen sich leicht salzige (z. B. Blätterteig), wie auch süsse (z. B. Tortenbiscuit). Wenig gemahlenen Zimt beigeben, um den Geschmack abzurunden.

3 Mandel-Mürbteig Beigabe
Anstelle von feinen Mandeln wird bei diesem Rezept Mandelmasse 1:1 verwendet.

Pâte de Linz (3 702 g)

- 900 g de beurre
- 500 g de sucre
- 200 g d'œuf
- 80 g de jaune d'œuf
  mélanger
- 500 g d'amandes brutes, moulues
- 20 g de zeste de citron
- 2 g de cannelle
- 1 prise de girofle en poudre
  ajouter
- 1 500 g de farine de froment 400
  incorporer

Pâte sablée aux brisures (5 660 g)

- 1 600 g de beurre
- 750 g de sucre
- 200 g d'œuf
- 250 g d'eau
  mélanger ensemble
- 2 250 g de farine de froment 400
- 600 g de brisures de biscuit
- 10 g de cannelle
  incorporer

Pâte sablée aux amandes (2 660 g)

- 500 g de beurre
- 900 g de masse aux amandes 1:1 (page 234)
- 10 g de zeste de citron
- 5 g d'amandes amères, moulues
- 5 g de sel
  mélanger

- 180 g de jaune d'œuf frais
  ajouter
- 260 g d'amidon de froment
- 800 g de farine de froment 400
  incorporer

1 Pâte de Linz
Pour une pâte de Linz classique, on utilise des noisettes moulues, de la cannelle et éventuellement du zeste de citron.

2 Pâte sablée aux brisures
Les brisures peuvent être composées de produits légèrement salés (pâte feuilletée) tout comme de produits sucrés (par ex. biscuit à tortes). N'ajouter qu'un petit peu de cannelle, juste pour arrondir le goût.

3 Adjonction à la pâte sablée aux amandes
Dans cette recette, on remplace les amandes moulues par de la masse aux amandes 1:1.

Streuselteige
Pâtes à frisure

Butter-Streuselteig (6 510 g)

2 000 g	Butter
1 400 g	Zucker
50 g	Vanillezucker
10 g	Salz
	mischen
250 g	Eier
	beigeben
800 g	Weizenstärke
2 000 g	Weizenmehl 400
	daruntermischen

Schokoladen-Streuselteig (6 510 g)

800 g Weizenstärke
ersetzen durch:
600 g Weizenstärke
200 g Kakaopulver

Kokos-Streusel (1 220 g)

400 g	Kokosraspel
200 g	Eiweiss
20 g	Zitronenschale
	mischen
300 g	Zucker
300 g	Butter, weich
	zusammenmischen, durch grobes Sieb pressen und tiefkühlen

1 Teig in Stücke schneiden

Wenn der Teig kühl und fest ist, in handliche Stücke schneiden.

2 Teig raffeln

Dazu braucht es einen festen Teig. Verschiedene Raffeln ergeben verschiedene Strukturen.

3 Teig durch verschiedene Gitter gedrückt

Dazu braucht es einen weichen Teig. Streusel können auf Vorrat hergestellt und tiefgekühlt werden.

4 Streusel mehlen

Werden Streusel vorbereitet, sollten sie leicht gemehlt werden, damit sie nicht aneinander kleben.

Pâte à frisure au beurre (6 510 g)

2 000 g	de beurre
1 400 g	de sucre
50 g	de sucre vanillé
10 g	de sel
	mélanger
250 g	d'œufs
	ajouter
800 g	d'amidon de froment
2 000 g	de farine de froment 400
	incorporer

Pâte à frisure chocolat (6 510 g)

800 g d'amidon de froment
à remplacer par :
600 g d'amidon de froment
200 g de cacao en poudre

Pâte à frisure noix de coco (1 220 g)

400 g	de noix de coco râpée
200 g	de blanc d'œuf
20 g	de zeste de citron
	mélanger
300 g	de sucre
300 g	de beurre mou
	mélanger ensemble, presser à travers un tamis grossier et congeler

1 Pâte coupée en morceaux

Couper la pâte à la dimension désirée, lorsqu'elle est froide et ferme.

2 Pâte râpée

Dans ce cas, la pâte doit être ferme. Les diverses râpes donnent des structures différentes.

3 Pâte pressée à travers diverses grilles

Dans ce cas, la pâte doit être tendre. La frisure peut être confectionnée à l'avance et conservée en réserve au congélateur.

4 Saupoudrage de la frisure

Lors de la préparation de la frisure, il est conseillé de saupoudrer légèrement avec de la farine afin que les morceaux ne collent pas ensemble.

Diverse Cremen
Diverses crèmes

Vanillecreme (2560 g)

1 500 g	Milch
200 g	Zucker
100 g	Vanillezucker
	aufkochen
260 g	Vanillecremepulver
500 g	Milch
	anrühren, beigeben und nochmals aufkochen

Buttercreme (4930 g)

1 500 g	Zucker
30 g	Pektin (Braunband)
	gut vermischen
800 g	Eiweiss
200 g	Wasser
	zusammen auf 45 °C erwärmen und schaumig rühren
2 400 g	Butter
	schaumig rühren und vorsichtig daruntermischen

Kirsch-Buttercreme

Beigabe von 10 % Kirsch (40 % Vol.)

1 Anrühren

Das Cremepulver wird mit Milch im Verhältnis 1:2 kalt angerührt.

2 Kochen

Die restliche Milch mit dem Zucker aufkochen, mit dem angerührten Cremepulver vermischen und nochmals aufkochen, damit die Stärke optimal verkleistert.

3 Auskühlen

Auf desinfiziertem Blech mit Folie abdecken, sonst bildet sich eine Haut. Möglichst schnell auskühlen.

4 Kalte Vanillecreme (Instant)

Wird heute oft aus rationellen und hygienischen Gründen verwendet, weil der Koch- und Abkühlungsprozess wegfällt. Dosierung und Verarbeitung nach Angaben des Herstellers.

Crème vanille (2560 g)

1 500 g	de lait
200 g	de sucre
100 g	de sucre vanillé
	cuire
260 g	de poudre pour crème vanille
500 g	de lait
	brasser, ajouter et cuire encore une fois

Crème au beurre (4930 g)

1 500 g	de sucre
30 g	de pectine (bande brune)
	bien mélanger
800 g	de blanc d'œuf
200 g	d'eau
	chauffer ensemble à 45 °C et battre en neige
2 400 g	de beurre
	battre en mousse et incorporer délicatement

Crème au beurre kirsch

Adjonction de 10 % de kirsch (40 % vol.)

1 Mélanger

La poudre pour crème vanille est mélangée à froid avec du lait dans un rapport 1:2.

2 Cuire

Le reste du lait est cuit avec le sucre, puis ajouté au mélange poudre/lait. Le tout est ensuite cuit encore une fois pour garantir une parfaite gélatinisation de l'amidon.

3 Refroidir

Verser sur une plaque désinfectée, recouvrir d'un film alimentaire pour éviter la formation d'une peau. Refroidir le plus rapidement possible.

4 Crème vanille à froid (Instant)

Actuellement, ce procédé est souvent utilisé pour des raisons de rationalisation et d'hygiène. On évite ainsi les processus de cuisson et de refroidissement. Dosage et procédé de fabrication selon les indications du fabricant.

Diverse Fruchtcremen
Diverses crèmes aux fruits

Passionsfruchtcreme (2 600 g)

550 g	Passionsfruchtmark
800 g	Zucker
700 g	Eier
	zusammen aufkochen
550 g	Butter
	beigeben und mixen, absieben

Zitronencreme (2 650 g)

280 g	Zitronensaft
20 g	Zitronenschale, frisch abgerieben
1 000 g	Zucker
750 g	Eier
	zusammen aufkochen
600 g	Butter
	beigeben und mixen, absieben

Orangencreme (2 600 g)

500 g	Orangensaft
80 g	Zitronensaft
20 g	Orangenschale, frisch abgerieben
800 g	Zucker
650 g	Eier
	zusammen aufkochen
500 g	Butter
	beigeben und mixen, absieben

1 Herstellung
Alle Zutaten, ohne Butter, aufkochen.

2 Mixen
Nach dem Kochen die Creme mixen, Butter beigeben und emulgieren. Ergibt eine feinere Struktur.

3 Passieren
Fruchtkerne und Schalenteile der Eier werden entfernt.

4 Abkühlen
Mit Folie abgedeckt im Kühlschrank bei 5 °C abkühlen.

Crème fruits de la passion (2 600 g)

550 g	de purée de fruits de la passion
800 g	de sucre
700 g	d'œuf
	cuire ensemble
550 g	de beurre
	ajouter, mélanger au mixeur, puis passer au tamis

Crème citron (2 650 g)

280 g	de jus de citron
20 g	de zeste de citron frais
1 000 g	de sucre
750 g	d'œuf
	cuire ensemble
600 g	de beurre
	ajouter, mélanger au mixeur, puis passer au tamis

Crème orange (2 600 g)

500 g	de jus d'orange
80 g	de jus de citron
20 g	de zeste d'orange frais
800 g	de sucre
650 g	d'œuf
	cuire ensemble
500 g	de beurre
	ajouter, mélanger au mixeur, puis passer au tamis

1 Fabrication
Cuire tous les ingrédients sans le beurre.

2 Mélanger au mixeur
Après la cuisson, passer la crème au mixeur, ajouter le beurre et émulsionner pour obtenir une structure plus fine.

3 Passer au tamis
Cela permet d'éliminer les pépins des fruits et les coquilles d'œuf.

4 Refroidir
Recouvrir avec un film alimentaire et refroidir au réfrigérateur à 5 °C.

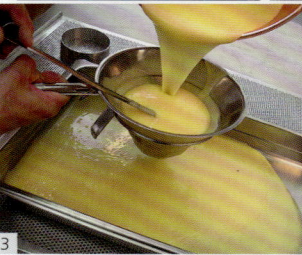

Diverse Konfitüren backfest
Diverses confitures à cuire

Aprikosenkonfitüre (4830 g)

3000 g	Aprikosen, gestückelt
180 g	Pektinmischung *½ Minute kochen*
1500 g	Zucker
30 g	Saftbinder *gut vermischen, beigeben und über Nacht stehen lassen, 3 Minuten kochen*
120 g	Zitronensaft *1 Minute vor Ende des Kochprozesses beigeben*

Pektinmischung (2400 g)

2000 g	Dextrose
400 g	Pektin (Violettband)

Hinweis
Pektin Violettband (amidiert) ist für Konfitüren mit niedrigem Zuckergehalt abgestimmt und wirkt im Trockensubstanzbereich von 10–75 %.

1 Pektinmischung
Dextrose (oder Kristallzucker) mit Pektin mischen.
Die Vormischung verhindert die Knollenbildung.
Auf Vorrat herstellen.

2 Früchte vorbereiten
Nur saubere und einwandfreie Qualität verwenden.

3 Pektinmischung Beigabe
Pektinmischung beigeben und kurz aufkochen damit sich das Pektin gut auflösen kann.

4 Zucker Beigabe
Zucker und Saftbinder beigeben, gut mischen. Über Nacht stehen lassen. Löst das Pektin besser aus der Frucht.

Confiture d'abricots (4830 g)

3000 g	d'abricots en morceaux
180 g	de mélange de pectine *cuire ½ minute*
1500 g	de sucre
30 g	de liant *bien mélanger, ajouter et laisser reposer une nuit, cuire 3 minutes*
120 g	de jus de citron *ajouter 1 minute avant la fin du processus de cuisson*

Mélange de pectine (2400 g)

2000 g	de dextrose
400 g	de pectine (bande violette)

Conseil
La pectine bande violette (amidée) est indiquée pour des confitures au taux de sucre peu élevé. Elle agit lorsque les substances sèches se situent entre 10–75 %.

1 Mélange de pectine
Mélanger le dextrose (ou le sucre cristallisé) avec la pectine. Ce mélange empêche la formation de grumeaux.
Il peut être préparé en réserve.

2 Conditionnement des fruits
N'utiliser que des fruits propres et de qualité irréprochable.

3 Adjonction du mélange de pectine
Ajouter le mélange de pectine et cuire brièvement pour garantir une bonne dissolution de la pectine.

4 Adjonction de sucre
Ajouter le sucre et le liant, bien mélanger. Laisser reposer une nuit pour que la pectine du fruit puisse bien se diluer.

Diverse Konfitüren backfest
Diverses confitures à cuire

Himbeerkonfitüre (4830 g)

3000 g	Himbeeren
180 g	Pektinmischung
1500 g	Zucker
30 g	Saftbinder
120 g	Zitronensaft

Johannisbeerkonfitüre (4830 g)

3000 g	Johannisbeeren
180 g	Pektinmischung
1500 g	Zucker
30 g	Saftbinder
120 g	Zitronensaft

Passionsfrucht-Apfel-Konfitüre (4700 g)

500 g	Passionsfruchtkerne
1000 g	Apfelmus
1500 g	Apfelsaft
70 g	Pektinmischung
1500 g	Zucker
30 g	Saftbinder
100 g	Zitronensaft

Orangenkonfitüre (4680 g)

1000 g	Apfelmus
2000 g	Orangen, Filets und Saft
30 g	Pektinmischung
1500 g	Zucker
30 g	Saftbinder
120 g	Zitronensaft

1 Aufkochen
Beim Aufkochen (3 Minuten) abschäumen, ergibt einen schöneren Glanz und verhindert das Trübwerden.

2 Zitronensaft Beigabe
1 Minute vor Beenden des Kochprozesses den Zitronensaft beigeben.

3 Gelierprobe
Auf kaltem Teller (aus TK) Gelierprobe machen.

4 Vorrat
In sterile Gebinde abfüllen.

Confiture de framboises (4830 g)

3000 g	de framboises
180 g	de mélange de pectine
1500 g	de sucre
30 g	de liant
120 g	de jus de citron

Confiture de groseilles rouges (4830 g)

3000 g	de groseilles rouges
180 g	de mélange de pectine
1500 g	de sucre
30 g	de liant
120 g	de jus de citron

Confiture pomme-passion (4700 g)

500 g	de pépins de fruits de la passion
1000 g	de purée de pommes
1500 g	de jus de pomme
70 g	de mélange de pectine
1500 g	de sucre
30 g	de liant
100 g	de jus de citron

Confiture d'oranges (4680 g)

1000 g	de purée de pommes
2000 g	d'oranges, filets et jus
30 g	de mélange de pectine
1500 g	de sucre
30 g	de liant
120 g	de jus de citron

1 Cuisson
L'écumage lors de la cuisson (3 minutes) garantit une plus belle brillance à la confiture et l'empêche de se troubler.

2 Adjonction de jus de citron
Ajouter le jus de citron 1 minute avant la fin du processus de cuisson.

3 Contrôle de gélification
Effectuer le test de gélification, en déposant un peu de confiture sur une assiette froide (sortie du congélateur).

4 Conditionnement
Verser dans des récipients stérilisés.

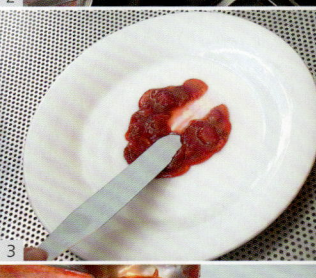

Diverse Rezepte
Diverses recettes

Grundsirup (2 500 g)

1 000 g	Wasser
1 350 g	Zucker
150 g	Glukosesirup
	kurz aufkochen, *evtl. abschäumen*

Apfelfüllung (3 350 g) gedünstet

250 g	Butter *in der Pfanne* *leicht bräunen*
2 500 g	Apfelwürfel, TK oder frisch
250 g	Zitronensaft
350 g	Rohzucker *beigeben und an-* *dünsten bis Flüssigkeit* *verdampft ist;* *Restgewicht 2 400 g*

1 Sirupdichte

Bauméspindel 28 °Bé
Refraktometer 60 °Brix
in heissem Zustand gemessen

2 Lagerung

Den abgekühlten Sirup im Kühlschrank lagern.

3 Beurre noisette

Butter in der Pfanne erhitzen. Das Milcheiweiss wird braun und verstärkt das Aroma.

4 Äpfel dünsten

Restliche Zutaten beigeben und die Flüssigkeit verdampfen.

Sirop de base (2 500 g)

1 000 g	d'eau
1 350 g	de sucre
150 g	de sirop de glucose *cuire brièvement,* *écumer éventuellement*

Masse à fourrer aux pommes (3 350 g)

250 g	de beurre *brunir légèrement* *dans une poêle*
2 500 g	de dés de pommes congelés ou frais
250 g	de jus de citron
350 g	de sucre brut *ajouter et faire revenir* *jusqu'à évaporation* *du liquide; poids* *de contrôle : 2 400 g*

1 Densité du sirop

Pèse-sirop 28 °Bé
Réfractomètre 60 °Brix
contrôlé à chaud

2 Stockage

Stocker le sirop refroidi au réfrigérateur.

3 Beurre noisette

Chauffer le beurre dans une poêle. La protéine lactique brunit et renforce l'arôme.

4 Faire revenir les pommes

Ajouter le reste des ingrédients et cuire jusqu'à évaporation du liquide.

Diverse Rezepte
Diverses recettes

Orangenschalen halbkonfiert

10 kg	Orangenschalen *in Salzwasser (1 g pro Liter) weich kochen und 24 Stunden wässern (leicht fliessendes Wasser), um Salz und Bitterstoffe zu entfernen, noch vorhandenes Fruchtfleisch entfernen*
4000 g	Wasser
4000 g	Zucker
500 g	Glukosesirup
250 g	Dextrose *mischen, aufkochen, Orangenschalen beigeben, kurz aufkochen bis 27 °Bé / 52 °Brix, abdecken und über Nacht stehen lassen*
1000 g	Zucker *am 2. Tag dem Sirup beigeben und eindicken auf 30 °Bé / 57 °Brix*
1000 g	Zucker *am 3. Tag dem Sirup beigeben und eindicken auf 32 °Bé / 64 °Brix*
1000 g	Zucker *am 4. Tag dem Sirup beigeben und eindicken auf 34 °Bé / 66 °Brix*

1 Blanchieren
Orangenschalen weich kochen, damit sich die Zellwände öffnen.

2 Haut entfernen
Die weisse Haut muss entfernt werden, damit das Produkt nicht bitter wird.

3 Konfieren (Einzuckern)
Sirup jeden Tag nur erhitzen, nicht kochen, sonst verfärbt er sich braun.

4 Vorgang ist beendet
Am 4. Tag sind die Schalen halbkonfiert. Im Sirup lagern.

Ecorces d'orange semi-confites

10 kg	d'écorces d'orange *cuire dans de l'eau salée (1 g par litre) et laisser dessaler 24 heures (sous un petit filet d'eau courante) afin d'éliminer également les substances amères, enlever les peaux de fruit qui adhèrent à l'écorce*
4000 g	d'eau
4000 g	de sucre
500 g	de sirop de glucose
250 g	de dextrose *mélanger, cuire, ajouter les écorces d'orange, cuire encore une fois brièvement jusqu'à 27 °Bé ou 52 °Brix, recouvrir et laisser reposer une nuit*
1000 g	de sucre *ajouter au sirop le 2ᵉ jour et chauffer (saturer) jusqu'à 30 °Bé ou 57 °Brix*
1000 g	de sucre *ajouter au sirop le 3ᵉ jour et chauffer (saturer) jusqu'à 32 °Bé ou 64 °Brix*
1000 g	de sucre *ajouter au sirop le 4ᵉ jour et chauffer (saturer) jusqu'à 34 °Bé ou 66 °Brix*

1 Blanchir
Cuire les écorces d'orange jusqu'à ce qu'elles soient tendres afin de perméabiliser la peau des cellules.

2 Elimination des peaux
Les peaux blanchâtres doivent être enlevées afin que le produit ne soit pas amer.

3 Confire (saturer)
Ne pas cuire chaque jour le sirop, uniquement le chauffer afin qu'il ne brunisse pas.

4 Fin du processus
Au 4ᵉ jour, les écorces sont semi-confites. Les conserver dans du sirop.

Inhaltsverzeichnis
Table des matières

Vorwort	3

Formen	**4**
Formen und deren Eigenschaften	6
Litergewicht	8
Umrechnungsbeispiel	9

Zutaten und Wirkung	**10**
Fettstoffe	12
Verarbeitung von Fettstoffen	13
Zucker	14
Eier	15
Mehl	16
Feste Einlagen oder trockene Beigaben	18
Feste Einlagen feucht	19
Flüssigkeitsbeigabemöglichkeiten	20
Triebmittel	21
Backen von Buttermassen	22
Backprobe	23
Rezeptaufbau Buttermassen	24
Herstellungsmethode 1	25
Herstellungsmethode 2	26
Herstellungsmethode 3	27
Herstellungsmethode 4	28
Herstellungsmethode 5	29

Kuchen und Törtchen	**30**
Mandelgugelhopf	32
Kokosgugelhopf	34
Baumnussgugelhopf	35
Schokoladengugelhopf	36
Gugelhopf mit Schokoladenstücken	38
Schokoladengugelhopf mit Orangeat	39
Holländer klassisch	40
Schokoladen-Holländer	42

Préface	3

Moules	**4**
Moules et leurs caractéristiques	6
Poids au litre	8
Exemple de conversion	9

Ingrédients et leurs effets	**10**
Matières grasses	12
Traitement des matières grasses	13
Sucre	14
Œufs	15
Farine	16
Ingrédients fermes ou adjonctions sèches	18
Ingrédients fermes, humides	19
Adjonctions possibles de liquides	20
Produit de développement	21
Cuisson des masses au beurre	22
Test de cuisson	23
Structure des recettes de masses au beurre	24
Méthode de fabrication 1	25
Méthode de fabrication 2	26
Méthode de fabrication 3	27
Méthode de fabrication 4	28
Méthode de fabrication 5	29

Gâteaux et petites tourtes	**30**
Gugelhopf aux amandes	32
Gugelhopf à la noix de coco	34
Gugelhopf aux noix	35
Gugelhopf au chocolat	36
Gugelhopf aux pépites de chocolat	38
Gugelhopf chocolat et orangeat	39
Hollandais classique	40
Hollandais chocolat	42

Pralinen-Holländer	43	Hollandais praliné	43
Apfel-Holländer	44	Hollandais aux pommes	44
Birnen-Holländer	45	Hollandais aux poires	45
Früchte-Holländer mit Makronenmasse	46	Hollandais aux fruits et masse à macarons	46
Cranberry-Blumen	47	Fleur aux canneberges	47
Baumnussring	48	Anneau aux noix	48
Frankfurter Kranz	50	Couronne de Francfort	50
Apfeltörtchen	52	Petite tourte aux pommes	52
Cranberry-Apfel-Kuchen	54	Gâteau pomme et canneberge	54
Gâteau Basque	56	Gâteau basque	56
Gâteau Chocorange	58	Gâteau chocorange	58
Gâteau Mocca	59	Gâteau moka	59
Linzertorte dressiert	60	Tourte de Linz dressée	60
Linzertörtchen	62	Petite tourte de Linz	62
Passionstörtchen	63	Petite tourte passion	63
Linzertorte klassisch	64	Tourte de Linz classique	64
Linzertorte mit Mandelmasse	65	Tourte de Linz avec masse aux amandes	65
Ananas-Johannisbeer-Törtchen	66	Petite tourte ananas et groseille rouge	66
Aprikosentörtchen mit Butterstreusel	68	Petite tourte abricot et frisure au beurre	68
Rhabarbertörtchen mit Butterstreusel	69	Petite tourte rhubarbe et frisure au beurre	69
Rhabarber-Pudding-Törtchen	70	Petite tourte rhubarbe et pudding	70
Trauben-Pudding-Törtchen	72	Petite tourte raisin et pudding	72
Bananen-Schokolade-Törtchen	73	Petite tourte banane et chocolat	73
Mini-Gugelhopf mit Karotten und Olivenöl	74	Mini-gugelhopf carotte et huile d'olive	74
Piemonteser Haselnusskuchen	76	Gâteau piémontais aux noisettes	76
Vermicelles-Kuchen	78	Gâteau aux vermicelles	78
Gianduja-Kuchen	79	Gâteau gianduja	79
Passionsfruchttörtchen	80	Petite tourte fruit de la passion	80
Zitronentörtchen	82	Petite tourte au citron	82
Orangentörtchen	83	Petite tourte à l'orange	83
Rahmküchlein	84	Petit gâteau à la crème	84
Birnen-Rahm-Kuchen	86	Gâteau à la crème et aux poires	86
Apfel-Mandel-Törtchen	88	Petite tourte pomme et amande	88
Pinientörtchen	90	Petite tourte aux pignons	90
Schokokuchen Eveline	92	Gâteau au chocolat Eveline	92
Baumnuss-Apfel-Törtchen	94	Petite tourte pomme et noix	94

Mohnblume	96
Fondant à l'orange	98
Pain de Gênes (Genueser Törtchen)	100
Genueser Erdbeertörtchen	102
Genueser Schoko-Bananen-Törtchen	103
Kirschen-Pudding	104
Zürcher Pfarrhaus-Törtchen	106
Birnen-Caramel	108
Engadiner Nusstorte	110
Schokoladen-Baumnuss-Schnitten	112
Powerstängel	113

Saisonale Varianten — **114**

Dreikönigstörtchen	116
Valentins-Törtchen	118
Muttertags-Herz	120
Osterkuchen mit Reis	122
Osterkuchen mit Griess	124
Osterkuchen-Portion mit Schokolade	125
Mandelbiscuit-Hasen	126
Biscuithasen marmoriert	127
Haselnussbiscuit-Eier	128
Hasenkopf-Eier	129
Sommertörtchen	130
Schweizer Apfeltörtchen	132
Kürbis-Halloween-Törtchen	134
Maronen-Herbsttörtchen	136
Nikolaus-Törtchen	138
Weihnachts-Tannzapfen	140
Neujahrs-Törtchen	142
Wintertörtchen	144

Cakes — **146**

Financier-Cake	148
Rehrücken	150

Fleur de pavot	96
Fondant à l'orange	98
Pain de Gênes	100
Petite génoise à la fraise	102
Petite génoise choco-banane	103
Pudding aux cerises	104
Petite tourte de la cure de Zurich	106
Poires caramel	108
Tourte aux noix de l'Engadine	110
Tranche chocolat et noix	112
Barre Power	113

Variantes de saison — **114**

Petite tourte des Rois	116
Petite tourte de St-Valentin	118
Cœur de Fête des Mères	120
Gâteau de Pâques au riz	122
Gâteau de Pâques à la semoule	124
Petit gâteau de Pâques chocolat	125
Lapin en biscuit aux amandes	126
Lapin en biscuit marbré	127
Œuf en biscuit aux noisettes	128
Œuf tête de lapin	129
Petite tourte estivale	130
Petite tourte suisse aux pommes	132
Petite tourte Halloween à la courge	134
Petite tourte d'automne aux marrons	136
Petite tourte de St-Nicolas	138
Pomme de pin de Noël	140
Petite tourte de Nouvel-an	142
Petite tourte hivernale	144

Cakes — **146**

Cake financier	148
Selle de chevreuil	150

Aprikosenstollen	152	Stollen aux abricots	152
Dattel-Vollkorn-Stollen	154	Stollen complet aux dattes	154
Kokos-Ananas-Cake	156	Cake noix de coco et ananas	156
Süsskartoffel-Cake	158	Cake aux patates douces	158
Cappuccino-Cake	160	Cake cappuccino	160
Orangen-Cake	162	Cake à l'orange	162
Karls Vollwert-Cake mit Rum-Pflaumen	164	Cake complet aux pruneaux et rhum	164
Anis-Cake	166	Cake à l'anis	166
Rehrücken (neue Variante)	168	Selle de chevreuil (nouvelle variante)	168
Schoko-Minze-Cake	170	Cake choco-menthe	170
Himbeer-Cake	172	Cake framboise	172
Englisch-Cake	174	Cake anglais	174
Cake Apricotine	176	Cake à l'abricot	176

Tortencakes und Rouladen	**178**	**Cakes fourrés et roulades**	**178**
Truffes-Orangen-Cake	180	Cake truffe-orange	180
Amaretto-Cake	182	Cake amaretto	182
Irish-Coffee-Cake	184	Cake Irish-Coffee	184
Baileys-Cake	185	Cake Baileys	185
Grand Cru-Cake	186	Cake « grand cru »	186
Dörrbirnen-Roulade	188	Roulade poires séchées	188
Maronen-Roulade	190	Roulade marrons	190

Schnitten	**192**	**Tranches**	**192**
Apfel-Streusel-Schnitte	194	Tranche pomme-frisure	194
Bananen-Schokoladen-Schnitte	196	Tranche banane-chocolat	196
Waldbeer-Streusel-Schnitte	197	Tranche baies des bois-frisure	197
Pfirsich-Preiselbeer-Schnitte	198	Tranche pêche-airelle	198
Ananas-Kokos-Schnitte	199	Tranche ananas-coco	199
Zwetschgen-Schnitte	200	Tranche pruneau	200
Aprikosen-Schnitte	202	Tranche abricot	202
Brownies	204	Brownies	204
Schokoladen-Schnitte	206	Tranche chocolat	206
Orangen-Schnitte	208	Tranche orange	208
Birnen-Schnitte	210	Tranche poire	210

«Torta di Pane»-Schnitte	212
Schokolade-Orangen-Schnitte	214
Zitronen-Erdbeer-Schnitte	216

Minicakes — 218

Muffins	220
Schokoladen-Bananen-Muffins	222
Karotten-Haselnuss-Muffins	223
Pfeffer-Zitronen-Minicake	224
Ingwer-Kokos-Minicake	226
Lebkuchen-Erdnuss-Minicake	227
Mandel-Himbeer-Konfekt	228
Haselnuss-Konfekt	230
Baumnuss-Konfekt	231

Basisrezepte — 232

Mandelmasse 1:1	234
Kastanienpüree	235
Biscuitmassen	236
Rouladen	237
Blätterteig, geriebener Teig	238
Diverse Butterteige	239
Diverse Butterteige	240
Streuselteige	241
Diverse Cremen	242
Diverse Fruchtcremen	243
Diverse Konfitüren backfest	244
Diverse Konfitüren backfest	245
Diverse Rezepte	246
Diverse Rezepte	247

Inhaltsverzeichnis — 248

Inhaltsverzeichnis alphabetisch — 253

Tranche «Torta di pane»	212
Tranche chocolat-orange	214
Tranche citron-fraise	216

Mini-cakes — 218

Muffins	220
Muffins chocolat-banane	222
Muffins carotte-noisette	223
Mini-cake poivre-citron	224
Mini-cake gingembre-coco	226
Mini-cake pain d'épices-cacahuète	227
Petits-fours amande-framboise	228
Petits-fours aux noisettes	230
Petits-fours aux noix	231

Recettes de base — 232

Masse aux amandes 1:1	234
Purée de marrons	235
Masses à biscuit	236
Roulades	237
Pâte feuilletée, pâte brisée	238
Diverses pâtes au beurre	239
Diverses pâtes au beurre	240
Pâtes à frisure	241
Diverses crèmes	242
Diverses crèmes aux fruits	243
Diverses confitures à cuire	244
Diverses confitures à cuire	245
Diverses recettes	246
Diverses recettes	247

Table des matières — 248

Table des matières alphabétique — 253

Inhaltsverzeichnis alphabetisch
Table des matières alphabétique

Amaretto-Cake	182
Ananas-Johannisbeer-Törtchen	66
Ananas-Kokos-Schnitte	199
Anis-Cake	166
Apfel-Holländer	44
Apfel-Mandel-Törtchen	88
Apfel-Streusel-Schnitte	194
Apfeltörtchen	52
Aprikosen-Schnitte	202
Aprikosenstollen	152
Aprikosentörtchen mit Butterstreusel	68
Baileys-Cake	185
Bananen-Schokoladen-Schnitte	196
Bananen-Schokolade-Törtchen	73
Baumnuss-Apfel-Törtchen	94
Baumnussgugelhopf	35
Baumnuss-Konfekt	231
Baumnussring	48
Birnen-Caramel	108
Birnen-Holländer	45
Birnen-Rahm-Kuchen	86
Birnen-Schnitte	210
Biscuithasen marmoriert	127
Brownies	204
Cake Apricotine	176
Cappuccino-Cake	160
Cranberry-Apfel-Kuchen	54
Cranberry-Blumen	47
Dattel-Vollkorn-Stollen	154
Dörrbirnen-Roulade	188
Dreikönigstörtchen	116
Engadiner Nusstorte	110
Englisch-Cake	174
Financier-Cake	148
Fondant à l'orange	98

Anneau aux noix	48
Barre Power	113
Brownies	204
Cake « grand cru »	186
Cake à l'abricot	176
Cake à l'anis	166
Cake à l'orange	162
Cake amaretto	182
Cake anglais	174
Cake aux patates douces	158
Cake Baileys	185
Cake cappuccino	160
Cake choco-menthe	170
Cake complet aux pruneaux et rhum	164
Cake financier	148
Cake framboise	172
Cake Irish-Coffee	184
Cake noix de coco et ananas	156
Cake truffe-orange	180
Cœur de Fête des Mères	120
Couronne de Francfort	50
Fleur aux canneberges	47
Fleur de pavot	96
Fondant à l'orange	98
Gâteau à la crème et aux poires	86
Gâteau au chocolat Eveline	92
Gâteau aux vermicelles	78
Gâteau basque	56
Gâteau chocorange	58
Gâteau de Pâques à la semoule	124
Gâteau de Pâques au riz	122
Gâteau gianduja	79
Gâteau moka	59
Gâteau piémontais aux noisettes	76
Gâteau pomme et canneberge	54

Frankfurter Kranz	50		Gugelhopf à la noix de coco	34
Früchte-Holländer mit Makronenmasse	46		Gugelhopf au chocolat	36
Gâteau Basque	56		Gugelhopf aux amandes	32
Gâteau Chocorange	58		Gugelhopf aux noix	35
Gâteau Mocca	59		Gugelhopf aux pépites de chocolat	38
Genueser Erdbeertörtchen	102		Gugelhopf chocolat et orangeat	39
Genueser Schoko-Bananen-Törtchen	103		Hollandais aux fruits et masse à macarons	46
Gianduja-Kuchen	79		Hollandais aux poires	45
Grand Cru-Cake	186		Hollandais aux pommes	44
Gugelhopf mit Schokoladenstücken	38		Hollandais chocolat	42
Haselnussbiscuit-Eier	128		Hollandais classique	40
Haselnuss-Konfekt	230		Hollandais praliné	43
Hasenkopf-Eier	129		Lapin en biscuit aux amandes	126
Himbeer-Cake	172		Lapin en biscuit marbré	127
Holländer klassisch	40		Mini-gugelhopf carotte et huile d'olive	74
Ingwer-Kokos-Minicake	226		Mini-cake gingembre-coco	226
Irish-Coffee-Cake	184		Mini-cake pain d'épices-cacahuète	227
Karls Vollwert-Cake mit Rum-Pflaumen	164		Mini-cake poivre-citron	224
Karotten-Haselnuss-Muffins	223		Muffins	220
Kirschen-Pudding	104		Muffins carotte-noisette	223
Kokos-Ananas-Cake	156		Muffins chocolat-banane	222
Kokosgugelhopf	34		Œuf en biscuit aux noisettes	128
Kürbis-Halloween-Törtchen	134		Œuf tête de lapin	129
Lebkuchen-Erdnuss-Minicake	227		Pain de Gênes	100
Linzertörtchen	62		Petit gâteau à la crème	84
Linzertorte dressiert	60		Petit gâteau de Pâques chocolat	125
Linzertorte klassisch	64		Petite génoise à la fraise	102
Linzertorte mit Mandelmasse	65		Petite génoise choco-banane	103
Mandelbiscuit-Hasen	126		Petite tourte à l'orange	83
Mandelgugelhopf	32		Petite tourte abricot et frisure au beurre	68
Mandel-Himbeer-Konfekt	228		Petite tourte ananas et groseille rouge	66
Maronen-Herbsttörtchen	136		Petite tourte au citron	82
Maronen-Roulade	190		Petite tourte aux pignons	90
Mini-Gugelhopf mit Karotten und Olivenöl	74		Petite tourte aux pommes	52
Mohnblume	96		Petite tourte banane et chocolat	73

Muffins	220
Muttertags-Herz	120
Neujahrs-Törtchen	142
Nikolaus-Törtchen	138
Orangen-Cake	162
Orangen-Schnitte	208
Orangentörtchen	83
Osterkuchen mit Griess	124
Osterkuchen mit Reis	122
Osterkuchen-Portion mit Schokolade	125
Pain de Gênes (Genueser Törtchen)	100
Passionsfruchttörtchen	80
Passionstörtchen	63
Pfeffer-Zitronen-Minicake	224
Pfirsich-Preiselbeer-Schnitte	198
Piemonteser Haselnusskuchen	76
Pinientörtchen	90
Powerstängel	113
Pralinen-Holländer	43
Rahmküchlein	84
Rehrücken	150
Rehrücken (neue Variante)	168
Rhabarber-Pudding-Törtchen	70
Rhabarbertörtchen mit Butterstreusel	69
Schokokuchen Eveline	92
Schokoladen-Bananen-Muffins	222
Schokoladen-Baumnuss-Schnitten	112
Schokoladenguglhopf	36
Schokoladenguglhopf mit Orangeat	39
Schokoladen-Holländer	42
Schokoladen-Schnitte	206
Schokolade-Orangen-Schnitte	214
Schoko-Minze-Cake	170
Schweizer Apfeltörtchen	132
Sommertörtchen	130

Petite tourte d'automne aux marrons	136
Petite tourte de la cure de Zurich	106
Petite tourte de Linz	62
Petite tourte de Nouvel-an	142
Petite tourte de St-Nicolas	138
Petite tourte de St-Valentin	118
Petite tourte des Rois	116
Petite tourte estivale	130
Petite tourte fruit de la passion	80
Petite tourte Halloween à la courge	134
Petite tourte hivernale	144
Petite tourte passion	63
Petite tourte pomme et noix	94
Petite tourte pomme et amande	88
Petite tourte raisin et pudding	72
Petite tourte rhubarbe et frisure au beurre	69
Petite tourte rhubarbe et pudding	70
Petite tourte suisse aux pommes	132
Petits-fours amande-framboise	228
Petits-fours aux noisettes	230
Petits-fours aux noix	231
Poires caramel	108
Pomme de pin de Noël	140
Pudding aux cerises	104
Roulade marrons	190
Roulade poires séchées	188
Selle de chevreuil	150
Selle de chevreuil (nouvelle variante)	168
Stollen aux abricots	152
Stollen complet aux dattes	154
Tourte aux noix de l'Engadine	110
Tourte de Linz avec masse aux amandes	65
Tourte de Linz classique	64
Tourte de Linz dressée	60
Tranche « Torta di pane »	212

255

Süsskartoffel-Cake	158
Torta di Pane-Schnitte	212
Trauben-Pudding-Törtchen	72
Truffes-Orangen-Cake	180
Valentins-Törtchen	118
Vermicelles-Kuchen	78
Waldbeer-Streusel-Schnitte	197
Weihnachts-Tannzapfen	140
Wintertörtchen	144
Zitronen-Erdbeer-Schnitte	216
Zitronentörtchen	82
Zürcher Pfarrhaus-Törtchen	106
Zwetschgen-Schnitte	200

Tranche abricot	202
Tranche ananas-coco	199
Tranche baies des bois-frisure	197
Tranche banane-chocolat	196
Tranche chocolat	206
Tranche chocolat-orange	214
Tranche citron-fraise	216
Tranche orange	208
Tranche pêche-airelle	198
Tranche poire	210
Tranche pomme-frisure	194
Tranche pruneau	200
Tranche chocolat et noix	112